UNE FAMILLE BRETONNE

DU XIIᵉ AU XIXᵉ SIÈCLE.

CHARLES-ARMAND TUFFIN

MARQUIS DE LA ROUERIE

CHEF DE LA CONJURATION BRETONNE

Généalogie, Notes, Documents et Papiers inédits

AVEC VUES, PLAN ET CARTE

Par P. DELARUE.

RENNES

J. PLIHON & L. HERVÉ, LIBRAIRES

5, Rue Motte-Fablet, 5.

1899

CHARLES-ARMAND TUFFIN

MARQUIS DE LA ROUËRIE

CHEF DE LA CONJURATION BRETONNE.

CHARLES-ARMAND TUFFIN

MARQUIS DE LA ROUËRIE

CHEF DE LA CONJURATION BRETONNE

Généalogie, Notes, Documents et Papiers inédits

Par P. DELARUE.

RENNES

J PLIHON & L. HERVÉ, LIBRAIRES

5, Rue Motte-Fablet, 5.

1899

Tiré à 300 exemplaires.

AVANT-PROPOS.

Parmi ceux qu'intéressent les choses de l'histoire, beaucoup se contentent des récits de nos historiens nationaux ou de la lecture de mémoires quelquefois authentiques, souvent écourtés, rarement impartiaux.

Mais il en est d'autres dont la curiosité va bien au-delà : elle ne s'arrête pas aux événements généraux ; elle en veut connaître les acteurs et si quelque personnage se détache de la foule pour prendre rang parmi les premiers rôles, rien de ce qui le touche ne demeure indifférent.

Le héros du drame est-il de notre province, de notre voisinage, un allié de nos ancêtres ? Alors le désir de savoir devient insatiable : c'est jusqu'à la minutie que nous voulons reconstituer sa vie et connaître sa part d'action ; nous aimons à rechercher le hasard qui l'a mêlé aux événements, les compagnons qu'il s'est choisis, sa filiation et sa descendance, ses ressources, son patrimoine et la suite des faits qui ont amené la disparition de sa famille et la dispersion de ses biens.

C'est par cet amour des plus humbles détails que nous avons été conduit à rechercher, à découvrir et à mettre au jour ces documents sur les amis, la famille et le Marquis de la Rouërie et sur la conjuration dont il fut le chef, documents pour la plupart dispersés dans divers dépôts, inconnus ou dédaignés jusqu'à ce jour. Notre ami M. G. Lenôtre à qui nous les avons communiqués, y a puisé plusieurs indications pour son pittoresque récit de la *Conjuration Bretonne* qu'a récemment publié la *Revue des Deux Mondes* : nous avons pensé qu'il y aurait néanmoins un grand attrait historique à les connaître sous leur forme intégrale.

D'ailleurs, au point de vue de l'histoire locale, ces documents évoquent nombre de personnages et de faits qui ne peuvent prendre place dans un récit et qu'il serait pourtant regrettable de laisser dans l'oubli. La sécheresse d'un procès-verbal nous semble plus riche en révélations, pour qui connaît déjà le théâtre et les acteurs, qu'une narration destinée à un public moins informé et plus étendu.

Voilà les diverses raisons qui nous ont décidé à publier ces documents et à en reproduire le texte original. Cette forme implique, il est vrai, des longueurs et des répétitions qui paraîtront peut-être fastidieuses ou inutiles, mais dont les érudits, respectueux des règles, auraient déploré la suppression : nous avons cru ne devoir infliger, aux pièces qui vont suivre, nulle mutilation.

P. DELARUE.

Antrain, 1er Juillet 1898.

EXPLICATION DES VUES, PLAN ET CARTE.

Le château de la Rouërie (p. 3).

(Le cliché est de M. Victor Roussin, de Saint-Brice-en-Coglès).

« Le perain (1) de la maison du château de la Rouërie, du côté du Mont Saint-Michel, a été levé le 17 du mois d'avril, M. Pierre Dauguet, curé de Carnet, en a fait la bénédiction du consentement et en présence de missire Julien Lepeltier, recteur de Saint-Ouen. Ladite maison réparée et rebâtie par missire Jacques Tuffin, marquis de la Rouërie (2). »

L'année 1624, gravée sur une vieille pierre de granit du mur, faisant face au Mont Saint-Michel, indique, croyons-nous, déjà une reconstruction à cette date.

Lors des réparations faites par M. Barbier après son acquisition, on exhaussa le fronton de 40 à 60 centimètres, comme cela apparaît bien, d'ailleurs, par la teinte de la pierre au sommet des colonnes plaquées dans le mur, qui le supporte. On retailla aussi l'encadrement des armoiries sculptées sur ce fronton, et abîmées par le marteau du maçon chargé de les faire disparaître et dont les traces de mutilation subsistent sur le double écu.

Le Logis de la Vigne à Saint-Ouen (p. 37).

(Le cliché est de M. Victor Roussin).

Après la Révolution, avant 1815, quand Guerault, le père et grand-père des propriétaires actuels de ces logis les acheta de Mlle de Sesmaisons, c'étaient de vieilles murailles croulantes ; on reédifia telles qu'elles sont, les façades donnant sur la cour en conservant des pierres ouvragées des ouvertures, et le pignon ouest sur la rue, qui était garni de meurtrières, fut reconstruit entièrement et forme la demeure actuelle de M. Muriel.

A l'opposite de ce pignon, également bordant la rue, adossé au puits, se trouvait le colombier. Un mur au centre duquel était un grand portail, joignait ledit pignon au colombier et fermait la cour.

Deux couloirs, un au rez-de-chaussée, l'autre au premier étage, se prolongeant au travers des murs d'un bout à l'autre de tous ces logements, furent supprimés, nous ne savons à quelle époque auparavant la révolution, et les ouvertures dans les pignons en ont été murées.

L'Hôtel du Boschet à Saint-Ouen (p. 71).

(Le cliché est de M. Victor Roussin).

Joseph Tuffin, le sixième enfant du seigneur de la Vigne, ayant pris le titre honorifique de sa mère « demoiselle du Boschet » donna le nom de Boschet au manoir qu'il fit construire au lieu du Fresne en 1727. En 1761, ce manoir fut reconstruit tel qu'il existe aujourd'hui.

Le château de Villiers (p. 97).

(Le cliché est de M. Maurice Geffroy, de Saint-James).

Le manoir de la Choltais en Antrain (p. 115).

(Le cliché est de M. Victor Roussin).

N'ayant pas de résidence convenable, le fils de Tuffin de Saint-Moron, Charles de Sesmaisons acheta pour y demeurer, probablement vers 1760, le petit manoir de la Choltais en Antrain (3).

Une inscription intérieure dit : « l'an 1548 [ou 1528] Me Geffroy Le Camus fit faire ce logis : Dieu ait son âme. »

(1) Le perain ou mesrain. On désigne encore aujourd'hui dans nos campagnes, du nom de mesrain, l'ensemble d'une charpente supportant une toiture.

(2) Registre paroissial de Saint-Ouen, année 1730.

(3) Le Tuffin de la Rouërie, mort en 1670, « en sa maison de Sesmaisons, au bourg de Saint-Ouen, » qui le premier fut *de Sesmaisons*, était célibataire. N'ayant sans doute dans sa part d'héritage que des maisons et point de lieu noble, il prit tout simplement, croyons-nous, le titre de sieur ou seigneur de Ces Maisons ou Ses Maisons, ainsi qu'on le trouve parfois écrit sur les registres de la paroisse.

La Mancellière (p. 133).

(Le cliché est de M. Victor Roussin).

Chapelle de l'ancien manoir de Carnet (p. 161).

(Le cliché est de M. Maurice Geffroy).

Sur les murs intérieurs de cette chapelle, dédiée à Sainte-Barbe, on lit la vieille inscription que voici :

> L'oracle a dit tant que ce temple durera
> Barbe de tempête Carnet préservera.
> Rober de Guyton qui me fit
> Fût de bonne cevalerie
> Et mult fut toute sa vie ;
> Son âme soit en Jésus-Christ.

La rabine du château (p. 189).

(Le cliché est de M. Victor Roussin).

Avenue de chênes, deux fois séculaires, dite : La rabine du château.

Plan d'après le cadastre (p. 21).

A. Le château de la Rouërie.

B. Pavillon attenant au château où se trouvaient la cuisine et l'office avec chambres au-dessus : et démoli par M. Barbier, acquéreur de ces domaines en 1824.

C. Chapelle : démolie entre 1792 et 1813, comme le prouve le bénitier incrusté dans le mur du bâtiment E.

D. Écurie neuve avec sellerie et remise construite en 1791 (1).

D'. Portail de la cour démoli en même temps que la chapelle.

E. Ancienne étable presque en ruine en 1792. Ce bâtiment a été reconstruit, depuis et bien agrandi, puisqu'en 1813 s'y trouvaient la boulangerie, le pressoir, etc.

F. Petits pavillons paraissant avoir été édifiés après 1792.

G. Portail.

H. Métairie de la Cour des Landes, dite en 1813, la Métairie du château.

I. Emplacement du four et de la boulangerie, du pressoir, etc., que nous retrouvons dans le bâtiment E en 1813.

J. Emplacement de la Métairie de la retenue du château en 1792 (art. 40, 41, 42, de l'inventaire de 1792).

P P. Les deux puits; celui du château et celui de la Métairie de la retenue.

X X. Terrassements faits en 1792 pour établir une avenue allant directement du château à la route d'Avranches. « Quand je suis sur le seuil de ma porte je veux que de la route on aperçoive les boucles de mes souliers » disait le marquis de la Rouërie.

Z Z Z Z. Les quatre tulipiers encore existants de ceux rapportés d'Amérique par le colonel Armand, les premiers introduits en France (2).

La rabine ne conduisait à aucune route, mais seulement au Vauhulin et au colombier dont une partie des murs existe encore sur le bord du Tronçon.

La façade du château devait être originairement du côté de la Furetière et faire face au Mont Saint-Michel. Le chemin carrossable pour aller d'Antrain à la Rouërie était par la route d'Antrain à Sacey et l'avenue (dont une partie existe encore) du bois de Bannière, celle-ci aboutissant à l'ancienne avenue détruite depuis longtemps, qui forme le chemin allant de Sacey à la route d'Avranches.

Carte-frontière Bretagne-Normandie (p. 219).

(1) Une vieille pierre de granit sur laquelle sont gravées les armoiries des Tuffin est incrustée dans le mur en briques du pignon sud. Dans l'intérieur de l'écurie subsistent encore, mais en très mauvais état de conservation, deux panneaux en plâtre avec peintures représentant des gentilhommes à cheval.

(2) Quelques pieds de tulipiers très forts et très vigoureux, de la même époque et de même origine, certainement que ceux de la Rouërie, existent dans le parc anglais du château de Saint-Brice, et un autre pied dans le jardin de l'ancienne demeure de l'ami et cousin du marquis de la Rouërie, à Villiers.

PREMIÈRE PARTIE.

CHAPITRE I.

Généalogie des Tuffin de la Rouërie.
—　　　A. des Tuffin de La Vigne, de Saint-Moron et du Boschet.
—　　　AA. des Tuffin de Sesmaisons.
—　　　B. des Tuffin de Ducy et de Villiers.
—　　　C. des Tuffin des Portes.
Divers Tuffin ne figurant pas en ces généalogies.

La Rouërie.

FAMILLE TUFFIN DE LA ROUËRIE [1].

Roger de la Rouërie épousa Raenteline, fille de Rivalon de Combourg, dont naquirent un fils Henry, mort sans postérité, et une fille Berthe qui par son mariage avec Robert Tuffin, en 1147, porta dans cette famille les biens situés dans la paroisse de Saint-Ouen, dont elle avait hérité de ses père et mère *(Note a)*.

I. **Pierre** (2) Tuffin de la Rouërie, mort en 1451, eut de son mariage avec Orfraise Le Vayer deux fils, tous les deux nommés Jan.

II. 1° **Jan Tuffin**, sieur de la Rouërie, époux de Catherine Furgon, fut commis par Pierre II, duc de Bretagne, le 24 juin 1454, pour interdire et empêcher les amas de blés que plusieurs sujets de ce prince faisaient dans les chastellenies d'Antrain et de Bâzouges-la-Pérouse, ... dont sont issus **III**.
2° **Jan Tuffin**, le cadet. L'acte de partage des biens paternels et maternels, entre les deux frères, est du 19 janvier 1452 (3).

III. 1° **Roullet** ou **Raoul Tuffin**, sieur de la Rouërie, lieutenant de la cour d'Antrain, épousa en 1484 Louise Le Sénéchal, fille de nobles gens Gilles Le Sénéchal et Jane Ferron., dame du Rocher (4). Le contrat fait au lieu et manoir du Rocher est du 29 juillet (5), ... dont **IV**.

(1) La Rouërie qui se prononce généralement Rouarie, ainsi que l'écrivaient MM. de Frotté et Pontbriant, s'est orthographié de différentes façons, selon les époques. Le dernier marquis de la Rouërie et sa mère paraissent avoir voulu revenir à l'orthographe primitive qui était Rouery, et fut successivement Royrie, Royérie, Roirye, Roirie et enfin Rouërie.

(2) Certains généalogistes lui donnent le prénom de Jan.

(3) Archives du château de Bonabri, par M. Raison du Cleuziou.

(4) Le Rocher-Lesénéchal. Cette seigneurie s'appela depuis 1596, et se nomme encore aujourd'hui, le Rocher Portal ou Portail (MAUPILLÉ : *Paroisse du canton de Saint-Brice)*.

(5) Archives du château de Bonabri, etc.

2º **Vincent Tuffin**.

3º **Jane** Tuffin qui épousa Jan Pinier, seigneur de Launay Pinier de la Barbais et du Mesnil Ozanne, dont deux fils nés de ce mariage, Amaury et Allain, furent déclarés nobles, issus d'extraction noble, le 14 janvier 1532, sur attestation de Mery de Sceaulx, seigneur de Frontigné et de la Bulonnière, et de Guillaume Brune de Montlouet.

IV. 1º **Vincent Tuffin**, escuyer seigneur de la Rouërie, marié à Georgine du Meix (1), ... dont **V**.

Devenue veuve, Georgine du Meix épousa François de Montmoron.

2º **Marguerite** Tuffin épousa Julien de Carnet, fils aîné de Rolland de Carnet, seigneur de Marigné en Normandie. Le contrat est du 15 février 1515.

3º **Rolland Tuffin**.

4º **Jan** Tuffin, sieur du Vauhulin, lieutenant de la juridiction royale d'Antrain, épousa Marguerite du Hallay, dont naquirent :

1º François, époux de Janne Pitart, dont plusieurs enfants.

2º Michel, escuyer, sieur de la Herviays et de Mezandré, époux de Mathurine Rouault, dont :

1º Hardouin, qui épousa Guyonne du Sel de Coasquen. Cette demoiselle fut dotée à l'époque de son mariage par le marquis de Coasquen d'une somme de 800 écus dont il fut fait assiette sur la terre de Mezandré (2).

De ce mariage naquit à Saint-Helen, le 25 mai 1602, un fils unique :

Jan Tuffin de Mezandré, qui fut déclaré noble par arrêt de la chambre de réformation du 17 octobre 1668.

D'un premier mariage avec Janne d'Eyen ou d'Ain, Jean Tuffin n'eut qu'une fille, Anne, qui épousa en 1657 Guillaume Busnel, escuyer, sieur du Boisparis et de Gripée.

D'un second mariage avec Thérèse Urvoy, on ne lui connaît pas d'enfant.

5º et 6º. Deux autres enfants de Raoul Tuffin et de Louise Le Sénéchal

(1) Sans doute du Mée, nom d'un village voisin de la Rouërie; une métairie de ce village appartenait encore au seigneur de la Rouërie à l'époque de la Révolution.

(2) La terre de Mezandré faisait partie du fief d'Ardilloux, en la paroisse de Tremblay, lequel dépendait de la cour et baronnie de Bonnefontaine.

vivaient en 1518 et n'existaient plus en 1524. On ignore leurs noms.

V. 1° **Guillaume Tuffin**, sieur de Vaugarni, seigneur de la Rouërie et de Taillay, chevalier de l'ordre du roy, 5 avril 1572, puis gentilhomme ordinaire de sa chambre, 16 août 1576, marié en premières noces, 1527 (1), à Catherine Le Bateur, dame de la Hunaudays et du Chastelier ;

> En secondes noces à

> Barbe Pinel, fille de François Pinel, sieur de Chaudebœuf et de Jeanne Le Bouteiller, ... dont **VI.**

> En troisièmes noces à

> Louise de Lassy (2), sœur ainée de noble homme Christophe de Lassy, escuyer, sieur de Moulinnes ; le contrat du 25 octobre 1565 fut fait au manoir de Langle (3), présent noble homme René Dugué, seigneur de Langle.

2° **Geffroy Tuffin**, escuyer, sieur de la Motte. Epousa en 1541, contrat du 16 janvier, Jeanne de la Vieuxville, fille d'escuyer René de la Vieuxville et de Jane du Poncel.

VI. 1° **Jacquemine Tuffin**, baptisée à Saint-Ouen le 17 septembre 1554, « Parain noble homme Jacques Pigace sieur d'Atré (Astréc) » témoins damoiselle Janne d'Argentré et damoiselle Bertrande » du Parc. »

2° **Gilles Tuffin**, chevalier, seigneur de la Rouërie, de Taillay, Vaugarny, gentilhomme ordinaire de la chambre du roy, né et baptisé à Saint-Ouen le 24 septembre 1564, « Parain noble » homme Gilles de Couvran seigneur de Saccy, témoins Michel » Tuffin et Janne d'Argentré. »

> Marié en premières noces, contrat du 15 septembre 1586, à Louise de Querveno (4), fille de noble et puissant Vincent de

(1) Cette date est donnée par M. Raison du Cleuziou. Est-elle bien exacte ?

(2) La maison de Lacy ou Lassy, éteinte depuis trois siècles, était d'origine bretonne. Elle est mentionnée dans les anciennes réformations de l'évéché de Saint-Malo, publiées par M. Des Salles (généalogie de la famille du Bois-Halbrand). Un René de Lassy était possesseur en 1576 de la terre et seigneurie d'Ardennes en Saint-Georges-de-Reinthembault (MAUPILLÉ : *Paroisses du canton de Louvigné-du-Désert)*.

(3) Paroisse d'Antrain.

(4) Le manoir de Kerveno se trouve dans la paroisse de Plumeliau. Note de M. du Cleuziou. Sur le registre de Saint-Ouen au 16 janvier 1588 il est écrit Kernevo.

— 6 —

Querveno et Julienne de Coasquen, baron dudit lieu et de
Querveno, seigneur et dame de Bault, ... dont **VII** [1].
Et en secondes noces, le 17 juin 1590, à
Anne de Langan, fille de defunt Claude de Langan, seigneur
de Boisfévrier, chevalier de l'ordre du roy, maistre d'hotel
ordinaire de S. M., et de dame Catherine de Guyton *(Note b)*.
« Messire René de Langan seigneur de Boisfévrier, cousin-
» germain de la dite demoiselle Anne veut et consent que la
» dite demoiselle et ses hoirs jouissent à jamais de la terre et
» seigneurie des Portes, du lieu et métayrie du Chesnays, de
» la Prée, de la Berrière, colombier, moulin, fief, juridictions
» et usages de bois en la forêt de Villecartier et autres, situés
» es paroisses de Bazouges la Pérouse, Lafontenelle, Antrain,
» Tremblay et autres. Fait à la maison du Boisfévrier, 17 juin
» 1590 (1). »
Par lettres du mois de février 1613 les seigneuries possédées
par Gilles Tuffin furent érigées en vicomté.
Gilles Tuffin mourut à la Rouërie le 2 février 1628 et fut
inhumé en l'église de Saint-Ouen le 2 mars suivant : « Assis-
» tèrent aux obsèques messires les recteurs d'Antrain, de La
» Fontenelle, de Tremblay et les prêtres de plusieurs autres
» paroisses des environs. Il y avait force noblesse aux dites
» obsèques : M. le marquis de la Marzellière, M. Daussé
» (d'Aucey), M. de Mezandré, etc., un capucin du diocèse
» d'Avranches fit une fort belle oraison funèbre. Il fut départi
» grande quantité d'argent aux pauvres en grand nombre
» habillés de serge noire, etc. (2). »
Anne de Langan mourut également à la Rouërie, le 29 novembre 1644 et « fut inhumée en le chantceau de l'église » de
Saint-Ouen (3), ... dont **VII** [2].
Jeanne Tuffin « fille illégitime advouée de luy, à laquelle il a donné
» et donne irrévocablement » par testament en date du 29 août 1574
« le tout des maisons, terres labourables, fruitiers et revenus
» d'icelles, lui appartenant de la petite métayrie de la Motte
» sur Couesnon (4) et une journée de pré auprès, en usufruit sa
» vie durant, et en cas de mariage, elle laissera son usufruit et

(1) Archives du château de Bonabri. Ces biens sont restés dans la famille
de la Rouërie jusqu'en 1813.
(2 et 3) Archives de Saint-Ouen la Rouërie, registres paroissiaux.
(4) Commune d'Antrain.

» recevra pour elle et ses hoirs six cents livres tournois de son
» héritier principal (1). »

VII¹. 1º **René** Tuffin, né à la Rouërie le 16 janvier 1588.

Parrain et marraine « René de La Haye seigneur dudit lieu
» de sur Minette, de Melesse, Carlache (?) etc. et damoiselle... »

VII². 2º **Claude** Tuffin, vicomte de la Rouërie, Taillay et Vaugarni, né à la
Rouërie le 16 juillet 1592.

P. et M. : Noble homme Thomas Guyton, sieur de Carnet et
de Sacé ; dame Catherine de Guyton.

Page du roy Louis XIII en 1613, marié à damoiselle Marie
Lebourguëos, fille aînée de défunt Robert Lebourguëos, seigneur
patron de Heauville, de Carnet, et de noble dame Marie Mathan,
demeurant en son château de Carnet. « Contrat passé au village
» du Hamel paroisse d'Argouges après midy le 15 février 1627. »
(*Voir note c*).

Marie Lebourgeya (2) mourut à la Rouërie et fut inhumée
dans l'église de Saint-Ouen le 30 may 1639, et son époux au
même lieu, en la même église, le 17 septembre 1662, dont **VIII**.

3º **Louise** Tuffin, née à la Rouërie le 6 juin 1593.

« Parain, noble homme Charles de Pontobre (?) sieur dudit
» lieu et de Corbion ; témoins noble dame Eudette de Cou-
» asquen dame de la Hirlais et noble dame Catherine de Guyton,
» veuve de feu sieur du Boisfévrier, gouverneur du duché de
» Vendôme et maistre d'hôtel du roy. »

Epousa Messire Roch Lezot seigneur de Vaurozé (3).

4º **René** Tuffin, né à la Rouërie le 9 mars 1597 ;

P. et M. : René Pinel, sieur de Chaudebœuf ; haute et puissante dame Renée de Rohan, comtesse de Combour.

5º **Jacques** Tuffin, sieur de Vaugarny et de la Courtinière, vicomte
des Portes, né à la Rouërie, le 8 mai 1599.

P. et M. : escuyer Briant Pinel, sieur de Launay, fils ainé du
sieur de Chaudebœuf, et Catherine de Guyton, dame des Portes.

(1) Archives du château de Bonabri.
(2) Ce nom de Lebourgeois est ainsi écrit de différentes façons sur le
registre de Saint-Ouen. En 1634 Marie Lebourgeois signe Lebourgoys.
(3) N. h. Roch Lesot seigneur de la Villegeffroy, de Pomeniac, de Vaurozé,
conseiller du roi (PARIS-JALLOBERT : *Betton*).

— 8 —

Il épousa à Saint-Ouen, en 1634, demoiselle Françoise Le Bigot (1). « Messire Jacques Tuffin s^r des Portes mourut au » bourg de Saint-Ouen le 30 août 1665 et fut disposé à mourir » par dom François Herbert et mis en extrême-onction par » dom Bertrand Gardaye, inhumé en l'église le lendemain » (2). dont sont nés :

1° Jacques Tuffin, sieur de Sesmaisons, nommé le 10 novembre 1637, par missire Jacques Gavard. Mourut célibataire « en sa maison de Sesmaisons au bourg de Saint-Ouen le » 12 octobre 1670 et inhumé en l'église sous le caveau. Assis- » tèrent au convoi, noble homme Le Gommeriel s^r du » Chesnaye, noble homme Julien Bertin s^r des Noë et autres » parents et amis » (3).

2° Joseph Tuffin, sieur de la Vigne, baptisé à Saint-Ouen le 15 octobre 1645, épousa le 16 août 1674, à Pontorson, Louise de Marsbodin, demoiselle du Boschet. Madame de La Vigne mourut à Saint-Ouen, le 24 octobre 1717, et son époux le 2 décembre 1722, à l'âge de 84 ans 8 mois. Assistèrent à ces convois : le vicomte de la Rouërie, le chevalier de la Rouërie et autres parents et amis.

Ils furent la souche des Tuffin de Saint-Moron, de Sesmaisons et du Boschet. *(Voir à la suite A.)*

Ces deux frères, Jacques et Joseph, furent déclarés nobles, issus d'ancienne extraction noble, par arrêt de la Cour de Réformation du 14 novembre 1669. *(Voir note d.)*

6° **Pierre Tuffin**, né à la Rouërie, le 25 septembre 1605.

P. et M. : René de Langan, chevalier de l'ordre du roy, baron de Boisfévrier de Pescoux, de Montgiron de Monboüan, etc., et dame Jacquemine de Bordes, dame de Marcilley, religieuse de Saint-Georges de Rennes, prieure de la Chapelle-Janson.

Nous plaçons ici un acte de décès relevé à Saint-Ouen qui nous paraît être celui d'une fille née du mariage de Gilles Tuffin avec Louise de Querveno.

« Damoiselle Marie Tuffin en son vivant dame de Vaugarny décédée à la maison et manoir de la Rouërie et son corps fut

(1) La cérémonie des épousailles fut renouvelée à Tremblay le 16 juin 1653.
(2) Registres paroissiaux de Saint-Ouen.
(3) *Idem.*

enterré, en l'église de Saint-Ouen ce treizième jour du mois de janvier 1627 » (1).

De ces six ou sept enfants ne vivaient plus en 1628 que Claude, Jacques et Louise, ainsi qu'il ressort d'un acte du 15 mars dite année (remise des droits de rachapts aux héritiers de Gilles Tuffin) publié par M. Raison du Cleuziou dans ses archives de Bonabri.

VIII. 1° **Gilles Tuffin**, né à la Rouërie le 10 mars 1628, baptisé le 26.

P. et M. : Escuyer Jacques Tuffin sieur des Portes et Anne de Langan, veuve de défunt Gilles Tuffin, vivant seigneur vicomte de la Rouërie.

On le rencontre en 1634 parrain de Gilles Butte, la marraine étant Perrine Berthelot, dame de la Butte, et en 1636 parrain de Marie Ledemoysel.

2° **Anne Tuffin** « le huitième jour du mois de septembre 1629 fut » baptisée Anne Tuffin, fille de nobles et puissants seigneur et » dame de la Rouërie, fut parain Monsieur le baron de Sacé, » maraine Madame de Hirel sa mère. »

3° **Joseph Tuffin**, né à la Rouërie le 30 avril 1630 et baptisé le 3 juillet.

P. et M. : Jacques Houitte, recteur de Saint-Ouen, et Anne de Langan.

Fut marié,

1° Contrat du 3 février 1659, à Anne du Gouray, âgée de 25 ans, fille de défunt Guy du Gouray en son vivant seigneur de la Coste et de dame Renée Budes. Elle était la nièce propre du célèbre maréchal Jean-Baptiste Budes, comte de Guébriant. Elle mourut à la Rouërie le 7 juin 1669 et fut inhumée dans le chœur de l'église, ... dont **IX** [1].

2° En 1673 à Gillonne Becdelièvre, veuve de Gilles Henry, chevalier seigneur de Bohal. Elle mourut en couches à la Rouërie le 30 janvier 1677 et fut inhumée le lendemain dans l'église de Saint-Ouen, ... dont **IX** [2].

3° En 1678 à Hélène Trémaudan, veuve de Guillaume de la Bouëxière, sieur de Villetanet « contrat de mariage passé à » Rennes en la maison de la future épouse rue Vasselot » le 14 novembre (2).

(1) L'arrêt de noblesse de 1668 dit en parlant de l'union de Gilles Tuffin avec Louise de Querveno « duquel mariage il n'est demeuré aucuns enfans. »
(2) Archives du château de Bonabri.

Un arrêt de la Chambre de Réformation du 17 octobre 1668 le déclare noble issu d'extraction noble et l'autorise à prendre la qualité de chevalier et d'escuyer *(Note d* bis*)*.

Il mourut à Kerqubuc (1), évêché de Coutances, le 4 mars 1680, et fut enterré le lendemain en l'église de cette paroisse dans la chapelle Saint-Nicolas.

4º **Jan Tuffin**, prestre escuyer, sieur de la Motte, né à la Rouërie le 17 décembre 1631, « baptisé le 23, tenu sur les fonts batismaux » par Messire Jan Budes seigneur de Guébriant capitaine des » Gardes de Sa Majesté, et dame Françoise Bouhier dame » baronne de Sacé le seizième de mars 1632 aux precences de » haultes et puissantes dames Anne Budes dame du Hirel etc. » et Anne de Langan dame de la Roueyrie ».

Mort à la Rouërie le 13 juin 1681, et inhumé en l'église de Saint-Ouen, aux tombeaux de ses ancêtres.

5º **Françoise Tuffin**, née à la Rouërie le 4 août 1633 :

P. et M. : Missire Jean Volvire du Rufec, seigneur baron de la Chattière et Haulte et puissante dame Françoise de Harcour, marquise de la Marzellière.

Fut religieuse de l'abbaye de Saint-Sulpice dont elle est dite Prieure en 1702 (2).

6º **Claude Tuffin**, sieur de Teillay, né à la Rouërie le 11 octobre 1634 et baptisé le 11 novembre.

P. et M. : hault et puissant Jean Le Bourgeois, seigneur de Heauville, Carnet, conseiller du roy en son grand conseil, et Anne de Langan.

Décédé à la Grande maison du bourg de Saint-Ouen le 12 novembre 1670.

Avait épousé le 18 août 1667 Anthoinette Guischard, fille de Nicolas Guischard, seigneur de Villiers, et de Anne de Parrain et veuve du 28 février 1667 de François de Guyton, seigneur des Guytons, de Biards, de la Villeberge etc. Cette demoiselle Guischard passait pour être une des plus belles personnes de son temps. Elle se remaria une troisième fois et épousa Antoine d'Auray, seigneur de Montier (3).

(1) Carquebu, canton de Sainte-Mère-Église (Manche).
(2) Un acte de partage de biens du 18 mai 1667, dit que deux sœurs de Joseph Tuffin étaient religieuses à Saint-Sulpice. — Archives du château de Bonabri.
(3) MM. Tisseront et Charles Laurent, généalogie des Guiton de la Villeberge.

7º **Charles** Tuffin, sieur du Breil, né à la Rouërie le 20 octobre 1636.

P. et M. : Charles Le Bourgeois, curé de Carnet et Anne de Langan.

Epousa Marie Vouardie, dame de la Fouaye. De ce mariage sont issus les Tuffin de Ducy et Villiers. *(Voir à la suite B.)*

8º **Anne** Tuffin, née à la Rouërie, le 2 avril 1638.

P. et M. : François Guyton, seigneur de la Villeberge, Latouche Hetterre, etc., et Anne de Langan.

IX¹. 1º **Joseph-Hyacinthe** Tuffin, comte de la Rouërie, seigneur de Carnet, de La Fontenelle, etc., premier chambellan de son Altesse Monsieur, frère unique du roy, né à la Rouërie le 17 août 1662, et nommé seulement le 30 octobre 1663.

P. et M. : Claude Tuffin, son oncle paternel, et « Jane Barbe sa norice. »

Son parrain, à la Confirmation, fut Jan Le Bigot, prêtre, qui ajouta au prénom de Joseph celui de Hyacinthe.

Il épousa en 1684, le contrat est du 8 mars, Anne Fleury du Poncel, âgée de 17 ans, originaire de la paroisse de Saint-Malo de Dinan, fille de Jan Fleury et de dame Julienne Le Blanc, seigneur et dame du Poncel.

Elle mourut à la Rouërie le 9 mai 1717, et son mari le 21 avril 1728; tous les deux furent inhumés dans l'église de Saint-Ouen, ... **dont X.**

2º **Charles-René** Tuffin, vicomte des Portes, né à la Rouërie le 24 mars 1664, fut baptisé le 12 mai.

P. et M. : Charles Lebourgeois, seigneur de Carnet, grand doyen d'Avranches, et Renée Budes, marquise de Molac.

Epousa Jacquette-Louise Vedier, duquel mariage sont issus les Tuffin des Portes. *(Voir à la suite C.)*

3º **Anonime** Tuffin, chevalier de la Rouërie.

Sa signature se trouve au bas de l'acte de mariage de son frère Joseph, et en 1688, 1694 et 1695, comme parrain ou témoin à des mariages, sur les registres de la paroisse de Saint-Ouen, puis on ne trouve plus trace de lui pas plus qu'on ne trouve trace de sa naissance.

4º **Charles-François** Tuffin, né à la Rouërie le 24 février 1668 et baptisé le 18 mai 1669.

P. et M. : Escuyer Charles-François de Boisbeaudry, et Anne Le Metayer, demoiselle de la Jauraye.

On trouve sa signature en novembre 1682, comme assistant à un mariage, il signe simplement : Charles-François Tuffin.

5º **Jean-Baptiste** Tuffin, né à la Rouërie, le 5 avril 1669.

P. et M. : Messire Joseph Tuffin, son frère, et Anne Le Métayer.

IX². 6º **Charles-Marie** Tuffin, seigneur du Breil et de la Giraudais, capitaine de cavalerie au régiment de la Flèche, né à la Rouërie le 25 mai 1674.

P. et M. : Charles de Rosnivinain, seigneur de la Haye-Dirée, et Marie du Boislehou.

Epousa en 1716, le contrat est du 14 avril, Vincente-Emilie Védier, demoiselle de la Ville-Olivier, fille de Jean Védier et de dame Louise Furie (1). Devenue veuve, Vincente Védier épousa le comte des Gletins, major de cavalerie, en garnison à Fougères. Les des Gletins où Gleteins sont originaires du château de Jarniaux, près Villefranche en Beaujolais. Elle mourut en 1779 (2).

Du mariage du seigneur du Breil avec Vincente Védier, sont nés :

1º Louise-Joseph-Anne Tuffin, épouse de René Le Beschu de la Rallaye, chevalier, conseiller du roi, président trésorier général de France au bureau des finances d'Alençon. De cette union naquirent six enfants dont deux, Louis et Marie-Jeanne, mariés l'un et l'autre, sont les ancêtres des nombreuses familles encore existantes des Le Beschu de Champsavin, Baston de La Riboisière, de La Fosse, Vittu de Kerraoul, etc.

Louise Tuffin mourut à Fougères, paroisse Saint-Léonard, le 24 novembre 1768, âgée de 53 ans.

2º Honorée-Françoise-Perrine Tuffin, qui épousa, le 19 septembre 1764, à Mézières (Ille-et-Vilaine), Messire Mathurin-Jean-Georges Plancher de Bossiquel, seigneur de Boisglé, ancien major de dragons, chevalier de Saint-Louis, originaire de la paroisse de Saint-Jean de Lamballe. Sans postérité.

3º Marie-Charles-Joseph Tuffin du Breil, chevalier de Saint-Louis, officier au régiment de Brancas, commissaire ordonateur des guerres, né à Fougères le 2 décembre 1733,

(1) La famille Vedier, originaire du pays Nantais, étaient seigneurs de la Ville-Olivier, en Mézières, département d'Ille-et-Vilaine. Renseignements fournis par M. de Champsavin.

(2) Renseignements fournis par M. de Champsavin.

mort à la Giraudais, en Mézières, le 2 avril 1815. Il fut le dernier descendant mâle du nom de Tuffin, de cette importante maison des Tuffin de la Rouërie. *(Note e).*

Il avait épousé, le contrat est du 29 décembre 1765, Jeanne-Bonaventure-Marie de Bonnefonds, sa tante, veuve de Jean-François Védier de la Ville-Olivier ; décédée à Rennes le 17 nivôse an VII (6 janvier 1799) (1)

7º **Jean-Baptiste-Julien** Tuffin, né à la Rouërie le 30 janvier 1677, le jour de la mort de sa mère, Gilonne Becdelièvre.

P.' et M. : Jean Tuffin, sieur de la Motte, et Julienne Ruellet.

En 1685 ne devaient plus être vivants que Charles-Marie et quatre des enfants du premier lit, ainsi qu'il résulte d'un acte de partage de biens du 10 mars de cette année, rapporté par M. Raison du Cleuziou, dans ses « Archives du château de Bonabri. »

Voici, relevé sur le registre paroissial de Saint-Ouen de 1692, un acte de décès qui me paraît devoir se rapporter au cinquième enfant, Jean-Baptiste, né le 5 avril 1669, malgré la qualification de petit-fils donnée à ce décédé.

« Le troisième jour du mois de may mourut au manoir de » la Royrie le petit fils de Monsieur le comte de la Royrie et » fut inhumé le lendemain dans l'église de Saint-Ouen. »

X. 1º **Joseph-Honoré** Tuffin, chevalier, seigneur de la Rouërie, seigneur et patron de Carnet, vicomte des Portes, seigneur et patron de la Villeroux, seigneur de Teillay, des Chastelets de la Denolaye, etc., naquit à Carnet le 6 février 1685 et y fut baptisé le 27 mars 1695 (2).

P. et M. : Messire Charles-Marie Tuffin, seigneur chevalier de la Rouërie et Gillette Salmon « sa mère norice. »

(1) Ce renseignement nous est fourni par M. de Champsavin.

(2) Jusqu'à l'époque de son baptême qui n'eut lieu qu'à son âge de dix ans, cet enfant signe deux fois comme parrain sur le registre paroissial de Carnet, en 1693 « anonime Tuffin » en 1694 « anonimus Tuffin » et à partir de 1695 notamment à son acte de baptême, il signe « Joseph-Honoré scire Tuffin de la Rouërie. »

Voici textuellement son acte de naissance « un fils pour hault et puissant seigneur missire Joseph-Hyacinthe Tuffin seigneur et comte de la Rouërie, de Carnet et plusieurs autres terres et seigneuries et d'Anne Fleury sa femme et compagne vint au monde et fut baptisé à cause du péril par missire Germain Dauguet, prêtre. »

Il mourut au château de la Rouërie le 12 octobre 1696 et fut inhumé le lendemain dans l'église de Saint-Ouen.

2º **Anne-Jacques** Tuffin, vicomte de la Rouërie, seigneur des Portes de Carnet, etc., né à la Rouërie le 12 may 1689.

P. et M. : Jacques de Farcy, seigneur du Rocher (1) et Catherine de Couriolles dame du Parc.

Reçu page du roy dans sa petite écurie le 22 mars 1704, épousa en 1723, le contrat est du 25 juillet, Marie-Anne-Magdelaine-Charlotte de Beaugy, née à Fougerolles (Mayenne) le 21 juin 1703 de Messire Eugène marquis de Beaugy, baron de Villeneuve le Guyard, seigneur de Goué, Fougerolles, etc., et de dame Bonne Caille de Fourny.

Anne-Jacques Tuffin mourut à la Rouërie le 4 janvier 1738 et Anne de Beaugy à Fougères, paroisse Saint-Sulpice, le 26 août 1757, ... dont **XI**.

3º **Gervais-René** Tuffin, chevalier vicomte de la Rouërie, des Portes, etc., Commandant pour le roi la côte de Pontorson, né à la Rouërie le 7 juillet 1694.

P. et M. : Gervais de Marcillé, et Renée Le Pape, dame de Trans.

Epousa le 18 septembre 1724, à Villiers, Modeste-Angélique Guischard, demoiselle de Villiers, sœur d'Elisabeth, l'épouse de Joseph-Charles Tuffin de Ducy, et mourut à Pontorson, où il fut enterré dans l'église le 11 septembre 1756. *(Voir note f)*.

Une fille, Anne-Renée-Elisabeth-Angélique Berte, issue de ce mariage, épousa le 29 octobre 1748, en l'église de Villiers, Charles Léonor de Carbonnel, comte de Canisy, guidon des gens d'armes du roy, fils de très hault et très puissant messire Jacques Michel de Carbonnel, marquis de Canisy, conseiller du roy en tous ses conseils et son lieutenant de la province de Normandie, chevalier, seigneur et patron du marquisat de la Palluel, de Saint-James, de Saint-Benoist, de Montjoye, de Landelle, la Lucerne, du Guéhebert, etc., et de très haulte et très puissante dame feue Jeanne Claude de Painteville, dame marquise de Canisy.

Berte Tuffin mourut sans enfants, vers 1751, dit M. le chanoine Ménard (2).

(1) Le Rocher Portail.
(2) Histoire religieuse, civile et militaire de Saint-James de Beuvron (Avranches 1897).

4° **Thérèse-Anne** Tuffin, née à la Rouërie, le 18 novembre 1695.

P. et M. : Anne de La Haye, comte de La Haye, et Thérèse Le Prêtre, dame de la Roche-Brahan.

Mourut célibataire.

5° **Marie-Françoise** Tuffin, demoiselle des Portes, née à la Rouërie le 27 février 1697.

P. et M. : Missire Etienne François de Beauvais, prêtre abbé commandataire de Montmorel, prieur de Marsac, conseiller du roy en son Parlement de Normandie, etc., et Marie Huard du Boschet, dame de La Villeroux.

Entrée au prieuré conventuel de la Magdelenne de Fougereuse en 1702, en qualité de sœur de chœur, elle fut dotée à cet effet par son père d'une rente annuelle et viagère de 180 livres (1).

La Prieure était sa grande tante, Françoise Tuffin de la Rouërie.

Le 2 août 1713 elle assiste, à Saint-Ouen, au mariage de Jean Fleuriot, sieur du Chêne.

6° **Renée-Marie** Tuffin, demoiselle de Villeroux, née à la Rouërie le 21 mai 1702.

P. et M. : Gervais René, son frère, et Françoise, demoiselle des Portes, sa sœur.

Elle épousa, le 5 avril 1731, dans la chapelle du château de la Rouërie, Messire Sébastien-Charles-François Michel, seigneur patron de Monthuchon et de Rafouville de La Hays et autres lieux, chevalier de Saint-Louis, chef de division des Gardes côtes, et mourut à Monthuchon le 21 mai 1772. Fut inhumée le lendemain, dans le chœur de l'église paroissiale.

Descendent directement de ce mariage trois familles représentées par 1° M. Stanislas-François-Louis Michel de Monthuchon, chevalier de Saint-Grégoire-le-Grand, veuf de dame Marie-Camille Pinczon du Sel, père de M. Louis-Marie-Stanislas, marié à demoiselle Anne-Marguerite-Marie Le Chartier de Sédouy, dont trois fils et deux filles, et de Mesdames Doynel de La Saussaie et Gaultier de Carville ; 2° Dame Emilie-Marie Michel de Monthuchon, décédée épouse de M. Edmond-Marie de Saint-Meleuc ; 3° Dame Elisabeth Michel de Monthuchon, décédée épouse de M. de Trogoff.

(1) Archives du château de Bonabri.

XI. 1° **Anne-Joseph-Jacques** Tuffin, marquis de la Royric, né à la Royrie le 14 avril 1725.

> P. et M. : Joseph Tuffin, aïeul paternel, et Anne Bonne Caille de Fourny, marquise de Beaugy, aïeule maternelle.

> Nommé page du roy en novembre 1740. Epousa le 12 juin 1750 Thérèse de la Belinaye, fille de Armand Magdelaine de la Belinaye (1) chevalier seigneur de la Belinaye, du Bois le Houx, de Vendel, de Vieuxvy, etc., et de Marie-Thérèse Frain (2).

> Il mourut à Rennes, son corps y fut inhumé en l'église de Toussaint à 6 heures du matin et son cœur mis dans une boëte de plomb fut transporté à Saint-Ouen et déposé ce même jour à 8 heures du soir dans l'enfeu des seigneurs de la Rouërie, le 9 décembre 1754. (*Note g.*)

> Thérèse de la Belinaye mourut à Fougères, paroisse de Saint-Léonard, en son domicile rue Impériale, le 19 avril 1808, âgée de 79 ans, *[Note h]*, ... dont **XII.**

2° (3).

3° **Marie-Eugène-Gervais** Tuffin, vicomte de la Royrie, seigneur d'Aubouclair, de la Mottaié, de la Garenne, de Villeneuve le Guyard, de le Chapetel, des Villes Etables (Villetable), etc.; né à la Rouërie le 9 juin 1732.

> P. et M. : Gervais-René Tuffin, oncle paternel, et Anne-Bonne-Eugénie de Beaugy, marquise de Saint-Pois.

> Fut page de la Reine de 15 à 18 ans; épousa le 24 mai 1758 Marthe-Charlotte-Marie Claire de Farcy de Muée, née en la paroisse de Saint-Thugal de Laval le 12 août 1731, d'Annibal-François de Farcy, seigneur de Muée, et de Marie-Anne Levêque des Valettes.

> Il habitait paroisse de Saint-Léonard, à Fougères, et il y mourut le 8 août 1784, dont sont issus :

> > 1° Marie-Marthe-Louise-Isidore Tuffin, née paroisse Saint-Thugal de Laval le 25 février 1759.

(1) Le château seigneurial de la Belinaye, en Saint-Christophe-de-Valains, est encore habité par les descendants de cette famille.

(2) Frain de la Villegontier. Cette famille habite Parigné, arrondissement de Fougères.

(3) La seule trace de l'existence de ce deuxième enfant est dans l'acte de baptême du suivant, Marie-Gervais, où il est écrit « *troisième* fils de haut, etc. » Il pourrait se faire cependant que ce soit une erreur de la part du rédacteur de cet acte.

P. et M. : Joseph-Louis Tuffin, chevalier seigneur des Portes, cousin paternel, et Anne Levesque des Valettes, veuve d'Annibal de Farcy, seigneur de Muée, aïeule.

Epousa, le 9 germinal an 2 (29 mars 1794), M. César Chatton des Morandais, et mourut à Rennes sans postérité le 14 octobre 1831 (1).

2º Thérèse Annibal Tuffin, née paroisse de Saint-Léonard, à Fougères, le 12 février 1760.

P. et M. : Annibal de Farcy, seigneur comte de Muée, oncle maternel, et Thérèse de la Belinaye, marquise de la Rouërie, tante paternelle.

Epousa en 1795, Jean-Baptiste de Farcy de Muée, son oncle, âgé de 71 ans, veuf de Marie A. M. du Breil du Chalonge; morte sans postérité.

3º Catherine-Charlotte-Armande Tuffin, demoiselle de la Mottais, née le 22 septembre 1761. Non mariée (2).

4º Marie-Eugène-Charles Tuffin, né paroisse de Saint-Thugal de Laval, le 27 août 1765.

« A été parrain comme porteur de procuration, Messire
» Georges Charles de Farcy pour haute et puissante dame
» Anne Bonne Eugénie de Baugie dame de Gouë, Fougerolles,
» Laprovotière, Fontenaille et autres lieux, Vᵛᵉ de haut et
» puissant seigʳ Mʳᵉ Beuve d'Auray baron de Sᵗ Pois, Mongeois,
» Menil Gilbert et autres lieux, tante du coté paternel, et mar-
» raine Dᵉˡˡᵉ Marie Catherine Felicité Lévèque dame de Beau-
» vais, Dupati et de Volion et autres lieux, cousine germaine
» du coté maternel, qui ont signé avec nous et dame Marie
» Levéque Vᵛᵉ de haut et puissant seʳ Annibal de Farcy de
» Muée seʳ de Villiers-Launay, de Parsay et autres lieux ayeule
» de l'enfant, et autres présents à la cérémonie » (3).

Epousa Thérèse Patard de la Mélinière et fut tué par les bleus dans les marais de Dol, le 27 ventôse an IV (17 mars 1796), en revenant d'Edimbourg. (*Note i*).

XII. 1º **Armand-Charles** Tuffin, chevalier, seigneur, marquis de la Rouërie, vicomte des Portes, patron de Carnet et de Saint-Ouen de la

____

(1) et (2) Madame des Morandais et sa sœur Catherine-Charlotte furent les deux seules héritières des biens du dernier Marquis de la Rouërie.

(3) Registres paroissiaux de Saint-Thugal.

Rouërie, Teillay, des Chastelets, Marcillé-Robert, etc., brigadier général au service des Etats-Unis d'Amérique, etc., etc., naquit à Fougères, paroisse Saint-Léonard, le 13 avril 1751.

P. et M. : Messire Armand-Magdeleine de la Belinaye et dame Bonne-Charlotte de Pontfarcy, marquise de Boisfévrier.

Il épousa le 27 décembre 1785, le contrat est du 22, Louise-Charlotte Guérin, dame marquise de Saint-Brice, du Champinel, la Chattière, etc., fille de Anne-Gilles-Jacques Guérin, et de dame Jacquette-Hyacinthe Leprestre de Châteaugiron, seigneur et dame de Saint-Brice. (*Note j*).

Elle mourut sans enfants, à Cauterets, le 18 juillet 1786 (1).

Son mari décédé le 30 janvier 1793 au château de la Guyomarais, en Saint-Denoual (Côtes-du-Nord), fut enterré clandestinement à l'entrée d'un bois voisin. (*Note k*.)

. Il laissa un fils naturel qu'il avait eu d'une actrice de Paris (2). Ce fils vécut avec son père à la Rouërie. On trouve plusieurs fois sa signature sur les registres paroissiaux de Saint-Ouen : « Charles Armand. » Il mourut dans la guerre de la Vendée avec l'ancien valet de chambre de son père qui l'accompagnait, le fidèle Bossard (3).

2º **Gervais-Marie** Tuffin, né à Fougères, le 30 juin 1752.

P. et M. : Son grand-oncle Gervais-René Tuffin, et dame Marie-Thérèse Frain, épouse d'Armand Magdelène de la Belinaye.

3º **Renée Tuffin**, baptisée à la Rouërie le 17 août 1753.

P. et M. : Joseph-Charles Tuffin de Ducy et Renée de la Belinaye.

Mourut le 12 octobre suivant.

4º **Charles-Louis** Tuffin, né à la Rouërie le 6 septembre 1754.

P. et M. : Messire Charles de la Belinaye, et Louise-Emilie Tuffin de Villiers.

Le 26 août 1762, à Saint-Ouen, il assiste au baptême d'une cloche, dont son frère Armand est le parrain, et Mlle Louise-Charlotte Guérin la marraine.

En 1768 devait encore exister au moins l'un des deux frères du marquis de la Rouërie, car dans un document de cette année que possède M. de Champsavin, Madame de la Rouërie.

(1) Sa sœur aînée s'était mariée en 1775, à Louis Le Loup de Chasseloir, originaire de la paroisse de Maisdon, évêché de Nantes.

(2) De Mlle de Beaumenil, dit M. Collin de la Contrie.

(3) Notes de M. Collin de la Contrie : communication de M. de Champsavin.

est dite agir comme tutrice honoraire des enfants issus de son mariage.

Aucun acte postérieur à ce dernier ne faisant plus allusion à leur existence, nous pensons qu'en 1770 déjà Armand Tuffin se trouvait le seul rejeton de la branche aînée des Tuffin.

Malgré d'actives recherches, il nous a été impossible de découvrir le nom de la paroisse où moururent ces deux frères du marquis de la Rouërie.

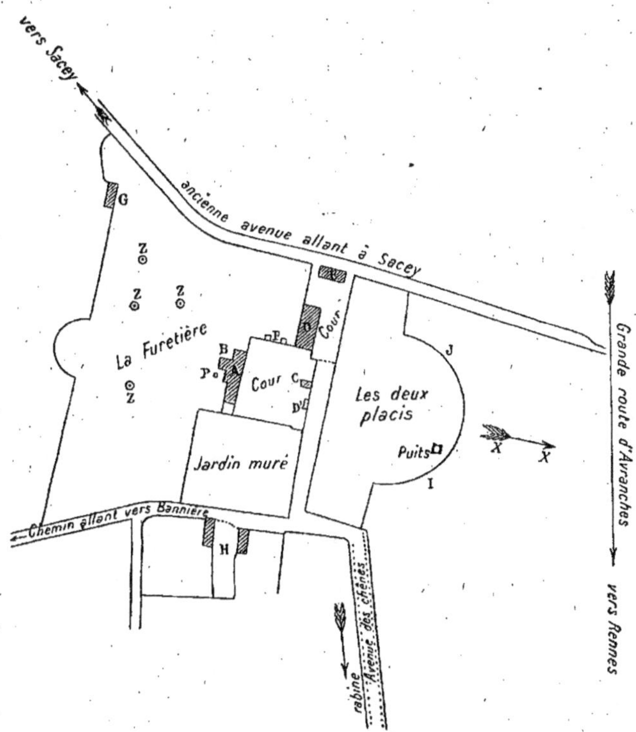

Plan du château de la Rouërie.

A.

LES TUFFIN DE LA VIGNE, DE SAINT-MORON ET DU BOSCHET.

I. **Joseph** Tuffin, sieur de la Vigne, fils de Jacques Tuffin, sieur des Portes et de Françoise Le Bigot, épousa le 16 août 1674 « à » quatre heures du matin, en l'église de Pontorson, Louise de » Marsbodin, d^{elle} du Boschet, de la paroisse de Pontorson. » (*Note l*).

Joseph Tuffin mourut à son domicile au bourg de Saint-Ouen le 2 décembre 1722, âgé de 84 ans 8 mois et fut inhumé dans l'église.

Egalement avait été inhumée dans l'église de Saint-Ouen son épouse décédée le 24 octobre 1717, ...   dont **II.**

II. 1° **Françoise-Renée** Tuffin, baptisée à Saint-Ouen le 26 juin 1675.

P. et M. : N. h. René Roulier, sieur de la Hommerie et demoiselle Roulier, dame de la Roulaye.

2° **François-Sébastien** Tuffin, baptisé à Saint-Ouen le 30 juillet 1676.

P. et M. : François Leroy, sieur de Brée et Sébastienne de Marsbodin, dame de La Lande.

3° **Charles** Tuffin, sieur de Saint-Moron, baptisé à Saint-Ouen le 28 juillet 1677.

P. et M. : Escuyer Charles de Marsbodin de Saint-Moron et Charlotte Louise Tardif, épouse de François Le Pelletier.

Epousa à Tremblay, en février 1718, Françoise Le Pelletier (1) qui mourut à Saint-Ouen le 25 octobre 1742, et lui-même également mourut en sa maison de Saint-Ouen et fut inhumé dans l'église le 5 mars 1745.

(1) Cette date qui nous est donnée par M. de Champsavin d'après une ancienne généalogie doit être erronée; il faut lire croyons-nous 1716.

De cette union sont nés au bourg de Saint-Ouen :

1º Le 25 mars 1717 et baptisé le 3 novembre suivant, Charles Tuffin, sieur de Sesmaisons. — P. et M. : Charles Galéan, sieur des Marais et Marguerite Gavard.

Il prit le titre seigneurial de Sesmaisons qu'il transmit à ses enfants. *(Voir à la suite* AA.)

2º Le 9 novembre 1718, Joseph-François Tuffin. — P. et M. : Hyacinthe-Marie Bertin, sʳ de la Joramière, avocat au Parlement, et Jeanne-Marie Pirotaye, dˡˡᵉ de la Joramière.

3º Le 12 février 1720 (1), Françoise-Julienne Tuffin, dˡˡᵉ de Saint-Moron, décédée chez les Bénédictines de Dol, le 10 décembre 1769, âgée d'environ 46 ans.

4º Le 15 février 1721, Joseph Tuffin. — P. et M. : Jean Burgot, sʳ de la Pierre, et Agathe Le Pelletier.

5º Le 7 octobre 1722, Jacques Tuffin. — P. et M. : Louis Bazin et Bertrande Brégaind.

6º . . . . . Auguste Tuffin, chevalier de Guépillon, « prêtre » chanoine de l'église (cathédrale) de Rennes, agé d'environ » 60 ans, décédé le 14 janvier 1783 au chateau de la Choltais » et inhumé le 15 par M. le Recteur de La Fontenelle (2). »

7º Le 19 avril 1727, Marie Tuffin. — P. et M. : Jacques Tuffin, son frère, et Françoise Burgot.

4º **Renée** Tuffin, demoiselle du Boschet, née à Saint-Ouen le 22 août 1678.

P. et M. : René de Marsbodin, sʳ du Demaigne, et Suzanne Vallée.

Epousa le 5 novembre 1715, Louis-Alexandre de Billeheust, seigneur patron des Loges et d'Argenton. Ont signé au contrat : Rohan Chabot de Couasquen, Anne Fleury de la Rouërie, Marguerite de Verdun, Charlotte-Louise Tardif, Joseph Tuffin, Charles Tuffin, Joseph Tuffin, Charles Guitton du Boissirard, de Saint-Georges, René de Verdun, Tardif de Vaucler, François Guischard, René Leroy, Jean de la Chambre.

5º **Auguste** Tuffin, né à Saint-Ouen le 29 janvier 1680, baptisé le 12 février.

---

(1) Bien que cette date ne concorde pas avec l'âge indiqué dans l'acte de décès, et que le registre de la paroisse de Saint-Ouen, année 1720, ne fasse pas mention de cette naissance, nous la croyons cependant exacte.

(2) Registres paroissiaux de Saint-Ouen. — Ses lettres de prêtrise sont de 1760 : Renseignement de M. le vicomte de Carné.

P. et M. : Auguste Legommeriel, sieur du Chesnaye, et Charlotte Clinchamp, demoiselle de la Haute-Touche.

« Le 27 juin 1701, mourut au bourg de Saint-Ouen, escuyer
» Auguste Tuffin, et fut inhumé le lendemain dans l'église; ont
» assisté aux funérailles n. h. Julien Vallée sieur de la Morissais,
» n. h. Jean-François de Charné, n. h. Charles Vallée sieur du
» Plessix, M^tre Jacques Le Bigot. »

6° **Joseph** Tuffin, sieur du Boschet, baptisé à Saint-Ouen le 19 février 1681.

P. et M. : Escuyer Joseph Tardif, seigneur patron de Moüadre (1), et Jeanne Tardif de Vaucler.

Epousa à Saint-Jean-de-Cogles (Manche), le 9 juin 1716, Brigitte Aussant, demoiselle de la Gaudinière, fille de Nicolas Aussant et de Anne Le Montet, s^r et dame de la Brosse, et mourut à Saint-Ouen le 14 août 1755.

De cette union sont tous nés à Saint-Ouen :

1° Le 27 septembre 1717, Jeanne-Brigitte. — P. et M. : Joseph Tuffin de la Vigne, grand-père paternel, et Jeanne Le Nombel *(sic)* grand'mère maternelle.

Décédée à Saint-Ouen le 23 décembre 1730.

2° Le 8 octobre 1718, Guillaume-François. — P. et M. : Escuyer François de Quenouards et Guillemette Girard, dame de la Gadelière. Etait vivant en 1749.

3° Le 18 septembre 1719, Anne-Renée. — P. et M. : René Leroy, seigneur de Macé, et Anne Le Huré, dame de la Solays.

4° Le 5 décembre 1720, Angélique-Perrine-Marguerite. — P. et M. : h. h. garçon Pierre Le Montel *(sic)*, s^r de la Gadelière, et Marguerite Le Breton.

Décédée à Saint-Ouen le 20 décembre 1760.

5° Le 11 janvier 1722, Marie-Anne-Claude. — P. et M. : Claude de La Villegontier, seigneur de Cogles, et Marie-Anne de Quenouards du Plessix.

6° Le 12 février 1723, Cécile-Jacquette. — P. et M. : Jacques Bazin et Brigitte Tuffin D^lle de la Gaudinière, sœur de l'enfant. Décédée à Villebermont, en Pleine-Fougères, le 10 octobre 1772 (2).

7° Le 25 mai 1725, Reine-Pélagie.

----

(1) Le château de Moidrey, commune de Moidrey, près le Mont-Saint-Michel.
(2) Renseignement fourni par M. de Nantois.

Epousa le 17 février 1756 escuyer René-Jacques de Sceaulx, seigneur de Villebermont, fils de Jacques-Louis de Sceaulx, et de Suzanne-Jacquemine Duynes.

René-Jacques de Sceaulx mourut à Saint-Ouen le 9 décembre 1771, âgé de 37 ans, et son épouse à Villebermont, paroisse de Pleine-Fougères, le 17 mars 1783 (1).

Un fils issu de ce mariage, François-Auguste de Sceaulx, épousa sa cousine, Simonne Tuffin de Sesmaisons, le 22 messidor an 5 (10 juillet 1797). *(Voir* AA.)

8° Le 27 août 1726, Joseph-Auguste, mort au Frène, en Saint-Ouen, le 27 mai 1736, et enterré dans l'église.

9° Le 2 février 1728, Louis-Marie.

10° Le 30 mars 1729, Charles-Ambroise.

11° Le 17 mars 1731, Thérèse-Monique, qui mourut le 23 septembre 1741 et fut enterrée dans le cimetière de Saint-Ouen.

7° **Anne-Jeanne** Tuffin, née et baptisée à Saint-Ouen le 5 juin 1684.

P. et M. : Joseph Tardif, conseiller du roy, seigneur patron de Moüadre, et demoiselle Jeanne Tardif de Vaucler.

8° **Jacques-Louis** Tuffin, né à Saint-Ouen le 26 juillet 1687.

P. et M. : Escuyer Charles Tuffin et Renée Tuffin.

9° **Jacques** Tuffin, né à Saint-Ouen le 13 juillet 1690.

P. et M. : Auguste Tuffin et Renée Tuffin.

(1) Renseignement donné par M. de Nantois.

AA.

TUFFIN DE SESMAISONS.

I. **Charles Tuffin**, sieur de Sesmaisons, qui naquit au bourg de Saint-Ouen le 25 mars 1717, épousa le 13 mars 1755, en l'église et paroisse de Saint-Aubin à Rennes, Jeanne Nicole de La Croix, et mourut à Antrain le 10 mai 1788, âgé d'environ 73 ans (1).

    « La citoyenne Jeanne-Marie de La Croix, veuve de Charles
» Tuffin, propriétaire agée de plus de 60 ans, originaire de la
» ci-devant paroisse de Saint-Aubin de Rennes est décédée le
» 21 frimaire an deux (11 décembre 1793) dans sa maison rue
» d'enhaut à Antrain » (2), ... dont II.

II. 1º **Marie-Jeanne-Charlotte-Nicole** Tuffin, née à Saint-Ouen, le 9 mars 1756.

    P. et M. : Jean-Jacques-Louis de Billeheust, seigneur des Loges-sur-Brescé, et dame Marie-Anne Clavier, dame de La Croix.

    Morte célibataire à la Choltais, en Antrain, le 13 octobre 1815.

2º **Jacques-Ange-Charles** Tuffin, sieur de Sesmaisons, né à la Choltais, le 11 février 1757.

    P. et M. : Jacques-Guillaume de La Croix, et Angélique Tuffin, dame du Boschet.

    Décédé le 13 août 1796 à Kamlaik, près Hindelheim, en Souabe. *[Note m.]*

3º **Renée-Henriette-Anne-Marie** Tuffin, née à Guépillon, en Saint-Ouen, le 19 décembre 1758.

    P. et M. : Escuyer René-Jacques de Sceaulx, seigneur de Villebermont, et Anne Clavier de La Croix.

    Décédée le 5 janvier suivant.

---

(1) Cet âge porté à l'acte de décès est erroné.
(2) Registre des décès de la commune d'Antrain.

4° **Cécile-Hyacinthe-Andrée** Tuffin, née à Guépillon, le 30 novembre 1759.

 P. et M. : N. M° Hyacinthe Bertin, avocat au Parlement et sénéchal de la juridiction du prieuré de Combour, et Cécile Jacquemine Tuffin, demoiselle de la Gaudinière.

5° **Auguste-Serge-Jean** Tuffin, né à Antrain, le 7 octobre 1761.

6° **Angélique-Simonne** Tuffin, née à Antrain, le 27 octobre 1762.

 Épousa, le 22 messidor au V (10 juillet 1797), François-Auguste de Sceaulx, fils de René-Jacques de Sceaulx, et de Reine-Pélagie Tuffin du Boschet.

 Elle mourut le 3 juillet 1818, et son époux le 1er mars 1844, en leur domicile à Bégasson, faubourg de Brest à Rennes.

 Leur petite fille, Mlle Marie-Philomène de Sceaulx, dernière héritière de tous les biens des Tuffin issus de Joseph Tuffin de la Vigne, épousa M. le vicomte de la Goublaye de Nantois. Ils habitent Rennes et l'ancien manoir seigneurial de la Choltais.

7° **Charles-Denis-François** Tuffin, né à Antrain, le 10 octobre 1763.

8° **Joseph-Malo** Tuffin, né à la Choltais, le 14 novembre 1764.

 Décédé à la Fontenelle le 1er mars suivant, « et inhumé le » lendemain en l'église de Saint-Ouen au tombeau de ses » ancêtres. »

9° **Jean-Vincent-Grégoire** Tuffin, né à Antrain, le 10 mars 1766, « décédé à Saint-Ouen le 29 janvier 1768 et inhumé le 30 dans » l'enfeu de ses ancêtres, sous le banc de Guépillon sous la » voûte de notre église au côté de l'évangile. »

10° **Ambroise-Gilles-Cirille-Félix** Tuffin, né en la paroisse de Saint-André d'Antrain, le 19 novembre 1767, et décédé le 11 avril suivant en la Fontenelle « son corps fut transporté en l'église » de Saint-Ouen et inhumé au tombeau de ses ancêtres. »

11° **Alexis-Julien-François** Tuffin, mort à Antrain, le 15 janvier 1773, âgé de 4 ans.

B.

BRANCHE DES TUFFIN DE DUCY ET VILLIERS.

I. **Charles Tuffin** de la Rouërie, né à Saint-Ouen, le 28 octobre 1636, lieutenant du roi en 1667, puis premier capitaine; hérita de son oncle Charles Lebourgeois, grand doyen de la cathédrale d'Avranches, des biens, titres et seigneurie de Sainte-Honorine de Ducy. Cet héritage lui advint auparavant 1685 *(Note n)*.

De son mariage avec Marie Voirdie dame de la Fouaye (1), naquit. . . . . **II.**

II. **Joseph-Charles Tuffin**, escuyer, seigneur patron de Sainte-Honorine de Ducy, seigneur de la Vignays, de Mesnil Rabel, de la Furetière (ou Ferrière) de Loucy, Pont Berranger, Cahagnolles, de Menard et en sa partie de Montboüan et Bené.

Epousa le 10 octobre 1724 à Villiers, damoiselle Françoise-Elisabeth Guischard, fille de feu Messire Jean-Mathurin Guischard, chevalier seigneur et patron de Villiers, seigneur et patron honoraire de La Croix en Avranchin et autres lieux et seigneuries, et de défunte noble dame Anne-Julienne Guischard, dame de Villiers *(Note o)*.

Décédé à Villiers, le 29 juin 1771, et inhumé dans le chœur de l'église, ... dont **III.**

III. 1° **Modeste-Angélique-Joseph-Charlotte-Françoise-Jeanne-Cécile Tuffin**, né à Villiers, le 22 novembre 1725.

---

(1) Nous regrettons qu'un mutisme persistant à notre égard de M. l'Archiviste du département de la Manche nous ait rendu impossible les recherches sur cette famille Voirdie. Nous sommes d'autant plus contrarié de faire cette remarque que Messieurs les Archivistes des Côtes-du-Nord, d'Ille-et-Vilaine et du Calvados nous ont prêté un concours bienveillant que nous sommes heureux de constater ici publiquement et dont nous les remercions.

P. et M. : Missire Joseph Tuffin de la Rouërie, comte dudit lieu, et noble dame Modeste-Angélique Guischard, dame vicomtesse de la Rouërie.

2° **Charles-Joseph-François-Mathurin** Tuffin, chevalier, seigneur et patron de Villiers, seigneur honoraire de La Croix en Avranchin, seigneur de Verdun, Plomb, Pitelou, Saint-Jean, La Ramée, Cournay, Launay, Fournel, La Broise, Caugel, etc., né à Villiers, le 8 octobre 1726.

P. et M. : chevalier Guischard, escuyer seigneur d'Aucey, et noble dame Marie-Anne-Magdélaine-Charlotte de Beaugy, dame marquise de la Rouërie.

Epousa Anne-Victoire de Heron-Neuville, et mourut veuf, à Avranches, rue Saugnerre, le 28 décembre 1809 *(Note p)*, dont **IV**.

3° **François-Gervais** Tuffin, abbé de Ducy, chanoine de la cathédrale d'Avranches.

« Misre François-Gervais Tuffin de Villiers, grand archidiacre d'Avranches y décédé ce lundi neuvième jour de mars 1778 » (1).

4° **Renée-Bernardine** Tuffin, née à Villiers, le 26 avril 1729.

P. et M. : Leonord Ecoulant, seigneur patron de Munneville, grand oncle de l'enfant, et damoiselle Renée Tuffin de la Rouërie, cousine.

Epousa Messire René de Gaalon, seigneur de Surlain, de Saint-Aubin de Terregatte, etc. Etait veuve en mars 1797.

5° **Emilie-Louise** Tuffin, née à Villiers, le 1er juillet 1731.

P. et M. : René-Louis de Verdun, seigneur de la Cranne, de la paroisse d'Aucey, et noble dame Vicomtesse Emilie Védier, épouse de Charles Tuffin, seigneur du Breil, de la ville de Fougères.

6° **Louise-Amélie** Tuffin, demoiselle de Villiers.

« Agée de 24 ans décédée à Monthuchon paroisse dans l'évêché » de Coutances et inhumée dans ladite paroisse le 15 novembre » 1756 » (2).

7° **Marie-Anne-Françoise** Tuffin, née à Villiers, le 4 août 1733.

P. et M. : Ecuyer noble et discret Missire François-Anne de Larlan, prêtre, recteur-doyen de Dingé, doyen de Bécherel, et Anne-Bonaventure-Adelaïde Guischard, fille de Charles Guischard, seigneur patron d'Aucey.

Décédée à Avranches, le 8 nivose an V (28 décembre 1796).

(1 et 2) Registres paroissiaux de Villiers.

IV. 1° **Charles-Joseph-Victor** Tuffin, né à Villiers, le 27 mai 1757.

P. et M. : Joseph-Charles Tuffin, chevalier seigneur et patron de Sainte-Honorine de Ducy, etc..., aïeul paternel, et haute et puissante dame Marie-Françoise-Charlotte de Héron, épouse de haut et puissant seigneur Jacques-Pierre-Thomas Rolland Eustace, seigneur patron d'Ormonville, Esneville, La Boutteville, etc.

A succombé sous les coups des bleus près de Liffré (Ille-et-Vilaine), le 12 floréal an 2 (1er mai 1794).

2° **Henriette-Bernardine** Tuffin, né à Villiers, le 16 mars 1759.

P. et M. : Guillaume Guépéroux et Olive Guillard, tous deux domestiques du seigneur de Villiers, représentant Messire Henry-Louis-Claude-René Bon de Marguerie, et noble dame Bernarde-Renée Tuffin, épouse de Jean de Gaalon, seigneur de Surley, oncle et tante de la baptisée.

Décédée le 10 mai 1786, et inhumée le lendemain dans le cimetière (1).

3° **François-Gervais-Marie** Tuffin, né à Villiers, le 30 septembre 1760.

« Messire François-Gervais Tuffin chevalier de Ducy officier dans » la marine a bord du vaisseau *Le Sphinx* agé d'environ 19 ans » a été tué dans le combat naval donné proche La Grenade, » après sa prise, entre M. le comte d'Estaing et l'amiral Biron » le 6 juillet 1779 » (2).

4° **Marie-Perrine** Tuffin, née à Villiers, le 3 mars 1764.

P. et M. : Charles-Joseph-Victor Tuffin, son frère ; et Anne-Françoise Tuffin de Ducy, tante paternelle.

Décédée à Avranches, rue des Champs, le 17 février 1844, « avec une grande réputation de piété et de charité » dit M. le chanoine Ménard. Elle fut la dernière du nom, de cette antique famille des Tuffin *(Note q)*.

5° **Thérèse-Renée** Tuffin, née à Villiers, le 16 février 1770.

(1) Cette année 1786, la famille Tuffin avait donné à la cure de Villiers une petite pièce de terre située au pignon d'un pavillon, reste de l'ancien manoir des seigneurs de la paroisse, pour y établir le cimetière ; on y enterra Mlle Bernardine Tuffin au pied de la croix qu'on y voit encore ; mais les gens du pays refusant formellement de laisser enterrer leurs défunts ailleurs qu'alentour de l'église, on continua d'enterrer dans l'ancien cimetière, et Mlle Tuffin resta la seule personne inhumée dans cet enclos, possédé encore aujourd'hui par la cure de Villiers.

(2) Registres paroissiaux de Villiers. Acte inscrit entre la date du 26 septembre et celle du 29 octobre 1779.

P. et M. : « Messire Jean-René-Antoine de Verdun, chevalier,
» seigneur de la Crenne, lieutenant de vaisseaux du Roy et
» nommé chevalier de l'ordre royal et militaire de Saint-Louis,
» stipulé et présenté par Pierre Le Loup domestique de la
» maison de Villiers, et par haute et puissante dame Thérèse
» de la Belinaye, Vve de haut et puissant seigneur Messire
» Jacques-Joseph Tuffin, seigneur Marquis de la Rouërie, des
» Portes des Chastelets de Teillé seigneur et patron de Carnet
» et autres lieux et stipulée et représentée par Cécile Roucaux
» domestique de M. de Villiers. »
Décédée à Avranches, le 23 juin 1834.

En 1794, la Nation fit procéder à la vente publique aux
enchères des biens des seigneurs de Ducy et Villiers.

La plus grande partie de ceux situés à Villiers, furent
acquis par Pierre Despréaux, chirurgien et membre de la
municipalité révolutionnaire de Saint-James ; mais le château
avec sa chapelle, la terre de la Gaudière et celle de Glâné
restèrent invendus, ces lots n'ayant point trouvé acquéreurs
aux conditions du cahier des charges de l'adjudication (1).
Mesdemoiselles Marie-Perrine et Thérèse-Renée, les dernières
héritières de cette famille, ne s'étant point mariées, voulurent
qu'après elles le château de leurs ancêtres ne pût jamais
parvenir aux mains des descendants de Pierre Despréaux.
Elles firent part de ces intentions à M. l'évêque de Coutances,
et, le 18 octobre 1824, par acte passé devant Me James, notaire
à Avranches, ces demoiselles donnèrent le château de Villiers,
avec quelques dépendances, au diocèse d'Avranches pour
l'œuvre des Missions.

Là vécurent en commun, pendant plusieurs années, d'anciens prêtres au nombre continuellement de dix à douze. La
résidence est agréable, ils s'y plaisaient et la population de
ce gros village était heureuse de leur présence, quand, le
4 octobre 1858, Mgr l'évêque de Coutances et Avranches
revendit ce château à . . . . . M. Louis-Eugène Despréaux !

(1) Arrêté de compte de gestion de ces terres, an XII, bureau de l'Enregistrement de Saint-James.

C.

BRANCHE DES TUFFIN DES PORTES.

I. **Charles-René** Tuffin, vicomte des Portes, né à la Rouërie, le 24 mars 1664, et baptisé le 12 mai, épousa en premières noces : Jacquette-Louise Vedier, ... dont **II.**
Et en secondes noces : Renée de Quelen, dont il n'eut pas d'enfants.

II. 1° **Emilie-Olive** Tuffin, non mariée, décédée à Rennes, le 19 novembre 1779.
2° **Anne-Marie-Joseph** Tuffin, épouse de François Henry, chevalier, seigneur de la Heuzelaye, décédée à Fougères, paroisse de Saint-Léonard, le 11 juillet 1764, âgée de 49 ans.
3° **Joseph-Louis** Tuffin, chevalier seigneur des Portes-Rouërie, chevalier seigneur de Trozé, Fretay et autres lieux; épousa à Fougères, le 3 juin 1749, demoiselle Françoise-Renée du Pontavice, dame de Saint-Laurent de Terregatte, fille de défunt Jean-François du Pontavice, chevalier seigneur de Saint-Laurent de Terregatte, La Lande et autres lieux, et de dame Françoise de Gouyon. Il mourut à Fougères, paroisse Saint-Léonard, le 22 février 1761, âgé de 46 ans, dont, tous nés à Fougères : . . . . **III.**

III. 1° **Mélanie-Louise-Françoise** Tuffin, paroisse Saint-Léonard, le 4 août 1750.
P. et M. : Messire André-Joseph Scott de Balvery, seigneur de La Touche à La Vache, et Jacquette-Louise Vedier, aïeule paternelle, représentée par demoiselle Emilie-Olive Tuffin, demoiselle des Portes-Rouërie.
2° **Joseph-Marie-François** Tuffin, chevalier seigneur de Trozé, paroisse Saint-Léonard, le 19 septembre 1751.

P. et M. : François-Henry, chevalier, seigneur de La Heuzelaye,
oncle paternel, et dame Françoise Gouyon, dame de Saint-
Laurent, aïeule maternelle.

Mort à Fougères, le 19 avril 1763 *(Note r)*.

3º **Anne-Marie-Jeanne** Tuffin, paroisse Saint-Sulpice, le 30 mars 1753.

P. et M. : Charles-Marie-Tuffin, chevalier seigneur du Breil,
chargé de procuration d'escuyer Jean Védier, subdélégué
général de M. l'Intendant, et commissaire ordonateur en
Bretagne, grand-oncle paternel, et Anne-Marie du Pontavice,
épouse de André-Joseph Scott de Balvery, tante maternelle.

Décédée à Leignelet, le 27 mai suivant.

4º **Marie-Anne-Joseph-Joachim,** paroisse de Saint-Sulpice, le
17 août 1754, décédée le 15 septembre suivant.

5º **Marie-Emilie-Joseph-Victor,** paroisse Saint-Léonard, le 20 mars 1757,
décédée le 22 mars 1759.

DIVERS TUFFIN

NE FIGURANT PAS DANS LES PRÉSENTES GÉNÉALOGIES.

Armorial de Pol de Courcy : **Guillemette Tuffin** épouse en 1478 Jean
de Sceaulx.

Archives de Saint-Ouen de la Rouërie : Le 4 septembre 1569, noble
homme **Louis Tuffin**, sieur de la Haye, est parrain de Louis
Fauchoux.

Mes archives : **Pierre Tuffin**, sieur de la Coquillonnaye, confessait
en 1571 tenir prochement et a foy cre (?) de seigneur lige du
seigneur baron de Saint-Brice un moulin à drap en paroisse de
Saint-Ouen avec une quantité de pré nommé La Noe Morel
contenant ensemble deux journaux a charge de 4 sols de rente,
sur la rivière de Loysance.

Archives de Saint-Ouen : Le vingt mai audit an (1605) fut baptisé
Claude fils d'escuyer **Renauld Tuffin** et de damoyselle Reine
Roland ; parain Claude Roland, sieur du lieu, marraine damoy-
selle **Julienne Tuffin**, dame de la Rigaudière (1).

Paroisse des Iffs, par M. Pâris-Jallobert : **Guillemette Tuffin**, d'Antrain, épousa le 23 octobre 1607, noble homme Jean Denoual,
sieur du Bois. Elle mourut le 12 décembre 1646, âgée de 66 ans.

Archives de Saint-Ouen : Le 22 janvier 1610, fut baptisée **Françoise**
fille de h. h. Mᵉ Jean Delespan (?), sieur du lieu, et de damoiselle **Julienne Tuffin** (2) ; par. : Mᵗʳᵉ Gilles Mouton ; mar. :
damoyselle Françoise Le Vayer.

Histoire de Saint-James, par M. le chan. Ménard : **Julienne Tuffin** (3)
épousa le 9 juillet 1629, Charles de la Binolays, sieur d'Astrée.

(1) (2) (3) Paraissent être une seule et même personne ; l'épouse de Charles
de la Binolays aurait alors été veuve de Jean Delespan.

La terre noble de la Rigaudière en Cogles, appartenait en 1513 à Guillemette Tuffin Dˡˡᵉ de la Rigaudière, l'épouse de Jean de Sceaulx, duquel elle
la tenait, croyons-nous. En 1680 ces biens appartenaient à François de
Sceaulx escuyer sieur de la Bouverie. — Voir MAUPILLÉ : *Paroisses du canton
de Saint-Brice.*

Mes archives : Transaction par devant notaire en 1667 au sujet d'un droit de propriété de deux pièces de terre, entre **Pierre Tuffin**, sr de la Touche Ory, demeurant à son lieu de la Touche Ory, fils de **Jean Tuffin**, et honorable homme René-Samuel Masre-Marie, demeurant à son lieu de la Masre-Marie, les deux en la paroisse de Cesson.

Archives de la paroisse de Saint-Brice-en-Coglès : **Françoise Tuffin**, épouse de Guy Tropée, sieur du Houx, décédée le 11 mars 1672.

Paroisse de Bain, par M. Pâris-Jallobert : **Pierre Tuffin**, sieur de la Touche, de Rennes, mort à Bain en 1686 (1).

Archives de Fougères, paroisse Saint-Sulpice : Le 23 janvier 1759, décès de **Gabrielle Tuffin**, demoiselle de la Harée Pétel, âgée de 59 ans.

Étude de Mᵉ Geffroy, notaire à Saint-James : Le 11 juin 1778 au contrat de mariage de messire Achard et de demoiselle de Montécot, figure, outre les signatures de Tuffin de Villiers et Tuffin de Ducy, celle qui nous est inconnue de **Tuffin Eustace Vauville**.

Notice sur le canton de Saint-Brice, par Maupillé : La terre noble de la Vairie en Saint-Marc-le-Blanc appartenait au XVᵉ siècle à la famille Le Vayer, et vers le milieu du XVIIIᵉ à **Julien Tuffin**, sieur de la Grisaye.

(1) Probablement le Pierre Tuffin de La Touche Ory, ci-dessus.

CHAPITRE II.

NOTES

Le logis de la Vigne.

NOTES.

Note a. — *Sur l'origine des Tuffin de la Rouërie.*

Extrait de la *Notice historique sur les paroisses du canton d'Antrain*,
par M. MAUPILLÉ (Rennes, Catel, 1868).

Vers la fin du XIᵉ siècle, Rivalon de Combour, en mariant sa fille
Raenteline à Roger de la Rouërie, lui donna pour elle et ses héritiers,
un certain nombre de maisons, terres et héritages qu'ils avaient dans
la paroisse de Saint-Ouen, et un fief avec une juridiction assez
étendue, tant dans le bourg même que dans les environs.

Roger de la Rouërie et Raenteline laissèrent un fils Henry, qui
mourut sans postérité, et une fille Berthe, qui épousa en 1147 Robert
Tuffin et lui porta le riche patrimoine qu'elle tenait de ses père et
mère.

L'origine des seigneurs de la Rouërie, telle que je la donne ici, est
extraite de l'histoire des seigneurs de Combour, par le P. Dupaz, dont
l'opinion a été reproduite par la plupart des auteurs qui ont écrit sur
les familles de notre province, par M. Pol de Courcy entre autres.
J'avoue qu'il ne m'a fallu rien moins que de pareilles autorités pour
me décider a lui donner place dans cette notice, tant je la crois
dénuée de fondement. L'acte, en effet, de la fondation du prieuré et
plusieurs autres de Combourg donnent les noms de tous les enfants
de Rivallon, et nulle part nous ne voyons celui de Raenteline. Je
pourrais dire la même chose de Roger de la Rouërie et de Robert
Tuffin dont les noms sont entièrement inconnus aux premiers siècles
de notre histoire (1).

(1) En 1682, la Rouërie relevait encore de Combourg — de Courcy, cité par
M. Guillotin de Corson en son *Pouillé historique.*
Elle en relevait encore en 1720 comme il en résulte d'une pièce publiée
par M. Raison du Cleuziou (Archives du château de Bonabri).

On lit dans le *Dictionnaire d'Ogée*, article Saint-Ouen de la Rouërie :
« Berthe de la Rouërie épousa Robert Tuffin par la volonté de
» Conan III duc de Bretagne. Raoul Tuffin, vaillant chevalier, qui
» servait sans gages sous Raoul de Fougères son seigneur de fief,
» contre Henri II roi d'Angleterre fut pris à Dol l'an 1173 avec son dit
» seigneur et autres chevaliers. »

Note b. — *Rectification à la généalogie des Guiton de la Villeberge.*

Outre d'autres erreurs graves que nous avons remarquées dans la
généalogie de la famille Guiton de la Villeberge, en la partie du
dix-septième siècle, par MM. Tisseront et Charles Laurent, nous
devons signaler celle-ci :

On y lit que Nicolas Guiton, fils de François Guiton, et de demoi-
selle Anthoinette Guischard, épousa Anne de Langan du Boisfévrier.
Or, Nicolas Guiton naquit à Montanel, le 17 avril 1642, et Anne de
Langan mourut veuve du seigneur de la Rouërie et au château de la
Rouërie en 1644. Et nous avons trouvé aux archives des paroisses de
Montanel et de Bazouges-la-Pérouse l'acte de mariage dudit Nicolas,
en date du 9 février 1668, avec damoiselle Janne Lemarchant de
Bazouges-la-Pérouse.

Note c. — *Seigneurie de Carnet.*

De Guiton, seigneur de Carnet, et de dame Françoise Vivier son
épouse, naquirent trois enfants :

1º Raoul, seigneur de Montboüan, tué en duel en 1583, par François
Budes, seigneur de Hirel. Non marié.

2º Thomas, seigneur de Carnet, époux de Béatrix de Roumilley,
veuve de Jacques Budes. Mort sans postérité en 1602.

3º Jacqueline, qui épousa Adrien de Mathan en 1577, et fit entrer
ainsi la seigneurie de Carnet dans la maison de Mathan. N'ayant eu
eux-mêmes qu'une fille, Marie, celle-ci, à son tour, la porta dans la

famille Lebourgeois, par son mariage avec Robert Lebourgeois (1).

Enfin, de cette dernière union naquit encore une fille, Marie, dont le mariage avec Claude Tuffin en 1627, fit entrer cet ancien patrimoine des Guiton dans la famille des Tuffin de la Rouërie. Il y demeura jusqu'à la Révolution.

Note d. — *Arrêt de Maintenue de Noblesse du 14 May 1669.*

Extraict des registres de la Chambre establye par le Roy pour la refformation de la Noblesse en la province de Bretagne, par lettres pattentes de Sa Majesté du mois de Janvier 1668 veriffiees en Parlement.

Entre le Procureur General du Roy, demandeur, d'une part.

Et Jacques Tuffin, escuyer, sieur de Sesmaisons, demeurant au bourg de Saint Ouen de la Roirye, evesché de Rennes et soubs le ressort de Fougeres, faisant tant pour luy que pour Joseph Tuffin, escuyer, sieur de la Vigne, son frere, deffendeur, d'autre part (2).

Veu par laditte Chambre :

L'extraict de presentation faitte au Greffe d'icelle par ledict sieur de Sesmaisons, deffendeur, le 23º jour d'Octobre 1668, qui contient sa declaration de voulloir soustenir tant pour luy que pour sondict frere, la quallité d'escuyer, par estre issus d'ancienne extraction noble, aux fins des actes et titres qu'a produict le sieur vicompte de la Roisrye, aisné de leur maison, et porter mesmes armes que luy, qui sont : *D'argent à une bande de sable, chargee de trois croissans d'argent.* Ledict extraict signé : J. le Clavier, greffier.

Induction d'actes et pieces dudict escuyer Jacques Tuffin, sieur de Sesmaisons, tant pour luy que pour Joseph Tuffin, sieur de la Vigne, son frere, soubs son sing et de maistre Mathurin le Jas, son procureur, fournye et signiffiee au Procureur General du Roy, le 23º jour d'Octobre 1668, par Testart, huissier, par laquelle il soustient pour luy et sondict frere estre nobles et issus d'ancienne extraction noble et comme tels debvoir estre eux et leur posterité nee et a naistre en loyal et legitime mariage maintenus aux mesmes quallittez de nobles

(1) Famille de Guiton, par MM. Tisseront et Charles Laurent : tiré des *Annales historiques.*

(2) M. Barrin, rapporteur. — Annotation de M. le comte de Rosmorduc.

que messire Joseph Tuffin, a presant vicompte de la Royrie, leur
cousin germain, et au droict d'avoir armes et escussons timbres
apartenans à leur quallitté et a jouir de tous droicts, franchises,
preeminances et privilleges atribues aux nobles de cette province, et
que leurs noms eussent esté employes au roolle et cathollogue des
nobles de la jurisdiction royalle de Fougeres.

Pour establir la justice desquelles conclusions articulle ledit sieur
de Sesmaisons, deffendeur, a faicts de genealogie, que luy et sondict
frere sont enfentz, scavoir ledict sieur de Sesmaisons herittier principal et noble, de messire Jacques Tuffin et de damoiselle Françoise
le Bigot, sa compagne, seigneur et dames des Portes, Vaugarny; que
ledit Jacques estait frere puisné de messire Claude Tuffin, sieur
vicompte de la Royrie, et le Plessix-Guillou, etc.; et tous deux enfents
de messire Gilles Tuffin, sieur de la Royrie, de son mariage avecq
dame Janne de Langan, sa compagne.

Acte de ratiffication de la demission faitte par ladicte dame Janne (1)
de Langan, veuve dudict messire Gilles Tuffin, seigneur vicompte de
la Roirye, ausdicts messire Claude Tuffin, seigneur vicompte desdicts
lieux, et escuyer Jacques Tuffin, seigneur des Portes, ses enfents, le
25e jour de Juin 1629.

Grand et prisage faict des biens de la succession dudict feu messire
Gilles Tuffin, vivant seigneur vicompte de la Royrie et autres lieux,
entre ledict messire Claude Tuffin, seigneur vicompte de la Royrie et
autres lieux, fils aisné, hérittier principal et noble, et ledict messire
Jacques Tuffin, seigneur des Portes, Vaulxgarny, puisné, le 26e jour
d'Avril 1634.

Sentence rendue en la jurisdiction royalle d'Antrain, le 28e jour
d'Aoust 1668, portant commandement de deslivrer audict deffendeur
le partage de son pere.

Un proceix verbal en datte du 14e jour de Mars 1647, faict a
requeste dudict messire Jacques Tuffin, seigneur vicompte des Portes,
qui justiffie que tant les espouzailles dudict seigneur des Portes, que
l'extraict de l'aage du deffendeur, son fils, ont esté volles et surprimes
par l'ordre du recteur de Sainct-Ouen de la Royrie, qui portaict hayne
mortelle audict seigneur des Portes. Ledict proces verbal signé des
plus considerables et notables habittans dudict lieu.

Un extraict des espouzailles dudict messire Jacques Tuffin, sieur
des Portes, et de damoiselle Françoise le Bigot, faict en presance de

(1) Elle se nommait *Anne*. — Annotation de M. le comte de Rosmorduc.

plusieurs personnes de quallité, leurs parans, datté du 16e jour de Juin 1653, signé et garenty (1).

Arrest rendu en laditte Chambre, le 17e jour d'Octobre 1668, entre ledict Procureur General du Roy, demandeur, et messire Joseph Tuffin, sieur vicompte de la Roirye, et faisant pour messires Jean, Claude et Charles Tuffin, ses freres puisnez, sieurs de la Motte, d'Ataillay (2) et du Breil, et Jean Tuffin, escuyer, sieur de Mezandré, deffendeurs, par lequel elle aurait declaré lesd. Joseph, Jean, Claude et Charles et ledict Jean Tuffin de Mezandré nobles et issus d'extraction noble, et comme tels leur aurait permis et à leurs dessendans en mariage legitime de prendre les quallitez, scavoir ledict Joseph Tuffin, d'escuyer et chevallier, et lesdits Jean, Claude et Charles Tuffin, celle d'escuyer, et les aurait maintenus au droict d'avoir armes et escussons timbres appartenans à leur quallité et à jouir de tous droits, franchises, preeminances et privilleges attribues aux nobles de cette province et aurait ordonné que leur nom eust esté employé au roolle et cathologue des nobles de la jurisdiction royalle de Fougeres, que de la senechaussee de Rennes. Ledict arrest signé : Mallescot, greffier.

Seconde induction dudict Jacques Tuffin, escuyer, sieur de Sesmaisons, faisant tant pour Joseph Tuffin, escuyer, sieur de la Vigne, son frere, sous le seing dudict le Jas, procureur, fournye et signiffiee au Procureur General du Roy, le 8e jour de Novembre 1668, par laquelle il conclud à ce que les fins et conclusions qu'il a prises en sa premiere induction luy soient adjugees.

(1) Suivant les inductions du sieur de Sesmaisons, le mariage de Jacques Tuffin, sieur des Portes, avec Françoise le Bigot aurait été célébré une première fois en 1634 « contre le gré du sieur de la Rouairie, son aisné et de » ses autres parans, parce que lad. le Bigot n'estait point esgalle en condition, » ny en biens ». — L'acte de ce mariage ayant, paraît-il, disparu des registres paroissiaux de Saint-Ouen de la Rouairie, Jacques Tuffin et sa femme, pour assurer la naissance légitime de leurs enfants, adressèrent une requête, le 10 juin 1651, au grand vicaire de l'évêque de Rennes « pour qu'il fust permis » de cellebrer de recheff leurs épouzailles et que à cette fin commission fut » donnee à tous recteurs et prestres de leurs administrer la benediction » nupcialle, ce qu'aiant esté communicqué au promoteur, sur ses conclusions » commission fut donnee au recteur de Romazy, lequel s'estant trouvé absant, » missire Laurans Le Bon, preste de la paroisse de Tremblay, fut commis par » le grand vicaire, le 14e Juin 1653, lequel missire Laurans Le Bon administra » la benediction nupcialle dans l'eglise paroichialle de Tremblay, le 16e du » mesme mois de Juin et an 1653, en presances de quatres thesmoins de gents » de foy, et insera ce mariage dans le registre des mariages de la paroisse de » Tremblay. » — Annotation de M. le comte de Rosmorduc.
(2) Lire *du Taillay*. — *Id.*

Assignation donnee par le recteur de Sainct-Ouen audict sieur des Portes, pere du deffendeur, à l'officialité de Rennes, le 27e jour d'Aoust 1646, pour voir ordonner que son mariage eust esté declaré nul, et ayant ledict sieur des Portes compareu et affirmé par serment avoir legitimement espousé laditte le Bigot, il y eut debouttement de la demande qui luy estait faitte, comme se void par la sentence qui fut rendue sur le champt, le 13e jour de Septembre 1646.

Une declaration dudict sieur des Portes, en datte du 10e jour d'Aoust 1646, dans laquelle il recognaist que le deffendeur, son fils aisné, a esté en sa presance nommé Jacques Tuffin par deffunct missire Jacques Gauart, le 10e Novembre 1637.

Acte de testament dudict sieur des Portes, en datte du 23e Decembre 1651, dans lequel il est encore recogneu que Jacques Tuffin, son fils, y a signé, à requeste de laditte le Bigot, sa mere.

Un extraict tiré du papier baptismal de la paroisse de Sainct-Ouen de la Royrie, datté au desliuré du 3e Octobre 1646, qui contient que le 15e Octobre 1645 fut baptisé Joseph, fils de messire Jacques Tuffin, seigneur vicompte des Portes, et de damoiselle Françoise le Bigot, sa compagne, ses pere et mere ; ledict extraict signé : René Gavard, recteur dudict Sainct-Ouen.

Requeste presantee en laditte Chambre par Jacques Tuffin, escuyer, sieur de Sesmaisons, et Joseph Tuffin, escuyer, sieur de la Vigne, freres, par laquelle ils remonstraient que par autre requeste du 20e de Jenvier 1661 se void qu'estans parvenus à l'aage de majorité, firent appeller le feu sieur vicompte des Portes et la dame sa compagne, leurs pere et mere, pour parvenir à leur emancipation, quy fut jugee contradictoirement et du consentement de leurs dits pere et mere recogneus pour tels judiciellement en l'audiance de la jurisdiction du prieuré de Combourg, et que leur ditte emancipation a esté jugee judiciellement, tant du consentement du procureur d'office de laditte jurisdiction, que desdits sieur et dame des Portes, sur la representation faisant foy de la rupture et supression des feillets du livre ou estaient incerez les espousailles dudict sieur des Portes et le baptesme du deffendeur et que mesme, comme fils aisné, herittier principal et noble dudict sieur des Portes, son pere, à tousjours esté porteur de ses procurations et en cette quallitté comparu en touttes cours et jurisdictions, assisté à touttes sentences et jugemens et y est recogneu et desnommé comme tel en icelle, ce qui se justiffie par le nombre de huict pieces à ladicte requeste attachees, et en consequence leur adjuger leurs precedantes fins et conclusions.

Troiziesme induction dudit deffendeur, tant pour luy que pour sondict frere, soubs son sing, de Milliere, advocat, et le Jas, procureur, fournie et signiffiee au Procureur-General du Roy, le 3e Avril 1669, par Gaudon, huissier, par laquelle ils concluent à ce que en consequence de l'arrest de laditte Chambre, du 17e Octobre 1668, et conformemant a icelluy, lesdicts sieurs de Sesmaisons et de la Vigne soient maintenus, comme enfents de deffunct messire Jacques Tuffin, seigneur des Portes, frere puisné de messire Claude Tuffin, sieur de la Royrie soient maintenus aux mesmes quallites de nobles que a esté messire Joseph Tuffin, à present vicompte de la Royrie, leur cousin germain, et au droict d'avoir armes et escussons, de jouir de tous droicts et franchises, preminances et privilleges attribues aux nobles de cette province et ordonner que leurs noms seront employez au roolle et cathologue des nobles de la jurisdiction royalle de Fougères.

Requeste desd. deffendeurs, par laquelle, pour les causes y contenues, ils requeraient qu'il pleust à laditte Chambre voir quattre pièces y attachées, dont la premiere est un extraict en bonne et deue forme du registre des mariages de la parroisse de Tremblay ou fut celebré, suivant la permission de l'Ordinaire, le mariage de sesd. deffuncts pere et mere, par missire Laurans le Bon, prestre à cette fin commis en 1653. Les trois autres pieces sont procurations luy donnees et à son frere par leur deffunct pere, comme à ses enfents, pour toucher des deniers qui luy estaient deubs à des distributions, et en consequence, sans s'arrester à l'arrest du 14e Novembre 1668 puisque leur estat legitime est entierement justiffié, mais plustost ayant esgard à celluy du 17e jour d'Octobre 1668, rendu au proffilt dudict sieur vicompte de la Royrie, leur cousin germain, aisné de la famille, ils soient maintenus comme luy dans la quallitté d'escuyers et autres droits, franchises, preeminances et privilleges attribues aux nobles de cette province et ordonner que leurs noms seront employez au rolle et cathologue des nobles de la jurisdiction royalle de Fougeres et senechaussee de Rennes.

Arrest rendu sur laditte requeste, le 10e jour d'Avril 1669 par lequel il aurait esté ordonné ausdits deffendeurs faire leur induction et la mettre au Greffe pour estre distribuee.

Aultre arrest rendu en laditte Chambre, le 14e jour de Novembre 1668, entre ledict Procureur General du Roy, demandeur, et lesdicts sieurs de Sesmaisons et de la Vigne, deffendeurs, par lequel elle aurait ordonné, avant faire droict sur l'instance, les papiers d'eaux *(sic)* de la parroisse de Saint-Ouen de la Royrie, mentionnez au proces verbal

du 14e Mars 1647 par eux produict en leur induction, seront repre-
santes par le recteur de lad. parroisse devant maistre François Denyau,
conseiller rapporteur, à cette fin commis, dans quinzaine, pour en
presance dudit Procureur General du Roy estre fait proces verbal de
l'estat d'iceux et, ce faict, estre ordonné ce qu'il apartiendra. Ledict
arrest signé : Mallescot, greffier.

Conclusions dud. Procureur General du Roy et tout consideré.

La Chambre faisant droict sur les instences, a declaré et declare
lesd. Jacques et Joseph Tuffin nobles et issus d'ancienne extraction
noble, et comme tels leur a permis et a leurs dessendans en mariage
legitime de prendre la quallité d'escuyer et les a maintenus au droict
d'avoir armes et escussons timbres apartenans à leur quallité et à
jouir de tous droicts, franchises, preeminances et privilleges attribues
aux nobles de cette province et ordonne que leurs noms seront
employes au rolle et cathologue des nobles de jurisdiction royalle de
Fougeres.

Faict en laditte Chambre, à Rennes, le 14e May 1669.

Signé : MALESCOT.

(Grosse originale. Archives du château de Kermat ; en Inzinzac) (1).

Nota. — Nous avons examiné le gros registre de la paroisse de
Saint-Ouen sur lequel Jac Houyttes, le Recteur, inscrivait les actes de
mariage. Les cahiers formant ce registre, côté des mariages, sont tous
de cinq à six feuilles, soit chacun de dix à douze feuillets ; par exception
le cahier sur lequel se trouvent partie des mariages de 1633 et ceux
de 1634 n'a que quatre feuilles soit huit feuillets.

Faisant les mêmes observations de l'autre côté du même registre
où sont inscrites les naissances, nous remarquons que tous les cahiers
sont de cinq feuilles soit de dix feuillets, avant comme après et pendant
les années 1637 et 1638. Il n'y aurait donc ici rien d'anormal ; cependant une chose nous a frappé, c'est que pendant ces années 1637 et
1638, plusieurs baptêmes sont inscrits chaque mois, sauf qu'en 1637
il n'en figure pas un seul du 16 septembre au 10 décembre, et qu'en
1638, pas un seul non plus du 21 juin au 21 novembre !

Jacques de Sesmaisons serait né ou nommé le 10 novembre 1637,
et d'après l'acte de décès de son frère, Joseph de la Vigne serait né en

(1) Nous devons la copie de cette grosse originale à M. de Carné, propriétaire du château de Kermat, ainsi que la suivante, celle de l'arrêt de 1668.

avril 1638. Deux naissances aussi rapprochées sont impossibles. Pourtant, il est dit dans cet acte de décès, ce qu'on ne retrouve relaté dans nul autre, que le décédé du 22 décembre 1722 était âgé de 84 ans 8 mois. On voulait ainsi, bien établir la date de sa naissance qu'on savait n'être pas inscrite, mais ne se serait-on pas trompé et cette naissance n'est-elle pas d'octobre ?

Comment se fait-il que ce registre paroissial de Saint-Ouen-la-Rouërie des années 1637 et 1638, auquel manquent les premiers et derniers feuillets, ait fait partie jusqu'à ce jour des registres paroissiaux de La Fontenelle ? Ce déplacement à une époque inconnue, ne pourrait-il pas avoir une corrélation avec les faits arbitraires énoncés en l'arrêt de 1669 ?

Note d[bis]. — *Arrêt de Maintenve de Noblesse, 17 Octobre 1668.*

TVFFIN

SEIGNEVRS DE LA ROYRIE, DES PORTES, DE LA MOTTE, DV BREIL,
DE MEZANDRÉ, ETC.

D'argeant a une bande de sable, chargee de trois croissans d'argeant.

Extraict des registres de la Chambre establye par le Roy pour la refformation de la Noblesse du pays et duché de Bretaigne, par lettres patentes de Sa Majesté du moys de Janvier dernier, verifflées en Parlement :

Entre le Procureur General du Roy, demandeur, d'une part.

Et messire Joseph Tuffin, sieur vicomte de la Royrie, et faisant pour messires Jan, Claude et Charles Tuffin ses freres puisnez, sieurs de la Motte, d'Ataillay (1) et du Breil, et Jan Tuffin, escuier sieur de Mezandré, deffandeurs, d'aultre part (2).

Veu par la dicte Chambre :

Deux extraicts de presantations des 6e d'Octobre audict an 1668, l'un dudict messire Joseph Tuffin, lequel declare par icelluy, comme faisant pour luy et sesdicts freres, soustenir les quallitez de messires et d'escuiers qu'eux et leurs predecesseurs ont de tout temps immemorial prises, ainsy qu'il justiffiera par actes, et porter pour armes : *D'argeant à une bande de sable, chargee de trois croissans d'argeant.* Et par la derniere desdictes comparutions dudict Jan Tuffin, escuier, sieur de Mezandré, lequel a declaré soustenir la quallité d'escuier par luy et ses predecesseurs prise et porter mesmes armes que cy dessuz certees.

Un contract de mariage passé entre messire Joseph Tuffin, seigneur vicompte des Portes, fils aisné, herittier presomptif principal et noble de messire Claude Tuffin, chevallier, seigneur vicompte de la Royrie, et de deffuncte dame Marye le Bourgeois, sa compaigne, et damoiselle Anne du Gouray, fille de deffunctz messire Guy du Gouray, chevallier, seigneur de la Coste, et de dame Renee Budes, sa compaigne ; le dict contract raporté par la cour royalle de Rennes, de Bertelot et Duchemin, nottaires royaux, du 20e Febvrier 1659.

Acte du 18e May 1667, justiffiant que le dict Joseph Tuffin a partagé advantageusement, suivant la disposition de la Coustume, ses freres et sœurs juveigneurs es successions de deffunctz messire Claude Tuffin et dame Marie Le Bourgeois, seigneur et dame de la Royrie.

Aultre contract de mariage de deffunct messire Claude Tuffin, vicompte de la Royrie, [fils de messire Gilles Tuffin, seigneur de la Royrie] et de dame Anne de Langan, avecq damoiselle Marie le Bourgeois, fille aisnée de noble seigneur Roberd le Bourgeois, vivant sieur de Heauville et de Carnet, et de dame Marye de Matan ; le dict contract raporté par les nottaires royaux de la vicompté d'Avranches, du 15e Febvrier 1627.

Acte justiffiant que messire Claude Tuffin, seigneur de la Royrie, a partagé advantageusement aveq ses puisnez les successions de Gilles Tuffin et Anne de Langan, leurs pere et mere communs, suivant le partage du 18e Decembre 1628, raporté des nottaires royaux d'Entrain et Bazouges.

Contract de mariage passé entre noble et puissant Gilles Tuffin,

(1) Lire *du Taillay.* — Annotation de M. le comte de Rosmorduc.
(2) M. de Lesrat, rapporteur. — *Id.*

seigneur de la Royrie, de Taillé, Vaugarny, etc., aveq damoiselle Louise de Querveno, fille de noble et puissant Vincent de Querveno et Jullienne de Coasquen, baron du dict lieu et de Querveno, seigneur et dame de Bault, et duquel mariage il n'est demeuré aulcuns enfans. Le dict contract de mariage dabté des 15 et 16e Septembre 1586.

Aultre second contract de mariage de Gilles Tuffin, seigneur de la Royrie, aveq damoiselle Anne de Langan, fille de noble et puissant Claude de Langan, seigneur du Boisfebvrier, chevallier de l'Ordre du Roy, maitre d'Hostel de Sa Majesté, et de dame Catherine de Gaston (1), icelluy contract du 17e Juin 1590.

Deux actes, le premier d'iceux du moys de Febvrier 1613 et le second du 8e Janvier 1614, justiffians que Gilles Tuffin, vicomte de la Royrie, et messire Guillaume Tuffin, chevallier de l'Ordre du Roy et gentilhomme ordinaire de sa Chambre, et leurs encestres ayans randu au Roy de France de grands et notables services en diverses occasions, le feu Roy les voullant recognoistre, errigea en tiltre de vicompté la dicte terre de la Royrie et ses depandances, suivant lesdicts actes, par forme de lettres quy feurent veriffices en la Cour, pour en jouir le dict Gilles Tuffin suivant la vollonté du Roy.

Trois pieces :

La premiere est une lettre du Roy Charles IX, dabtee du 5e Avril 1572, par laquelle, entre aultre chose, il luy notifie son ellection au nombre des chevalliers de son Ordre.

La seconde du 16e Aoust 1576, qui est lettres de retenue de Guillaume Tuffin en l'estat de gentilhomme de la Chambre.

Et la troisiesme desdicts actes, du 3e Janvier 1577, le certificat employé dans l'estat de la Maison du Roy.

Deux actes :

La premiere d'icelles, du 1er Febvrier 1577, est un acte par lequel noble et puissant René Pinel, chevallier, seigneur de Chaudebœuff, donne à dame Barbe Pinel, sa sœur puisnee, femme dudict messire Guillaume Tuffin, sieur de la Royrie, les fieffs de Vauvert et Betton, pour partie des deniers qu'il estoit obligé de luy donner et quy luy avaient esté promis en fabveur de mariage.

La seconde desdicts actes, du 12e May 1578, est une aultre acte passee entre le seigneur de Chaudebœuff et le seigneur de la Royrie, que mesme aveq le seigneur de Taillé, son fils, par lequel le seigneur de Chaudebœuff leur paye le reste du mariage de la dicte Barbe Pinel.

(1) Il faut lire *de Guyton.*

— 48 —

Et Guillaume Tuffin, fils aisné de noble homme Vincent Tuffin,
sieur de la Royrie fournit declaration à messire Pierre d'Argentré,
sieur de la Guichardiere, conseiller du Roy et son senechal à Rennes,
commissaire de Sa Majesté, des herittages nobles qu'il possedoit soubz
la barronnye de Foulgeres, le 4e d'Avril 1540.

Et que le 2e May suivant il en fournit adveu à la Chambre des
Comptes (1).

Arrest de la dicte Chambre randu sur icelluy et que pour justiffier
que le dict Vincent Tuffin estoit herittier principal et noble et de
nobles gens Raoul Tuffin et de damoiselle Louise le Senechal, en leur
temps seigneur et dame de la Royrie, et que la succession de leurs
pere et mere estait advantageuse et que Jan Tuffin, juveigneur, l'auroit ainsy recogneue et se seroit contanté de l'apoinctement quy luy
auroit été donné, comme en succession advantageuse, suivant l'acte
du 22e Juin 1524, et que Raoul Tuffin, seigneur de la Royrie, estoit
fils aisné, herittier principal et noble de Jan Tuffin et Catherine
Furgon, sa femme, comme se voyant par l'acte du 25e May 1512, par
forme de transaction faicte entre Raoul Tuffin et Jan Pinier, sieur de
la Barbois, mary de Janne Tuffin, sa sœur puisnee, touchant le partage
des successions de Jan Tuffin et Catherine de Furgon, sieur et dame
de la Royrie, que les partyes recognoissent estre gens nobles, issus
d'extractions de nobles gens et leurs successions estre advantageuses
et entre eux se partir et divizer suivant l'acize au compte Geffroy.

Acte du 24e Janvier 1545, justifiant que maistre Geffroy Tuffin,
escuier, sieur de la Motte, fils puisné de nobles hommes Vincent
Tuffin et damoiselle Georgine du Mees (2), sieur et dame de la Royrie,
recognoissant que leurs predecesseurs et encestres de leurs pere et
mere estoient nobles et de noble extraction, riches et puissantz, se
traictant et gouvernant noblement, leur auroit faict tres humble

____

(1) Cet aveu tout à fait distinct du précédent, fut fourni par Vincent Tuffin
et non par Guillaume Tuffin, ainsi que l'apprend l'analyse suivante qui en
est donnée dans l'inventaire des titres produits en 1704 par Anne Jacques
Tuffin de la Rouërie, pour être admis dans les pages du Roi. « Aveu et
» dénombrement donné au Roi, en sa Chambre des Comptes de Nantes, le
» 2e Mai 1540, par noble homme Vincent Tuffin, seigneur de la Rouerie, et
» damoiselle Georgine du Mes, sa femme, des héritages qu'ils possédaient
» dans la châtellenie d'Antrain, en la baronnie et juridiction de Fougères.
» Cet acte reçu par Drouet et du Bourgel, notaires en la ville d'Antrain. » —
Annotation de M. le comte de Rosmorduc.

(2) On trouve dans divers actes ce nom orthographié *Mes, Meix, Mai.* —
Id.

suplicquation et requis luy assigner pandant leur vye telle part et portion de meubles et acquests qu'il leur auroit peu estre.

Contract de mariage du 29e Juillet 1484, justiffiant que noble homme Raoul Tuffin, fils aisné de Jan Tuffin et de Bastine (1) de Furgon, sieur et dame de la Royrie, fut marié avecq Louise le Senechal, fille de noble homme Gilles le Senechal et de Janne Feron, sa compaigne et espouze, sieur et dame du Rocher. Ledict contract de mariage dudict jour 29e Juillet 1484 raporté par la cour royalle de Rennes.

Lettres du 24e Juin 1454, de Pierre, duc de Bretaigne, adressantes à noble homme Jan Tuffin, sieur de la Royrie, par lesquelles le dict Duc luy donne charge de faire publier à Entrain et Bazouges des deffanses à tous ses sujects de faire amatz de bledz et aultres blasteryes oultre leurs provisions.

Induction desdicts actes, tiltres et enseignemantz dudict messire Joseph Tuffin, signee de J. Busson, son procureur, concluant à ce qu'il pleust à la dicte Chambre le maintenir et ses dicts freres puisnez aux dictes quallitez de messire et d'escuier et en tous les droictz, prévillages et exemptions apartenantz aux nobles et de noble race, et d'avoir le timbre sur l'escusson, qui sont : *D'argeant à une bande de sable, chargee de trois croissans d'argeant.* Et que Jan Tuffin escuier, sieur de Mezandré, est issu de Hardouin Tuffin, escuier sieur de Mezandré, et de damoiselle Guyonne du Sel, desquels il a esté fils unicque et recueilly dans leur succession la terre de Mezandré, sittuée en la paroisse de Sainct-Martin de Tremblay, en la baronnye de Foulgeres, sur laquelle il fut en l'an 1599 faict assiepte a damoyselle Guyonne du Sel, de la somme de 800 escuz, quy luy aurait esté donnee en fabveur du mariage par le sieur marquis de Coasquen, la quelle somme Michel Tuffin, escuier sieur de la Herviays et de Mezandré, et damoiselle Mathurine Rouault, sa femme, s'estoient obligez de fournir en heritages, la quelle terre de Mezandré icelluy sieur dudict lieu a donnee a damoiselle Anne Tuffin, sa fille unicque de son premier mariage avecq damoiselle Janne d'Eyen (2), en fabveur du mariage de la dicte Anne Tuffin avecq Guillaume Busnel, escuier, sieur du Boisparis et de Gripee, comme se justifie par les actes du dernier Juillet 1599.

Acte du mesme jour dernier de Juillet 1599, par lequel Michel Tuffin et Mathurine Rouault, pere et mere dudict Hardouin Tuffin,

(1) Elle est nommée plus haut *Catherine.* — Annotation de M. le comte de Rosmorduc.

(2) Alias : d'Ain. — *Id.*

4

assignerent audit Hardouin, leur fils, et à la ditte Busnel (1) sa femme,
l'assiepte de ladicte somme de 800 escuz sur ladicte terre de Mezandré,
et prisage du mesme jour de ladicte terre.

Contract de mariage du 10e Janvier 1657 passé entre Anne Tuffin
avec le sieur du Boisparis et de Gripee, justifiant que ledict Hardouin
Tuffin estoit fils aisné, herittier principal et noble de Michel Tuffin et
de Mathurine Rouault, ses pere et mere, et que pour justiffier que
Michel ou Michau Tuffin estoit fils juveigneur de deffunctz nobles
gens Jan Tuffin et Marguerite du Hallay, et que pour avoir son partage
en leur succession il auroit esté obligé d'intenter proceix en la juridiction de Pontavice [à] damoiselle Janne Pitart, tutrice des enffans
d'elle et de François Tuffin, son mary, fils aisné, herittier principal et
noble desdicts Jan Tuffin et de Marguerite du Hallay, quel proceix
auroict esté terminé par transaction du 11e Avril 1566, aveq l'advis et
du consantement de nobles gens Guillaume Tuffin, sieur de la Royrie,
et Paol Pepin, sieur de la Barbois, Gilles Cargain (2), sieur du Chastellet,
et plusieurs aultres parans des partyes, par laquelle transaction ladicte
Pitart transporta audict Michau Tuffin la terre de Mezandré qu'a
possedee le sieur de Mezandré induisant, son petit fils, et que Jan
Tuffin, mary de Marguerite du Hallay, bisayeulle du sieur de Mezandré,
induisant, estoict fils puisné de Raoul Tuffin et de damoiselle Louise
le Senechal, comme se justiffiant par l'acte produicte par le sieur
vicompte de la Royrie, du 22e juin 1524, soubs la cotte L. de son
induction, par lequel il paroist que Jan Tuffin, juveigneur de Vincent
Tuffin, herittier principal et noble de Raoul Tuffin et de damoiselle
Louise le Senechal, auroit recogneu que leur succession estoit advantageuse et se seroit contanté de l'apoinctement qui lui auroit esté
donné, comme en succession advantageuse.

Induction d'actes, tiltres et enseignemantz dudict Jan Tuffin, de luy
signee et dud. Busson aussy, son procureur, concluant a ce qu'il plaise
à ladicte Chambre le maintenir en la quallité d'escuyer et dans tous
les privillages, advantages et exemptions quy appartiennent aux aultres
gentilshommes d'extraction noble de la province et au droit de porter
le timbre sur l'escusson de ses armes cy dessus certee semblables a
celles que porte le sieur vicompte de la Royrie, de la maison duquel
ledict sieur de Mezandré est issu.

Requeste d'icelluy Jan Tuffin, aveq l'extraict de son aage, et contract

(1) Elle est nommée plus haut : *du Sel.* — Annotation de M. le comte de
Rosmorduc.
(2) de Carcaing.

de vante passé entre luy et son frere, en dabté du 28e Octobre 1598 et
19e Avril 1630, attaché à icelle, concluant à ce que les conclusions
par luy prises en son induction luy feussent adjugees ; sur laquelle
requeste la Chambre auroict ordonné estre monstré au Procureur
General du Roy et mize au sacq, du 13e de ce moys, signifiee audict
Procureur General du Roy.

Conclusions prises sur les inductions desdictes partyes dudict
Procureur General du Roy, et tout consideré.

La Chambre, faisant droit sur les instances, a déclaré et declaré
lesdicts Joseph, Jan, Claude et Charles et le dit Jan Tuffin de Mezandré
nobles et issus d'extraction noble et comme tels leur a permis et à
leurs dessandans en mariage legitime de prandre les quallitez, scavoir
ledict Joseph Tuffin, d'escuier et chevallier, et lesdicts Jan, Claude et
Charles Tuffin, celle d'escuyer, et les a maintenuz au droict d'avoir
armes et escussons timbrez apartenans à leur quallité et à jouir de
tous droictz, franchises, preminances et privallages attribuez aux
nobles de cette province et ordonné que leur nom sera employé au
roolle et catologue des nobles de la juridiction royalle de Foulgeres
que de la senechaussée de Rennes.

Faict en lad. Chambre, à Rennes le 17e d'Octobre 1668.

Signé : MALESCOT.

(Grosse originale. Archives du château de Kermat, en Inzinzac.)

Note c. — *Le dernier des Tuffin du Breil et dernier descendant mâle du nom de Tuffin.*

Marie-Charles-Joseph Tuffin du Breil et de la Giraudais était à la
bataille de Fontenoy (1745) et fut laissé mourant et fait prisonnier à
celle de Minden (1759). Il était chevalier de Saint-Louis à 22 ans, âge
auquel on décernait bien rarement semblable distinction honorifique.

Ses infirmités, suite de ses blessures, l'empêchèrent de se joindre à
ceux de sa famille qui prirent part pendant la Révolution aux insur-
rections royalistes (1).

---

(1) Ces renseignements nous ont été fournis par le petit-neveu de Tuffin
du Breil, M. H. de Champsavin.

Son acte de décès (1) :

L'an mille huit cent quinze à huit heures du mattin le deux Avril, par devant nous Michel Ledelin maire et faisant fonction d'officier de l'état civil de cette commune département d'Ille-et-Vilaine canton de Saint-Aubin-du-Cormier, sont comparus Jean Busson domestique et Charles des loges jardinier demeurants à la Giraudais en cette commune lesquels nous ont déclarés que Monsieur Marie-Charles-Joseph Tuffin du Breil âgé de quatre-vingt un ans trois mois ancien commissaire des guerres, fils de M. Charles-Marie Tuffin et de dame Vincente-Milie Védier, natif de Fougères est décédé ce jour à trois heures du mattin en sa demeure au dit lieu de la Giraudais et ont les déclarans dit ne signer après lecture leur faitte du présent acte.

LEDELIN.

Sur la pierre de son tombeau situé dans l'ancien cimetière près de l'église aujourd'hui reconstruite, on lit :

Marie-Charles-Joseph

Tuffin de la Rouërie

du Breil

Chevalier de l'ordre royal et militaire de Saint-Louis

Ancien officier au régiment de Brancas, ancien

commissaire auditeur (2) des guerres né le 2 décembre 1733

décédé à la Giraudais 2 Avril 1815.

Note f. — *Acte de décès de Messire Gervais-René Tuffin de la Rouërie* (3).

L'an de grace 1756 ce onze juillet environ les 4 heures du soir par M. le curé de La Croix et ce en notre présence a été solennellement inhumé dans le milieu de notre église le corps de messire Gervais-René Tuffin vicomte de la Royrie chevalier de l'ordre royal et militaire de Saint-Louis et commandant pour le roy la Coste de Pontorson, le père des pauvres décédé d'une attaque d'apoplexie de la nuit entre le 9 et le 10 de ce mois âgé de 62 ans après avoir vecu en bon et

(1) Registre des décès de la commune de Mézières (Ille-et-Vilaine).
(2) Pour : ordonateur.
(3) Registres paroissiaux de Pontorson (Manche).

veritable chretien approché fréquemment des sacrements rendu de grands services à tout le pays et au vis à vis de tout le public, l'inhumation faite en présence de plusieurs messieurs recteurs curés assistants du voisinage de tout notre clergé, de Messieurs de la noblesse du pays et d'une grande multitude de peuple.

Note g. — *Inhumation de Messire Jacques-Anne-Joseph Tuffin de la Rouërie.*

On trouve inscrit sur le registre paroissial de Saint-Ouen-de-la-Royrie année 1754 et transcrit sur celui de la paroisse de Carnet, canton de Saint-James (Manche) le procès-verbal suivant :

« Le lundi neuvième décembre 1754 sur les sept a huit heures du soir, Missire Jean-Baptiste Guesdon curé de la paroisse de Toussaint de la Ville de Rennes, a remis à Missire Francois Le Peltier, prêtre et chapelain de cette paroisse une boëte de plomb bien soudée et une croix sur la couverture d'icelle que le dit sieur Peltier en habit d'église a la passée mortuaire du cimetière de ce lieu, laquelle boëte contenait le cœur de haut et Puissant Messire Jacques-Anne-Joseph Tuffin chevalier seigneur marquis de la Royrie seigneur de cette paroisse, seigneur de Carnet, vicomte des Portes et autres lieux, laquelle a été reçue par Missire Nicolas Legros curé du dit Carnet en présence et du consentement de Missire Jean Pirottais recteur de cette paroisse avec son clergé, celui d'Antrain et de Carnet, les cérémonies de l'église commencées par le dit sieur Curé de Carnet, poursuivies dans l'église et les obsèques et dépôt de la dite boëte et le cœur du dit seigneur ensuite faites et déposés dans l'enfeu des seigneurs de la Royrie dans le cœur de cette paroisse (*sic*) et nous a été certifié par le sieur Guesdon que l'inhumation du corps du dit seigneur a été faite ce jour sur les 5 a 6 heures du matin dans l'église du dit Toussaint, et que le cœur du dit seigneur lui a été remis dans la dite boëte pour être déposé dans l'enfeu des dits seigneurs de la Royrie ce qui a été fait ce dit jour et a le dit sieur Guesdon présent avec le dit sieur curé de Carnet avec les messieurs prestres, M. l'abbé Jean-Félix Fénoux de la ville d'Antrain et René-François Dauguet procureur du roy en élection d'Avranches, M. Fenoux de la Mitrie,

Signé sur l'original :

Legros curé de Carnet. J.-B. Guesdon curé de Toussaint de Rennes. Fénoux prêtre. Pirottais recteur. F. Besnard prêtre vicaire de Carnet. Salmon prêtre de Carnet. G. Denouail prêtre de Carnet. P.-F. Godfroy prêtre de Carnet. J. Bazin curé de cette paroisse. J.-F. Menuet prêtre curé de cette paroisse. F. Le Peltier prêtre de cette paroisse. Fénoux de la Mitrie... Dauguet. »

Relevé sur le registre des décès de la paroisse de Toussaint de Rennes année 1754 :

« Messire Jacques-Anne-Joseph Tuffin chevalier comte de la Rouërie, vicomte des Portes Carnet et autres lieux agé d'environ trente ans vivant époux de dame Thérèse de la Belinaye a été inhumé dans le chœur de cette église le neuvième décembre 1754 en présence de tout le clergé, de Messire Joseph-Achille-Yves de Lauzanne chevalier seigneur du dit lieu de Querbillet, du Cosquer et autres lieux, de Messire Jacques-François-Anne de Lauzanne chevalier seigneur de Vaurouçel et autres. »

J.-P. Doré, curé.

Note h. — *Acte de décès de Thérèse de la Belinaye dame de la Rouërie* (1).

Le dix-neuf Avril mil huit cent huit, a huit heures du matin par devant nous adjoint au maire de Fougères, sont comparus Charles de la Belinaye, propriétaire âgé de quarante-deux ans demeurant à Fougères qui a dit être neveu de la défunte au troisième degré et Simon Picard secrétaire de la mairie, âgé de 45 ans demeurant à Fougères, lesquels nous ont déclaré que Thérèse de la Belinaye propriétaire âgée de 79 ans née à Fougères, fille de feu Armand-Magdelaine de La Belinaye et Marie-Thérèse Frain, Vve d'Anne-Joseph-Jacques Tuffin de la Rouërie est décédée en son domicile rue impériale, ce jour à une heure du matin et ont les déclarant signé avec nous le présent acte après que la lecture leur en a été faite.

(1) Registres des décès de la ville de Fougères.

Note i. — *Marie-Eugène-Charles Tuffin, dernier vicomte de la Rouërie.*

Relevé sur le registre des délibérations du Directoire du District
de Fougères (1).

Séance publique du 17 fructidor an trois (2 septembre 1795).

Vu au district de Fougères une lettre écrite ce jour par les officiers
municipaux de la même commune contenant l'envoi d'une lettre signée
Tuffin de la Rouërie, et un écrit qualifié de proclamation aux Français
datée du 2 septembre 1795 signée Aimé Picquet du Boisguy commandant en chef les royalistes de Fougères et de Saint-James, Hay de
Bouteville commandant en second les royalistes de Fougères avec une
adresse portant pour inscription à Mʳ Vaulevier maire, pour remettre
à Mʳˢ les officiers municipaux de la commune de Fougères. Considérant
que la lettre signée Tuffin de la Rouërie est une preuve irréfragable
du parti criminel qu'il vient de prendre et de son état de rebellion
contre sa patrie, que la prétendue proclamation qu'il y joint contient
des insinuations perfides, des impostures hautement désavouées et des
principes vraiment liberticides, considérant que le salut public com-
mande d'interrompre sur le champ toute communication entre ce
grand coupable, sa famille résidant en ce chef-lieu et leurs agents,
qu'il n'y a pas d'autres mesures à prendre, pour respecter encore
autant qu'il est possible la liberté individuelle, que de charger des
gardes de surveiller à poste fixe l'épouse, la sœur et la belle-mère
du dit Tuffin occupant la maison où il habitait lui-même avant sa
désertion, et de faire mettre par le juge de paix le scellé sur tous les
papiers qui se trouveront dans ce domicile avec même annotation des
effets.

Les administrateurs du Directoire du District, ouï le procureur
syndic, arrêtent que sur le champ et à la diligence du bureau municipal de cette commune, Rose Baston femme Patard, Thérèse Patard
femme Tuffin et Charlotte Tuffin, belle-mère, épouse et sœur du dit
Tuffin seront mis en arrestation provisoire dans leur domicile, etc.

Extrait d'un manuscrit que possède la municipalité de Saint-Malo,
intitulé : *Recherches historiques sur les villes* de Saint-Malo et

(1) Archives départementales d'Ille-et-Vilaine.

Saint-Servan ou annales de ces deux communes depuis leur origine
par M. f. g. p. b. Manet prêtre membre de la société francaise de
Statistique universelle etc. (1).

« Ce furent le 8 mars 1796 et le 16 a 2 heures du matin que débarquèrent 130 émigrés, tous gentilhommes, dans le Clos Poulet sous la
protection de quelques voiles anglaises. Ils avaient pour guide le
fameux Prigent directeur en chef de la correspondance. Ceux qui
composaient la première troupe débarquèrent sans obstacle et trouvèrent a quelque distance de la côte une compagnie de chouans qui
protegèrent leur marche jusque dans les environs de Fougères. Mais
leurs compagnons ne furent pas aussi heureux et a peine furent-ils
sur le rivage que Mrs Bourmont et Suzannet, le chevalier de la Tré-
mouille, les comtes de Botherel et de Sérent et autres officiers donnèrent dans une patrouille ennemie. Aussitot une action s'engage,
quelques républicains restent sur la place, mais bientot les postes
repartis en divers lieux se rassemblent au bruit, et se mettent a la
poursuite des fuyards.

» Engagés dans une fausse route, ces derniers se jettent a la traverse
dans les marais de l'Isle Mer. Là perdus en quelque sorte en des
chemins étroits coupés de ravines qu'ils ne connaissaient pas, cernés
d'ailleurs par trois colonnes républicaines à la fois, et assaillis d'une
grêle de balles, le désordre ne tarde pas a devenir extrème. Monsieur
Tuffin de la Roirie et Pinto tombent les premiers (2), le marquis de la
Ferronnière et le comte de Sérent accablés de fatigue n'osent se risquer
a travers le Bié Jean et se cachent dans un fossé où ils sont
presqu'aussitot égorgés que découverts, enfin les autres après s'être
mis a la nage dans la petite rivière que nous venons de dire, eurent
le bonheur d'aborder a l'autre rive et parvinrent successivement à
l'armée chouanne de du Boisguy cantonnée aux environs de Fougères
sous le commandement immédiat de Puysaye auquel le comte de
Botherel remit les dépèches des ministres britanniques avec quatre

(1) L'abbé Manet (1764-1844) aumônier de l'Hôtel-Dieu de Saint-Malo puis
principal du collége, refusa le serment et resta caché dans le pays malouin
pendant la tourmente révolutionnaire. (*Semaine religieuse* de Rennes du
24 octobre 1896, *les Confesseurs de la foi* par M. Guillotin de Corson).

(2) « Tuffin de la Rouarié tomba un des premiers, entre les bras de Duval.
Saulcet Julien, dit Duval, de Saint-Brice-en-Coglès. Se sentant mortellement
blessé, il remit à ce brave camarade l'or et les lettres qu'il avait pour
du Boisguy, en le chargeant de lui transmettre son dernier adieu. » Mémoires
du colonel de Pontbriant.

mille cinq cents livres sterling en billets de banque pour l'armée royaliste de Bretagne. »

Parlant de cet officier royaliste M. Collin de la Contrie dit dans ses notes manuscrites : « Dans un corps faible et débile il avait l'intrépidité et la bravoure de l'homme le plus robuste. Dans la famille on l'appelait le petit Tuffin. Il périt malheureusement dans les environs de Dol en revenant d'Edimbourg où Son A. R. Monsieur l'avait décoré de la croix de Saint-Louis » (1).

Note j. — *Constitution de dot de Mlle Charlotte Guérin de Saint-Brice.*

Teneur du sous seing privé du 20 décembre 1785 (2) dont il est fait mention dans l'état d'ordre de 1812.

« Soussigné Messire Armand-Charles Tuffin de la Rouërie, reconnais avoir reçu ce jour a titre de constitution, de demoiselle Louise Charlotte Guerin de Saint-Brice, la somme de trente mille livres en argent sonnant, dont je m'oblige lui faire la rente au denier vingt a compter de ce jour, jusqu'au franchissement que je pourrai en faire a ma volonté mais en un seul paiement, avertissant six mois d'avance, promettant et m'obligeant d'ailleurs ne faire le dit franchissement qu'en or ou argent et non en billets de banque ou autres effets ; et pour sureté j'affecte tous mes biens meubles et immeubles présents et avenir, consentant qu'en cas de diminution d'hypothèque, le présent soit par le seul fait et sans jugement converti en obligation pure et simple ; me soumettant au surplus a en passer acte devant notaire a la première réquisition, etc. » (3).

Passé s. s. privé à Saint-Brice le 20 décembre 1785.

(1) Communication de M. de Champsavin.

(2) Relevé au bureau de l'Enregistrement de Saint-Brice-en-Coglès par M. Roussin, maire, qui a bien voulu nous le communiquer.

(3) Le contrat de mariage qui est du 22 décembre a été publié par M. Raison du Cleuziou dans : *Archives du château de Bonabri.* — Voir *Mémoires de la Société d'Emulation des Côtes-du-Nord*, année 1895.

L'acte de mariage est du 27 décembre. Il a été publié dans la *Revue de la Révolution* de M. Bord, livraison du 5 avril 1889.

Note k. — *Procès-verbal de décès du dernier marquis de la Royrie (1).*

Nous soussignés, Joseph de la Motte de La Guyomarais, Georges de Fontevieux, Chafner, major américain, Masson, médecin, certifions qu'Armand-Charles Tuffin, Mis de la Royrie, est mort à la Guyomarais, dans la nuit du 29 au 30 janvier 1793, a quatre heures du matin, agé de 42 ans.

Le trente vers les dix a onze heures du soir, son corps a été déposé dans le petit bois « vieux semis », en face le jardin de la Guyomarais.

Pour reconnaître l'endroit, il est placé au milieu de quatre chênes. En face du quatrième, sur le fossé, on a planté un houx afin de pouvoir un jour transporter ses restes dans l'enfeu de la famille de La Guyomarais ou ailleurs.

La Guyomarais, le trente et un janvier 1793,

Joseph DE LA GUYOMARAIS, Georges DE FONTEVIEUX, CHAFNER (2), MASSON, *médecin.*

Ce procès-verbal fut retrouvé en 1835 ; il avait été mis dans une bouteille, au pied d'un chêne, sur la lisière de la forêt.

Note l. — *Famille Bodin dite de Marsbodin.*

Au dix-septième siècle la famille de Marsbodin formait plusieurs branches et paraît avoir été une des plus importantes des familles nobles (3) habitant le territoire de Pontorson. Elle était alliée aux Kaly ou Keraly (4), aux Tardif de Moidrey, Arthur de la Villarmois, de Campront sieur du Ponteaubault, Verdun de la Crenne, etc. Ils étaient sieurs de la Roulays, de Saint-Moron, de Vauvert, etc.

(1) Copié dans la brochure publiée par Melle de la Guyomarais intitulée : *Souvenirs de quatre-vingt-treize.* — Saint-Brieuc, Prud'homme, 1888.

(2) « George Schaffner » ainsi a-t-il signé au bas de l'acte de mariage de son ami, sur le registre paroissial de Saint-Brice-en-Coglès.

(3) Nouvellement anoblie, sans doute en récompense de la part active que ces zélés catholiques auraient prise à la guerre contre les protestants.

(4) Ou Querolan ; ne serait-ce pas la famille des La Touche de Kerolent dont un membre fut aussi vers cette époque-là gouverneur du Mont-Saint-Michel ?

En 1654, nous voyons un Charles de Marsbodin sieur de Vauvert, vicomte de Pontorson et Saint-James, maire et juge politique de la ville de Pontorson, et son frère Charles avec les titres d'escuier « s^r de » la Roulays, capitaine et major du régiment de la Luzerne, maréchal » général des logis de la cavallerie française et lieutenant pour le roy » de la ville et chateau du Mont-Saint-Michel. »

Le nom patronymique de cette famille était Bodin jusqu'en 1650. Ce n'est qu'en 1654 qu'apparaît la singulière adjonction à leur nom de la syllabe Mars (le dieu de la guerre); aussi, presque tous les textes portent Mars Bodin en deux mots, tandis que leur signature n'est qu'en un seul. Il est à remarquer aussi que ce n'est qu'en 1650 qu'on les voit prendre le titre de vicomte de Pontorson.

Dans un acte notarié du 16 juin 1790 (1) le dernier des Marsbodin, époux d'Anne-Marie de Saint-Genis étant mort sans postérité on voit hériter de lui ses trois cousins « Jean René Antoine de Verdun, chevalier seigneur de la Crenne, capitaine de vaisseau, chef de division, demeurant à sa terre de la Crenne ; Marie Jean Francois de Verdun, ancien chevau-léger de la garde du roy demeurant en la ville d'Avranches paroisse Notre Dame des Champs ; et Louis Jean de Verdun Bailleul escuyer hermite de Sénart, demeurant à la maison de Grand Bois dépendant de l'hermitage de Sénart, dit : frère Dorothé. »

Acte de baptême de Louise de Marsbodin (2).

« Le 21 avril 1650 fut baptisée Louise fille de M. Louis Bodin s^r vicomte de Pontorson et de René de Querolan. »

Son acte de mariage (3).

« Jeudi 16e jour d'Aout 1674 à 4 heures du matin ont été épousés après toutes les cérémonies de l'église observées Joseph Tuffin escuyer sieur de la Vigne de la paroisse de Saint Ouen de la Rouerie évesché de Rennes province de Bretagne avec le consentement du sieur recteur de Saint Ouen et dispense de deux bans du ....? de Rennes, et damoiselle Louise de Marsbodin D^{lle} du Boschet de cette ville, présences Charles de Marsbodin escuyer s^r de la Roulays conseiller vicomte de

(1) Archives municipales de Pontorson.
(2) Registres paroissiaux de Pontorson.
(3) *Ibidem.*

Pontorson et St James, Francois Leroy escuyer sʳ de Brée, Joseph Tardif, Charles de Marsbodin escuyer sʳ du Boschet.

<table>
<tr><td>Joseph TUFFIN.</td><td>Louise de MARSBODIN.</td></tr>
<tr><td>Charles MARSBODIN.</td><td>C. DE MARSBODIN.</td></tr>
<tr><td>Francois LEROY.</td><td>Françoise ROULLIER.</td></tr>
<tr><td>Joseph TARDIF.</td><td>Sébastienne DE MARSBODIN.</td></tr>
<tr><td></td><td>François BRUNET.</td></tr>
</table>

Note m. — *Le dernier des Tuffin de Sesmaisons.*

« Du 17 floréal an 2ᵒ (6 mai 1794) : Gardien des prisons tu es chargé des nommés Francois Le Monnier, Julien Guerglou, Pierre Hubert, Mathurin Coueda, Julien Richeux, Julien Pelé, Julien Gavard, Noel Rougeul et Jacques Tuffin desquels tu feras bonne et sure garde et nourriras au pain de la République.

A Dol, ce 17 floréal an 2ᵉ de la république. »

J.-L. MARGUERITTE,
Juge de paix du canton de Bazouges.

« Concierge tu es par moi huissier soussigné déchargé de la personne de Jacques Tuffin aux fins de jugement de ce jour. — Dol le 27 floréal an 2ᵉ de la république (1). »

CERTIFICAT DE DÉCÈS.

ARMÉE DE CONDÉ,   INFANTERIE NOBLE.
—
Compⁱᵉ Nº 8.

Nous soussignés officiers gentilshommes de la Cⁱᵉ nº 8 certifions que M. Charles Tuffin de Sesmaisons, né à Entrain en Bretagne, a été tué le 13 Aout à l'affaire d'Ober-Kamlack.

Fait au camp de Kirchtrudring le 10 septembre 1796.

Signé : LESQUEN DE SAINT-LORMEL,
Louis DE LESQUEN, D'AGAY, DE MAUDHUY, LA TOUR DU PIN,
commandant la compagnie Nº 8.

Suit une attestation de ces signatures datée du quartier général de Hulheim, le 25 janvier 1797, signée Mⁱˢ de Bouthillier.

(1) Archives de la ville de Dol : registre d'écrou de la prison du district de Dol.

Nous, LOUIS-JOSEPH DE BOURBON,

Prince de Condé, Prince du sang, Pair et Grand maître de France, Duc de Guise, etc., etc.; colonel Général de l'infanterie française et étrangère, chevalier des ordres du roi de France et de l'ordre de Saint-André de Russie, Grand prieur de l'ordre hospitalier de Saint-Jean-de-Jerusalem de Malte au grand prieuré de Russie commandant le corps de Noblesse et de troupes françaises au service de sa Majesté l'empereur de toutes les Russies.

Certifions que M. Jacques-Ange-Charles Tuffin de Sesmaisons Gentilhomme français né à Antrain en Bretagne le 13 février 1753, (*sic*) retiré sous-lieutenant a la suite au régiment de royal Roussillon cavalerie est émigré le 10 juillet 1791 et a fait la campagne de 1792 a l'armée des princes frères de Louis XVI, dans la coalition de sa province, qu'il nous a joint le 8 juillet 1794 et a servi sous nos ordres dans la compagnie N° 8 des chasseurs nobles, depuis ce temps jusqu'au combat de Kamlach du 13 Aout 1796, où il fut tué en combattant les ennemis du roi, qu'il s'est conduit avec honneur, se distinguant par son zèle et par son courage, et qu'en mourant il a emporté notre estime et nos regrets, ainsi que ceux de ses chefs et de ses camarades.

En foi de quoi nous avons fait expédier le présent certificat signé de notre main, contre signé par le secretaire de nos commandements et auquel nous avons fait apposer le sceau de nos armes.

Fait a notre quartier Général de Dubno en Wolhynie le $\frac{7}{16}$ juillet 1798.

Louis-Joseph DE BOURBON.

(Sceau). Par S. A. S. Monseigneur,
DROUIN.

Transcrit aux registres des décès de Rennes le 19 juillet 1825.

Ces deux pièces qui sont aux archives du château du Kermat en Inzinzac (Morbihan), nous ont été obligeamment communiquées par leur propriétaire M. le vicomte de Carné.

Note n. — *Seigneurie de Sainte-Honorine de Ducy.*

ARCHIVES DU CALVADOS, SÉRIE E.

Nomenclature des pièces du dossier Tuffin, concernant les seigneurs de Sainte-Honorine de Ducy.

1685. — Procès à Bayeux entre Charles Tuffin, écuyer sieur d'Assy, et César-Auguste de Mathan, écuyer seigneur de Vains, pour faire condamner ce dernier a lui rendre libres les maisons et héritages de la terre et seigneurie de Dussy (*sic*) qu'il avait baillée par échange au dit de Vains, et dont il est renvoyé en possession par arrêt de la Cour pour restitution de titres, et sentence interlocutoire.

1687, février. — Mandement de la Chambre des comptes de Normandie concernant les foi et hommage fait par Charles Tuffin, écuyer sr de Ducy et La Vignaye, pour raison du fief, terre et seigneurie du Mesnil-Rabel et La Vignaye relevant du roy pour un quart de fief de haubert a cause de la Vicomté de Bayeux a lui appartenant a droit successif de Charles Le Bourgeois, grand doyen de la Cathédrale d'Avranches, son oncle.

1687, 15 octobre. — Arrêt de la Chambre des comptes de Normandie sur requête du dit Charles Tuffin contenant que le dit Le Bourgeois son oncle, dont il est héritier, aurait échangé avec le dit de Mathan la terre et seigneurie de Ducy.

1728-1729. — Procédures à Bayeux pour Joseph-Charles Tuffin de la Rouërie, chevalier seigneur et Patron de Sainte-Honorine de Ducy.

1758. — Aveu à Joseph-Charles Tuffin de la Royrie, chevalier seigneur et patron de Sainte-Honorine de Ducy, la Vignaye, Le Mesnil-Rabel et autres terres.

Note o. — *Acte de mariage du premier seigneur de Ducy devenu seigneur de Villiers* (1).

« Messire Joseph-Charles Tuffin, escuyer, seigneur patron de Sainte-Honorine de Ducy, seigneur de la Vignays, du Mesnil-Rabel, de la Foüaye et autres lieux et seigneuries, fils de Messire Charles Tuffin en son vivant seigneur de Ducy, premier capitaine du régiment du roy

(1) Registres paroissiaux de Villiers (Manche).

et de feue noble dame Marie Vouardie (1) dame de la Foüaye, ses père et mère de la paroisse de Sainte-Honorine, évesché de Bayeux, épousa dans cette église demoiselle Francoise-Elisabeth Guischard fille de feu messire Jean-Mathurin Guischard de son vivant chevalier seigneur et patron honoraire de la paroisse de La Croix en Avranchin et seigneuries, et de deffunte noble dame Anne-Julienne Guischard, dame de Villiers ses père et mère de cette paroisse, après les fiançailles faites en cette église et un ban dans les deux paroisses et ont reçu la bénédiction nuptiale par le ministère de Missire François-Anne de Larlan, recteur de Dingé et doyen rural de Becherel évesché de Saint-Malo, province de Bretagne, en la présence et du consentement du sieur curé de ce lieu, présents aussi Messire Joseph Tuffin, chevalier seigneur comte de la Royrie, Anne-Jacques Tuffin de la Royrie, René-Gervais de la Royrie, cousins du seigneur de Ducy, Messire Francois Guischard, seigneur de la Menardière, oncle de la demoiselle, noble dame Anne-Françoise Couppel de Villiers, sa mère en loy ; noble dame Modeste-Angelique Guischard, sa sœur, dame Vicomtesse de la Royrie, aux présentes de Missire Jacques Artur, sieur de la Morinière, de la paroisse de Saint-Laurent de Terregatte, maître Jean Davy, le 11 octobre 1724. »

Note p. — *Acte de décès du dernier Tuffin de Ducy et Villiers* (2).

« Du vingt-huit décembre mil huit cent neuf, à onze heures du matin.

Acte de décès de M. *Charles-Joseph-François-Mathurin Tuffin Devilliers,* vivant de son bien, veuf de Marie-Anne-Victoire Deheron-Deneuville, décédé ce matin à sept heures âgé de quatre-vingt trois ans, né à Villiers, arrondissement d'Avranches, domicilié à Avranches rue Saugnerre, fils de feus M. Joseph-Charles Tuffin et de dame Elisabeth Guichard, domiciliés à Villiers où ils sont décédés.

Sur la déclaration à nous faite par Julien-Louis-Etienne Decherencey drapier, âgé de 53 ans, domicilié à Avranches, en présence des sieurs Julien Pinel, militaire retraité, âgé de 40 ans et Pierre-Francois Lecerf, vivant de son bien, âgé de 25 ans, tous deux domiciliés à Avranches,

(1) On trouve sur les registres de la paroisse de Saint-Ouen, au 29 septembre 1694, sa signature ainsi orthographiée : *Marie Voirdie.*
(2) Registre des décès de la ville d'Avranches, année 1809.

qui ont déclaré ainsi que le dit Decherencey être voisins du défunt.

Constaté par nous Louis Blondel, maire et officier public de l'Etat civil d'Avranches, après nous être transporté auprès de la personne décédée et nous être assuré de son décès.

Et ont les dits comparants, etc. »

Note q. — *Acte de décès de la dernière héritière du nom de Tuffin* (1).

Du dix-sept février mil huit cent quarante-quatre, à midi et demi.

Acte de décès de demoiselle *Marie-Perrine Tuffin de Villiers*, célibataire, propriétaire, décédée à Avranches aujourd'hui à une heure du matin, âgée de quatre-vingts ans, née à Villiers, arrondissement d'Avranches, rue des Champs, fille de feu M. Charles-Joseph-Mathurin Tuffin de Villiers, écuyer, propriétaire, et de feue dame Marie-Anne-Victoire de Héron, son épouse ;

Sur la déclaration à nous faite par MM. Auguste de Gaalon, propriétaire, âgé de 32 ans, neveu de la défunte, et Joseph Bourée, vivant de son bien, âgé de 27 ans, tous deux domiciliés à Avranches et voisins de la défunte.

Constaté par nous Jules Bouvattier, maire et officier public de l'Etat civil d'Avranches, et ont les dits comparants, signé avec nous après lecture.

Note r. — *Acte de décès du dernier Tuffin des Portes-Rouërie.*

Relevé sur les registres paroissiaux de Saint-Léonard de Fougères :

« Le 21 Avril 1763 fut inhumé dans notre cimetière le corps de Messire Joseph-Francois-Marie Tuffin, chevallier, seigneur de Trozé, fils de Messire Louis Tuffin, chevallier, seigneur des Portes-Rouërie, et de dame Francoise du Pontavice, âgé d'environ douze ans, décédé le 19 du présent dans la foy de l'église, muni des sacrements. »

FAVRAIS, curé.

(1) Registre des décès de la ville d'Avranches, année 1844.

Les Tuffin de la Rouërie aux assemblées de la Noblesse (1).

Siégèrent aux assises des Etats généraux de Bretagne :
    Tuffin de la Rouërie en 1736.
    Tuffin des Portes en 1750.
    Tuffin de Sesmaisons en 1756.
    Tuffin du Breil en 1760.
Monsieur Tuffin de Villiers fut élu par la noblesse de la circonscription de Saint-James en 1787, pour la représenter à l'assemblée provinciale.

Furent députés aux assemblées des Elections pour les Etats généraux de 1789 et y assistant (généralité de Caen).

Pour le baillage de Bayeux :
    Tuffin (2) représenté par le baron de Sallen.

Pour le baillage de Valognes :
    Tuffin de Villiers (Charles-Joseph) représentant de Charles-Léonor-Hyacinthe de Marguerie.

Pour le baillage d'Avranches :
    Tuffin de Villiers (Charles-Joseph) représentant Armand-Charles Tuffin de la Rouërie.
    Tuffin de Villiers (Charles-Joseph) y assistant pour lui-même.

Armand-Charles-Tuffin de la Rouërie assista à Rennes à la dernière tenue des Etats de Bretagne (fin 1788), et se rendit au commencement de 1789 à la réunion de la noblesse, à Saint-Brieuc.

Voici le texte de l'enregistrement de la procuration donnée par Armand Tuffin à son cousin de Villiers pour le représenter à la réunion de la noblesse de Normandie.

« Du 3 mars 1789, une procuration et pouvoir donnés par Messire
» Armand-Charles Tuffin, marquis de la Rouërie, demeurant à Saint-
» Ouen, à M....., pour le représenter et donner voix pour lui à
» l'Assemblée qui sera tenue à Coutances pour la nomination des
» députés aux Etats généraux du royaume. Devant Jarry, notaire à
» Antrain, ce jour, contenant deux rôles, reçu dix sols. »

(1) Potier de Courcy et communications de MM. le chanoine Ménard, de Champsavin et de Monthuchon.
(2) Nous ignorons lequel des Tuffin est représenté ici par le baron de Sallen.

Emigration.

Dans un volume de la bibliothèque municipale de Fougères intitulé : *Liste des Emigrés,* imprimé en l'an deux, on trouve les indications suivantes :

Vᵛᵉ Tuffin — de St-Ouen-de-la-Rouërie, disᵗ de Dol, date de l'arrêté constatant l'émigration : 3 sept. 1792.
Tuffin Jacques (1) — — — — —
Tuffin Roierie — de Saint-Sauveur, disᵗ de Fougères, — — —
Tuffin la Roierie de Marcillé-Robert, disᵗ de la Guerche, — — —
Tuffin la Roierie — — — — —

Sur la liste Générale des Emigrés et liste complémentaire, figurent les noms suivants :

Blinaye Thérèse domiciliée à Paris. Biens en St-Ouen, Bazouges, la Fontenelle, date de l'arrêté d'émig. : 3 sept. 1792.
Tufin — domicilié à Villiers, disᵗ d'Avranches, biens à Villiers, — 6 nov. 1792.
Tufin — à Sacey, — — à Sacey, — —
Tufin la Rouërie — à Carnet, — — à Carnet, — —
Tufin Villiers — à Carnet, — — à Servon, — —
Tufin Armand la Royerie, ex marquis, à Saint-Sauveur-des-Landes, disᵗ de Fougères, en Saint-Sauveur, date de l'arrêté d'émigration : 6 novembre 1792.
Tuffin du Breil, comʳᵉ des Guerres, district de Rennes, biens en Marcillé, disᵗ de la Guerche, date de l'arrêté d'émigration : 17 brumaire an 6.
Tuffin de Ducy, fils de Charles-Joseph, disᵗ de Saint-James, date de l'année d'émigration : 17 brumaire an 6.
Tuffin de Villiers, — — —

(1) Mort à l'armée de Condé.

Sur l'un des registres des délibérations de la municipalité de Dol on lit :

Séance du 15 mai 1792 : « Le maire a dit que le 13 de ce mois sur l'avis qui lui fut donné qu'il devait passer une voiture chargée d'effets appartenant à Mr Villiers, pour Saint-Malo où il avait du se rendre avec sa famille, le dit jour il envoya un exprès à Saint-Malo prévenir cette municipalité. » (1).

Un compte de gestion des biens non vendus du domaine de Villiers, daté de thermidor an XII, qui se trouve au bureau de l'enregistrement de Saint-James nous donne le renseignement suivant :

« Monsieur Tuffin de Villiers ayant été amnistié pour fait d'émigration le 18 frimaire an onze et réintégré dans la jouissance de ses biens non vendus ni réservés a dater du dit jour 18 frimaire etc... »

21 messidor an neuf, le Prefet d'Ille-et-Vilaine au Maire de Dol (2). « Monsieur le Prefet du département de la Seine me donne avis que le Ministre de la Police Générale a par son arrêté du 16 prairial (5 juin 1801) éliminé de la liste des émigrés le nom de Blinaye Thérèse, domiciliée à Paris et ayant sa propriété dans votre commune. Thérèse Belinaye Vve de Anne-Joseph-Jacques Tuffin de la Rouërie demande à mon collègue une expédition de cet arrêté, mais, celui-ci, avant de déférer à cette réclamation désire savoir si l'élimination du nom de Belinaye Thérèse appartient réellement à la veuve d'Anne-Joseph Tuffin de la Rouërie.

Je vous invite, etc... »

(1) Une note au bureau de l'enregistrement de Saint-James le dit parti de Saint-Malo les derniers jours de juillet 1792.
(2) Archives de la ville de Dol.

DEUXIÈME PARTIE.

CHAPITRE III [*].

Lettres de Washington, Lincoln, La Fayette, Schaffner, Mademoiselle de Moëlien, etc. — États de service et distinctions honorifiques du dernier marquis de la Rouërie.

Correspondance du marquis de la Rouërie avec les Commissaires des États de Bretagne en 1788.

[*] Nous devons la communication des pièces et documents contenus en ce chapitre à l'extrême obligeance de MM. de Monthuchon et de Champsavin. Les originaux sont la propriété de M. de Monthuchon.

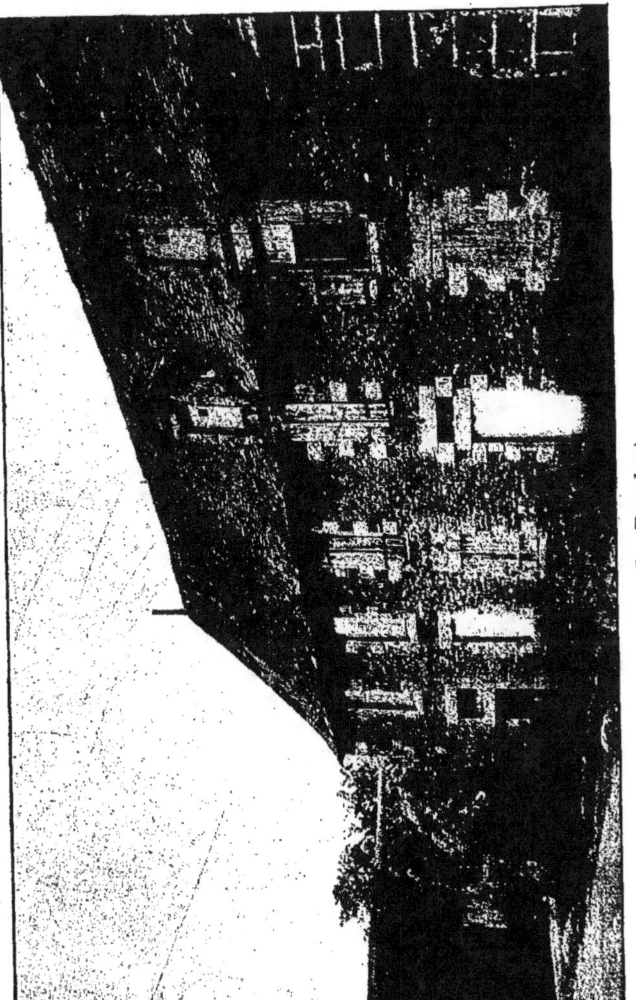

Le Boschet.

Lettres de Washington, Lincoln, La Fayette, Schaffner, D^{lle} de Moëlien, etc.

ÉTATS DE SERVICE & DISTINCTIONS HONORIFIQUES
DU DERNIER MARQUIS DE LA ROUERIE.

Fishkish sur la Rivière du Nord 26 novembre 1778 (1).

Cette lettre vous sera remise, mon cher cousin, par M. le Marquis de la Rouërie que je prends la liberté de vous recommander avec toute la chaleur de l'amitié. M. de la Rouërie est arrivé ici quelque temps avant moi et y a obtenu le grade de colonel avec le commandement d'un corps indépendant. Il s'est trouvé partout et partout il s'est distingué par une bravoure vraiment française, un zèle infatigable et audessus de toutes les difficultés, un amour violent de son métier. Il a eu des occasions heureuses. N'est-ce pas, mon cher cousin, des officiers tels qu'il vous les faut. Je suis d'autant plus sûr que vous aimerez M. le Marquis de la Rouërie que les qualités de son cœur et de son esprit ne le cèdent pas à ses qualités militaires. Il espère être employé aux Isles et désire surtout bien vivement être employé sous vous. Il y a un gros paquet qui doit lui porter des ordres et qui court sur des grands chemins d'Amérique. Si son malheur, et je comprends mieux que personne que c'en est un, lui donnait une autre destination que celle qu'il désire le plus, je vous prie de le recommander de votre mieux à la personne sous laquelle il devra servir.

Je vous ai écrit, mon cher cousin, pour vous faire mon compliment sur le chapelet d'Isles qu'on nous dit ici que vous enfilez dévotement les unes après les autres ; il faut espérer que le gros morceau de la Jamaïque sera avalé a son tour. Pour moi, j'avoue que je crains que l'Angleterre ne nous présente quelque trompeuse paix et que nous ne nous piquions d'une générosité mal entendue qu'elle n'imitera pas a la première bonne occasion. Si vous continuez a prendre et lors même

(1) Sur l'enveloppe est écrit : *à M^r le Marquis de Bouillé.*

que vous vous contenteriez de defendre, le séjour des Isles doit être
charmant ; et moi pendant que vous vous batterez avec les Anglais je
batterai le pavé de Paris.

Vous sentez bien, mon cher cousin, que ma patrie étant en guerre,
et surtout l'escadre du roy paraissant avoir quitté ce pays-ci, je ne peux
plus y demeurer. J'ai représenté mon devoir au Congrès et j'allais
m'embarquer sur une frégate de 36 canons, qu'il me donne pour me
porter en France, lorsqu'une maudite maladie, m'arrêtant un mois à
Fishkish, m'a empêché de voir M. le Comte d'Estaing avant son départ
de 'Boston et a été le plus près possible de me mener voir l'autre
monde pour lequel je n'ai pas la moindre vocation. Je m'en suis
pourtant tiré et compte partir dans trois jours pour Boston.

J'ai été très longtemps avant d'être joint par la lettre de M. de
Trécessan. Je n'ai pas tardé un instant, comme vous sentez bien, a
lui rendre le peu de services qui dépendaient de moi. Jusqu'au moment
ou nous avons fait connaissance, et c'est tout nouvellement, il a été
volontaire dans le corps de M. le Marquis de la Rouërie et s'y est
conduit d'une manière distinguée comme M. de la Rouërie vous le dira
lui-même. Il compte aller cet hiver en France, et j'écris la lettre la
plus pressante au Congrès pour lui accorder la commission de capitaine,
ce qu'ils ne refuseront pas a ce que je pense.

J'ai eu l'honneur de répondre à M. son père, ainsi qu'à vous, avant
ma maladie dont je vous manderais le nom, si mes medecins ou moi
le savaient.

Adieu mon cher cousin, je vous souhaite bien du plaisir, bien des
coups de fusils, bien des Anglais a battre, mais pas plus qu'il n'en
faut, et en vous recommandant encore une fois M. de la Rouërie qui
se recommandera bien par lui-même quand vous le connaîtrez ; je vous
prie de recevoir l'assurance d'une amitié tendre et sincère qui ne finira
qu'avec ma vie.

La Fayette.

P. S. — Je vous prie, mon cher cousin, de présenter mes hom-
mages et mes respects à Mᶜ la Marquise de Bouillé. Il n'y a point ici
de nouvelles décisives. Les Anglais paraissent faire des préparatifs
pour évacuer New-York et Rhode-Island, mais ce point est encore fort
douteux. Il est déjà parti une division de ces messieurs, qu'on fait
monter a six ou sept mille hommes, et qu'on croit envoyée aux Isles.
Le lendemain du départ de la flotte du Roy, on reçut la nouvelle à
Boston que la flotte de l'amiral Byron avait été battue de l'orage près
du cap Lood. Le *Sommerset* a été entièrement perdu, plusieurs

hommes se sont noyés, et le capitaine avec 400 hommes ont été menés prisonniers à Boston. Byron a dit-on plusieurs vaisseaux dématés... Voila ce que j'entends dire de bonne part, car a peine sorti de mon lit, je ne sais que ce que le général Washington, qui est à 25 milles d'ici, vient de me dire dans ses visites et je n'ai pas encore écrit une lettre de plus de quatre lignes. On me dit que l'amiral Byron n'a dans ce moment que onze vaisseaux de ligne, en état de tenir la mer. Cette nouvelle m'est portée dans l'instant par un officier francais qui l'a entendu dire au quartier général.

Je certifie que le Marquis de la Rouërie a servi dans l'armée des Etats Unis depuis le commencement de l'année 1777 avec le rang de Colonel, pendant lequel temps il a commandé un corps indépendant qui s'est acquis beaucoup d'honneur et a été d'un grand avantage pour le service.

Il s'est conduit dans toutes les occasions comme un officier d'un mérite distingué avec beaucoup de zèle, d'activité, de vigilance, d'intelligence et de bravoure.

Dans la dernière surtout il a rendu des services importants et vers la fin il a fait un brillant coup de partisan, par lequel il a eu l'adresse et le courage de surprendre un major et quelques soldats de l'ennemi, dans leurs quartiers, a une distance considérable dans l'interieur des piquets ennemis et il les a amenés sans perdre un seul homme de son coté.

Je lui donne ce certificat pour témoigner combien j'approuve et admire sa conduite et l'estime que j'ai personnellement pour lui.

Donné au quartier général à Morristown le 16 février 1780.

G. WASHINGTON.

Je soussigné interprète du Roy certifie que le présent écrit est la traduction fidèle du certificat en langue anglaise qui y est annexé : en foi de quoi j'ai signé et scellé les présentes.

A Paris ce 1er décembre 1784.

LABBÉ DES FRANÇAIS.

(Un partisan anglais, nommé Balfour était devenu la terreur des habitants des campagnes. Le général Washington chargea le colonel Armand de mettre fin aux entreprises de Balfour. La Rouërie ne prit avec lui que trente hommes de sa légion et alla avec ce peu de monde enlever Balfour au milieu de ses cantonnements.) Voir David Ramsay, 1787, Londres, *histoire de la Caroline meridionale.*

A M. le Marquis Armand de la Rouërie cy-devant sous-lieutenant dans le régiment des Gardes Françaises.

A Marly, le 6 may 1781.

Je viens de rendre compte au Roy, Monsieur, de vos services dans le Régiment de ses Gardes francaises et de la conduite distinguée que vous avez tenue en Amérique, où vous avez fait quatre campagnes et où vous commandez un Corps ; Sa Majesté, pour vous en marquer sa satisfaction d'une manière particulière a bien voulu vous accorder une place de Chevalier dans l'ordre de Saint-Louis, et elle m'a autorisée a vous mander qu'Elle voudra bien vous tenir compte de vos services en Amerique comme si vous fussiez resté dans le régiment des Gardes Francaises.

Je ferai expédier les lettres nécessaires pour votre réception dans le dit ordre, lorsque vous m'aurez mandé le nom et les qualités de l'officier le plus a portée de vous conferer la Croix.

Je suis très parfaitement, Monsieur, votre très humble et très obéissant serviteur.

SÉGUR.

De Marly, 12 mai 1781.

A Monsieur Armand Marquis de la Rouërie (1), ci-devant sous-lieutenant dans le régiment de mes gardes françaises.

Lettre close du Roy en la forme ordinaire... *pour associer à l'ordre militaire* de Saint-Louis.

Le Sʳ Cᵗᵉ de la Belinaye, Mestre de camp, Lᵗ Commandant du régiment de Condé Infanterie est *commis pour, en mon nom,* vous recevoir et admettre a la dignité de Chevalier de Saint-Louis. Et mon intention est que vous vous adressiez à lui pour prêter en ses mains le serment que vous êtes tenu de faire en la dite qualité de Chevalier du dit ordre

(1) Les écrivains qui contestent au colonel Armand des droits au titre de Marquis sont bien mal avisés, il me semble, puisque Louis XVI, lui, ne les lui conteste pas. Pareille appellation de sa part, n'est-elle pas d'ailleurs un titre parfaitement authentique valant tous les arrêts de noblesse ?

et recevoir de lui l'accolade et la croix que vous devrez dorénavant porter sur l'estomac, attaché d'un petit ruban couleur de feu.

Signé : LOUIS.

Contre-signé : SÉGUR.

Au Quartier général le 7 mars 1783.

MONSIEUR,

Tandis qu'on fait des demandes en faveur de plusieurs autres officiers, je ne puis m'empêcher de faire mention au Congrès de la situation du colonel Armand a l'égard de la promotion. La justice due à cet officier m'oblige a témoigner l'estime que j'ai pour lui comme rempli d'intelligence d'activité et de mérite. Il a montré le plus grand zèle pour le service des Etats Unis et je suis persuadé qu'il a dépensé des sommes considérables pour l'établissement de son corps et pour d'autres objets, desquelles il ne sera pas probablement remboursé d'ici quelque temps, si tant est qu'il s'attende a l'être jamais.

Je prends un plaisir particulier a fixer l'attention du Congrès sur le Colonel Armand, parce que son caractère et son mérite lui ont attiré mon respect et sa promotion, je pense, peut avoir lieu sans inconvénient. Comme il est du nombre des plus anciens colonels au service des Etats Unis et qu'il n'appartient à aucun de leurs districts, il ne peut jamais etre pourvu d'après les derniers règlements pour la promotion adoptée par le Congrès.

C'est avec beaucoup de respect et d'estime que j'ai l'honneur d'etre, de votre excellence, le très humble et très obéissant serviteur.

G. WASHINGTON.

A Son Excellence le Président du Congrès.

Je soussigné interprète du Roy certifie que le présent écrit est la traduction fidèle du certificat en langue anglaise qui y est annexé : en foi de quoi j'ai signé et scellé les présentes.

A Paris le 1er décembre 1784.

LABBÉ DES FRANÇAIS.

Au bureau de la guerre, le 27 mars 1783.

MON CHER MONSIEUR,

J'ai le plaisir de vous annoncer votre promotion au grade de Brigadier général au service des Etats Unis d'Amerique et de vous envoyer ci inclus votre commission.

Permettez-moi de vous féliciter sur cet événement et sur les circonstances très honorables dans lesquelles votre mérite et vos services vous ont procuré cette promotion.

J'ai seulement a me plaindre que ce témoignage de la confiance que le Congrès met dans votre intelligence, dans votre zèle et votre bravoure ait été différé comme il l'a été réellement pendant quelque temps par les affaires urgentes et importantes qui l'ont occupé.

J'ai l'honneur d'être, avec la plus haute estime, mon cher Monsieur, votre très humble et très obéissant serviteur.

B. Lincoln.

L'honorable Brigadier général Armand Marquis de la Rouërie.

Je soussigné interprète du Roy certifie que le présent écrit est la traduction fidèle du certificat en langue anglaise qui y est annexé : en foi de quoi j'ai signé et scellé les présentes.

A Paris, 1er décembre 1784. Labbé des Français.

Les Etats Unis d'Amérique réunis en Congrès (1) :

A Monsieur Armand Marquis de la Rouërie.

Salut.

Mettant d'une façon toute spéciale notre espérance et notre confiance en votre patriotisme, votre vaillance, votre conduite et votre fidélité, Nous vous constituons et vous nommons par ces présentes *Brigadier Général* dans l'armée des Etats Unis, pour prendre rang comme tel a partir du *26 mars 1783*. Vous avez en conséquence a remplir avec soin et diligence les fonctions *de Brigadier Général* en accomplissant et exécutant toute espèce de choses y afferant. Et nous chargeons strictement et requiérons tous officiers et soldats sous votre commandement d'obéir à vos ordres comme *Brigadier Général*. Et vous avez a observer et a suivre tels ordres et instructions, que de temps a autre vous recevrez, soit du futur Congrès des Etats Unis, soit du Comité du Congrès désigné dans ce but, ou bien de la Commission des Etats, ou encore du commandant en chef momentanément des Etats Unis, ou de tout autre officier votre supérieur, selon les règles de la guerre, en rapport avec la confiance mise en vous. Cette mission devra

---

(1) Ce brevet est en anglais et imprimé, sauf les mots soulignés qui sont à la plume.

demeurer en vigueur jusqu'à ce qu'elle soit révoquée soit par un futur Congrès, Comité du Congrès sus-mentionné, soit par une commission des Etats.

Témoignage de son Excellence *Monsieur Elias Boudinot*, Président du Congrès des Etats Unis d'Amérique à *Philadelphie* le *27 mars* anno Domini *1783*, la *septième* année de notre indépendance.

Par ordre du Congrès.

Lincoln, secrétaire à la Guerre.   *Elias Boudinot.*

(*L. S.*)

Au bureau de la Guerre, le 6 novembre 1783.

Mon cher Marquis,

Le Congrès sur ma demande a eu la bonté de m'assurer que le douze du présent mois il acceptera ma démission de la place de secrétaire de la Guerre. Avant de quitter le bureau permettez-moi de remplir le devoir agréable de vous assurer que dès les premiers instants de notre connaissance, j'ai eu les yeux ouverts sur vos talents militaires ; je les ai envisagés sous un grand point de vue et les ai regardés comme importants pour les Etats Unis d'Amérique. La grande habileté, la bravoure et l'activité, avec lesquelles vous avez rempli les différents devoirs de tous les commandements que vous avez eus, ont toujours confirmé les sentiments que j'ai eu dans tous les temps le bonheur d'avoir sur votre caractère.

Si je voulais tenter de rendre justice a votre haute réputation, comme je suis porté par les motifs du devoir et de l'amitié qui sont si persuasifs, en détaillant vos actions militaires il faudrait que j'échouasse dans mon entreprise.

Permettez-moi donc, que de la manière la plus explicite et comme la seule façon de donner de nouveaux témoignages de mon respect, je vous assure que les premières impressions favorables que j'ai reçues ont toujours été augmentées par la connaissance certaine de vos talents, de votre bravoure de votre zèle et de votre activité.

Il faut que je me livre encore au plaisir d'ajouter que j'ai vu avec la plus grande satisfaction vos efforts courageux, votre activité pour lever et discipliner un nouveau corps et l'obéissance exacte dans laquelle il a été tenu dans des circonstances particulières qui venaient de l'insubordination d'un corps qui était proche votre cantonnement.

Permettez-moi mon cher Marquis, d'assurer aux officiers dont vous m'avez parlé, que j'ai une haute idée de leur bravoure, de leur zèle, de leur bonne conduite et que, s'il se trouve des choses particulières et qui sont à ma connaissance, sur lesquelles ils désirent que je donne des certificats, je répondrai avec plaisir à tous leurs désirs.

Je me trouverai heureux d'apprendre de vos nouvelles dans tous les temps et de trouver l'occasion favorable de vous prouver avec quelle verité et quelle estime j'ai l'honneur d'être, mon cher Marquis, votre très humble et très obéissant serviteur.

B. LINÇOLN.

Brigadier général Armand Marquis de la Rouërie.

Nota-Bene. — J'ai fait mention à nos délégués en Congrès de la promotion des officiers dont vous m'avez parlé.　　　B. L.

Je soussigné interprète du Roy certifie que le présent écrit est la traduction fidèle du certificat en langue anglaise qui y est annexé : en foi de quoi j'ai signé et scellé les présentes.

Paris, 1er décembre 1784.

LABBÉ DES FRANÇAIS.

Adresse des habitants de York-Town en Pensylvanie au Brigadier Général Armand Marquis de la Rouërie.

York-Town, le 12 novembre 1783.

Au Brigadier Général Armand Marquis de la Rouërie.

Apprenant que votre légion va être dissoute et que vous retournerez bientot dans votre pays natal, nous, les habitants souscripteurs de York-Town en Pensylvanie, demandant la permission de vous exprimer les hauts sentiments que nous avons de la sévère discipline, bonne conduite et bonne tenue des officiers et soldats de votre Corps pendant qu'ils séjournaient parmi nous, pendant plus de dix mois, nous vous remercions de tout cœur aussi bien pour les services que vous avez rendus en Amerique sur le champ de bataille, que pour l'attention que vous avez portée a la propriété et aux droits civils du peuple.

Ayez la bonté de communiquer nos sentiments au major Schaffner et à tous vos dignes officiers et soldats et assurez-les de l'estime que nous aurons toujours pour eux.

Nous prions pour que vous ayez un passage agréable sur l'Océan et que vous puissiez recevoir de votre illustre souverain la juste récompense de vos nombreuses actions méritoires exécutées en faveur de la liberté et des armées alliées.

Et nous demeurons avec une grande considération vos très obéissants et très humbles serviteurs.

W. Alexander, — James Edile, — David Candler, — W. Miller, — Jacob Haye, — James Smith, — A. Hartley, etc., etc. En tout 31 signatures.

A Philadelphie, 15 décembre 1783.

Mon cher Marquis,

Parmi les dernières actions de ma vie comme homme public, il n'y en a point qui me donne plus de plaisir que celle qui me met a portée de reconnaître les secours que j'ai reçus de la part de ces hommes honorables que j'ai eu l'honneur de commander et dont les démarches et la conduite ont tant contribué à la sûreté et a la liberté de mon pays.

Je ne puis m'empêcher en vous mettant au nombre de ces braves guerriers de reconnaître que je vous dois les remerciements les plus vifs et les plus sincères pour le grand zèle, l'intelligence et la bravoure que vous avez montrés et les grands services que vous avez rendus et ou vous vous êtes si fort distingué.

Il m'est impossible de vous rappeler dans cet instant toutes les circonstances particulières dans lesquelles vous vous êtes signalé.

Votre conduite a l'action de Short-Hillo ou sur 80 hommes vous en avez eu trente de tués et ou vous avez sauvé une pièce d'artillerie qui sans votre grand courage aurait été prise par l'ennemi ; votre conduite a la Tête-d'Ek où vous commandiez l'arrière-garde dans la retraite ; votre conduite dans les actions de Brandey-Wide et de White-Marsh et surtout lorsque vous étiez sous le Marquis de Lafayette et que second par le commandement avec la milice et quelques chasseurs, vous attaquâtes avec succès l'arrière-garde de lord Cornwallis ; votre conduite, dis-je, dans ces circonstances en vous faisant un honneur infini a été d'un avantage singulier pour le pays.

Mais parmi tous les services que vous avez rendus, toutes les actions que vous avez faites il ne faut pas que j'oublie le beau coup de partisan que vous fîtes en West-Chester où avec toute l'adresse et la bravoure d'un officier partisan consommé, vous surprites un major et quelques soldats de l'ennemi dans des quartiers a une distance considérable de leurs piquets et les amenâtes sans la perte d'un seul homme de votre côté.

Quoique je n'aie pas eu l'occasion d'être témoin de votre conduite en 1780 où vous vous trouviez au sud, les détails que j'en ai reçus, n'ont pas diminué l'opinion que j'avais de vous auparavant ; et l'année d'ensuite je vous eu une obligation particulière pour la conduite courageuse que vous montrâtes en devenant volontaire et en allant sous ce caractère à la tête de la colonne, attaquer et livrer l'assaut à la redoute d'York-Town.

Pendant que je vous donne ce dernier témoignage public de mon approbation et de mon contentement, je vous prie de croire que rien ne me donnerait plus de satisfaction que d'avoir en mon pouvoir de vous donner des preuves plus solides de l'amitié et de l'estime avec laquelle j'ai l'honneur d'être, mon cher Marquis, votre très humble et très obéissant serviteur.

G. WASHINGTON.

Le Marquis de la Rouërie.

Je soussigné interprète du Roy certifie que le présent écrit est la traduction fidèle du certificat en langue anglaise qui y est annexé : en foi de quoi j'ai signé et scellé les présentes.

A Paris, le 1er décembre 1784.

LABBÉ DES FRANÇAIS.

Je soussigné, ministre plénipotentiaire de Sa Majesté près des Etats Unis de l'Amerique certifie que la signature ci-dessus est celle de son excellence le général Washington.

A Paris 15 septembre 1786.   (*Signature illisible*).

Brigadier Général Armand Marquis de la Rouerie.

28 février 1784.

MONSIEUR,

Le Congrès étant pénétré avec un sentiment de justice de votre grande bravoure, l'intelligence, le zèle et l'activité déployés par vous durant le cours de la dernière guerre avec la grande Bretagne au service des Etats Unis et étant informé par une lettre de l'ex-commandant en chef datée de Philadelphie 15 décembre 1783 et a vous adressée que joint au mérite d'une bonne conduite, vigilance et bravoure, vous

vous êtes dans diverses circonstances signalé comme un excellent
officier et grand partisan avez rendu fréquemment aux Etats Unis des
services importants, « m'a chargé de vous écrire cette lettre » qui est
l'expression des hauts sentiments dont il est pénétré pour les services
que vous avez rendus aux Etats Unis dans la dernière guerre avec la
Grande Bretagne et de l'entière approbation que les Etats Unis
assemblés en Congrès ont conçue de votre grande bravoure, de l'activité
et du zèle que vous avez si souvent montrés pour la cause de l'Amérique.

Pour ajouter à ce témoignage public de votre très grand mérite dans
la dernière Révolution, permettez-moi de vous dire que toute votre
conduite publique a donné la plus haute satisfaction au Congrès de
même que votre conduite privée et les efforts amicaux en faveur des
officiers étrangers qui servaient en Amérique durant la dernière guerre :
cela vous a mérité l'approbation et l'estime de tous les individus qui
ont eu le plaisir de faire votre connaissance.

Je vous souhaite sincèrement un voyage prospère et une heureuse
réunion avec vos parents et amis d'Europe et je vous prie de croire
que je considère votre départ d'Amérique comme une perte pour notre
pays et qu'il sera sincèrement regretté de tous vos amis et particulièrement par votre sincère et affectionné ami,

Thomas MISTLIN,
Président du Congrès.

Annapolis, 28 février 1784.

Je soussigné ministre plénipotentiaire de France près des Etats Unis
de l'Amérique, certifie que la signature ci-dessus est celle de M. Thomas
Mistlin président du Congrès.

A Paris, 14 septembre 1784.   (Signature illisible).

A Versailles, 6 avril 1788.

Le Roy a bien voulu, Monsieur, vous accorder le commandement
du bataillon d'infanterie légère du Roussillon. Sa Majesté a décidé en
même temps que vous auriez le rang de Colonel dans ses troupes à la
date du 6 mai 1777 époque à laquelle vous avez obtenu ce grade en
Amérique ; et Elle m'a autorisé à vous mander que, n'ayant pas été
à même de vous donner un régiment dans ce moment-ci, son intention
était de vous faire passer au commandement d'un régiment de dragons
ou de chasseurs à cheval quand les circonstances le permettraient.

6

J'ai l'honneur de vous en informer et d'être très parfaitement Monsieur votre très humble et très obéissant serviteur.

Le Maréchal DE BRIÈRE.

A Monsieur le Comte Armand de la Rouerie.

———

DE PAR LE ROY,

A tous gouverneurs et nos lieutenants généraux en nos provinces et armées, salut.

Le Sieur Marquis de la Rouerie, ci-devant officier au régiment des Gardes Françaises, désirant aller en Prusse et en Allemagne, nous voulons et vous mandons que vous ayez à le laisser sûrement et librement passer dans l'étendue de vos pouvoirs et districts, ensemble ses domestiques, chevaux et équipages, sans lui faire ni permettre qu'il lui soit fait ou donné aucun trouble ni empêchement, mais au contraire toute aide, faveur et assurance, si besoin est requis, en vertu du dit présent passeport : car tel est notre bon plaisir.

Donné à Versailles le 21 avril 1786 par le Roy LOUIS.

Le Maréchal DE SÉGUR.

———

A Paris, le 22 may 1786.

MONSEIGNEUR (1),

Monsieur le Marquis de la Rouërie qui aura l'honneur de vous remettre cette lettre s'est distingué dans la guerre d'Amérique, où il a commandé une légion au service des Etats-Unis. Son nom se trouve en plusieurs endroits dans des journaux que j'ai pris la liberté d'adresser a votre Altesse Royale, et je n'ai pas encore été à portée de parler de toutes les actions dans lesquelles il a donné des preuves de son courage et de sa capacité. Il est accompagné de M. de Schaffner qui était major dans sa légion et qui ne mérite pas moins que son chef les bontés de votre Altesse Royale. Je n'ai pas besoin de les lui demander pour ces deux officiers : les braves gens se recommandent d'eux-mêmes aux héros.

J'ai l'honneur d'être, avec le plus profond respect, Monseigneur, votre très humble et très obéissant serviteur.

Le Marquis DE CHASTELLUSE.

(1) Il n'y a ni enveloppe ni suscription. Tout porte à croire que cette lettre est adressée à Mgr le Prince de Condé.

A Paris le 23 mai 1786 (1).

Quoique M. le Marquis de la Rouërie n'ait pas besoin, Monsieur, de vous être recommandé, je me fais un plaisir de lui servir d'introducteur auprès de vous. Notre liaison date d'un pays bien éloigné de celui que vous habitez. Nous avons passé trois ans ensemble en Amérique où il a commandé une légion et où il a obtenu le rang de Brigadier Général que ses services distingués lui avaient bien mérité. En attendant qu'une promotion le mette a portée de rentrer en activité dans notre service, en y prenant le commandement d'un corps que Monsieur le Maréchal de Ségur lui destine, il veut employer ses loisirs a augmenter ses connaissances militaires et il ne croirait pas mieux remplir cet objet qu'en visitant les Etats et les troupes du Roi de Prusse. Il doit faire ce voyage avec M. Schaffner, jeune et excellent officier qui était major de sa légion.

Je suis persuadé, Monsieur, que vous serez bien aise de les connaître l'un et l'autre, et je ne puis aussi leur rendre un meilleur service qu'en vous priant de les aider de vos conseils et de vos lumières.

J'avais formé le projet de faire cette année le voyage qu'ils entreprennent; mais les circonstances ne l'ont pas permis. Je ne renonce pas cependant à l'espoir de vous offrir sous peu à Berlin l'assurance du sincère attachement avec lequel j'ai l'honneur d'être, Monsieur, votre très humble et très obéissant serviteur.

Le Marquis DE CHASTELLUSE.

Paris 1er août.

CHER MONSIEUR (2),

Je pense que vous serez satisfait d'entendre parler du général Armand par une personne dont l'attachement pour lui vous est bien connu depuis longtemps. Il est encore détenu à la Bastille et nous a traités aussi bien qu'il est possible de le faire dans un tel hôtel.

Sa santé est bonne, son caractère aussi gai que jamais si j'en puis juger par une lettre qu'il m'a écrite. Là ces Messieurs ont maintenant permission de s'entrevoir, ce qui ne peut manquer d'être une grande consolation. Vous demanderez probablement, mon cher Monsieur,

(1) L'enveloppe est perdue, mais il est évident que cette lettre est adressée à l'ambassadeur de France à Berlin.

(2) La réponse à cette lettre indique qu'elle était adressée au major Schaffner et qu'elle est de 1788.

combien cela durera? C'est une question d'autant plus difficile à résoudre qu'il n'y a ni loi ni règle, ni calcul que celui d'une volonté arbitraire. On ne peut pas dire quand le temps viendra ou j'entendrai dire qu'on a l'intention de les rendre à la liberté. C'est tout ce que je puis dire sur cela, que vous êtes étranger à une telle coutume.

Vous n'avez à craindre pour notre ami que l'ennui de l'emprisonnement, et ceci, j'ai lieu de le croire, ne sera pas long. Les souffrances d'Armand pour son pays ajouteront à sa renommée et lui garderont un respect plein d'honneur aux Etats Généraux.

Ces considérations quoique bornées pour ses amis n'amoindrissent pas l'illégalité et l'injustice de la violence qui pour un temps l'a privé de sa liberté.

Avec une vraie estime et attachement je suis cher Monsieur votre obéissant et humble serviteur (1).

LAFAYETTE.

La Rouërie 12 août 1788.

CHER GÉNÉRAL,

Permettez-moi de vous remercier pour les nouvelles interessantes que vous avez cru convenable de me communiquer. Vous aviez parfaitement raison, Monsieur, quand vous avez supposé que je serais heureux d'avoir des nouvelles de mon ami le Général Armand maintenant à la Bastille et plus particulièrement d'un gentilhomme qui, également avec lui, a rendu d'importants services à mon pays. Je suis fâché de voir que ces hommes qui ont défendu les droits soient maintenant dans leur propre pays les victimes de l'oppression. Quoique mes titres d'étranger puissent me défendre de m'exprimer en mots en rapport avec mes sentiments, encore je ne puis m'empêcher de me chagriner des souffrances d'hommes dont le mérite a pour toujours fixé l'amitié et l'estime d'une nation libre et généreuse.

J'ai reçu plusieurs lettres du Général Armand depuis son emprisonnement. Il supporte ses souffrances avec cette fermeté et ce courage qui de tout temps l'ont caractérisé; mais sa situation présente doit l'empêcher de connaitre la marche des affaires et de communiquer ses sentiments à ses amis. Votre lettre, cher Monsieur, fit le meilleur effet sur l'esprit de ses parents et amis et votre opinion portera toujours le poids et la consolation qu'elle mérite à un si juste titre.

(1) L'original est en anglais.

Je m'estimerai heureux, Monsieur, si vous voulez bien continuer de m'informer de tout ce qui peut avoir rapport à notre ami.

Avec estime et respect, j'ai l'honneur d'être cher Général votre très humble et obéissant serviteur.

GEORGES SHAFFNER.

Brevet de l'ordre de Cincinnatus.

Be it known that Brigadier Général Armand Marquis de la Rouërie is a member of the society of Cincinnati, instituted by the officers of the american army, at the period of its dissolution, as well to commemorate the great event which gave independence to North America, as for the laudable purpose of inculcating the duty of laying down in peace arms assumed for public defence, and for uniting in acts of brotherly affection and bonds of perpetual friendship the members constituting the same.

In testimony whereof, I, the President of the said society, have hereunto set my hand at Mount Vernou in the state Virginia, this first day of January in the year of our Lord one thousand seven hundred and eighty nine and in the thirteenth year of the independence of the United States.

G. WASHINGTON, *President.*

By order : KNOX, *Secretary.*

Qu'il soit connu que le Brigadier Général Armand Marquis de la Rouërie, est membre de la société de Cincinnatus, instituée par les officiers de l'armée américaine, au moment de sa dissolution, pour bien se souvenir du grand succès qui a donné l'indépendance à l'Amérique du Nord, et pour le louable but d'inculquer le devoir de déposer dans la paix les armes prises pour la défense publique, et pour unir par des actes de fraternelle affection et des liens d'amitié perpétuelle les membres constituant ladite société.

En témoignage de cela, Je, Président de ladite société, ai ici mis ma signature à Mount Vernou dans l'état de Virginie, le premier jour de janvier de l'an de notre Seigneur mille sept cent quatre-vingt-neuf et la treizième année de l'indépendance des Etats Unis.

G. WASHINGTON, *Président.*

Par ordre : KNOX, *Secrétaire.*

*A Monsieur de Schaffner capitaine de la légion du colonel
Armand aux Etats Unis d'Amérique*

à *Brest.*

Mercredi midi.

Je vous ai vu partir avec peine, Monsieur; j'ai beaucoup d'amitié
pour vous; je vous estime infiniment, je vous regrette de même; mais
je vous reverrai, soyez en sûr. Vous me trouverez disposée à être
votre amie, si vous méritez toujours mon estime comme j'en suis sûre.

Vous serez heureux au milieu d'une famille qui vous aime. Vous
avez plu à tous mes parents et amis; on vous dédommagera dés
vôtres. Si vous croyez pouvoir être heureux parmi nous, revenez-nous
et vous serez bien reçu. Vous viendrez me voir à mon ermitage avec
les petits enfants de mon cousin; je vous donnerai du pain, du beurre,
de la crême et tout cela de bon cœur. Songez à cela toutes les fois
que mon souvenir vous affligera. Nous nous reverrons bientôt.

On m'a dit aujourd'hui et cela parait vrai que les Anglais avaient
22 vaisseaux et 4 frégates pris par les Hollandais. Ce convoi était
chargé d'hommes et d'approvisionnements pour l'armée anglaise en
Amérique : on m'a dit de plus que Monsieur de La Fayette avait battu
un des généraux anglais. Si tout cela est vrai, nous nous reverrons
bientôt, je l'espère et le désire de tout mon cœur.

TROJOLIF DE MOELIEN (1).

Je partage bien véritablement, Monsieur, tous les sentiments de ma
cousine de Moëlien a votre égard; j'ai aussi cela de commun avec
tous ceux qui vous connaissent ici, et je puis vous assurer que vous
emportez tous mes regrets et que nous vous reverrons toujours ici
avec un grand plaisir.

Adieu ! Bon voyage ! Portez vous bien et conservez toujours dans
votre mémoire que les Français sont de bonnes gens.

DE FARCY.

(1) En 1785 sur le registre paroissial de Saint-Brice-en-Coglès au bas de
l'acte de mariage de son cousin elle signe : Moëlien de Trogolif.

CORRESPONDANCE DU MARQUIS DE LA ROUËRIE

Avec les Commissaires des États de Bretagne

EN 1788.

I.

A M. le Marquis de la Rouërie.

Paris, 17 Juillet 1788.

MONSIEUR,

Notre sensibilité au malheureux événement qui nous sépare est inexprimable, et vous nous rendez sans doute la justice de croire, que nous ne négligerons pas la moindre démarche auprès des Ministres pour obtenir tout ce que vous pouvez désirer dans ce moment de la justice et de la bonté du Roi, nous eussions déjà eu la satisfaction de vous exprimer nos regrets et nos vœux si nous n'avions pas employé tous nos moments à l'emploi des moyens qui peuvent vous être utiles dans la circonstance, nous nous trouverions heureux de pouvoir vous faire procurer tout ce qui peut contribuer à diminuer l'ennui que vous devez éprouver, et nous désirons qu'il nous soit permis surtout de vous renouveller de vive voix l'attachement et le respect avec lesquels nous sommes Monsieur, vos très humbles et très obéissants serviteurs.

Les deputés et P. G. des Etats de Bretagne :

Signatures : Le Provost De La Voltais, — De La Motte-Fablet, — Du Boberil De Cherville.

II.

A M. de la Roierie.

Rennes, le 19 Septembre 1788.

MONSIEUR,

En vous devouant à la défense de la constitution et des loix, vous avez donné un nouveau témoignage de votre attachement aux intérêts de la Province. Votre zèle, Monsieur, la captivité que vous avez éprouvée, tout vous assure de la reconnaissance publique. Vous êtes enfin rendu aux vœux des trois ordres ; nous nous empressons, Monsieur, de vous faire connaître la vive satisfaction que cause votre retour. Nous la partageons bien sincèrement et nous sommes très flattés de devenir dans ce moment leurs interprètes. Nous sommes avec respect, Monsieur, vos très humbles et très obéissants serviteurs.

Les commissaires des Etats :

L'abbé De La Biochaye, — L'abbé De Villedeneu, — L'abbé De La Croix, — L'abbé De Fajolle, — Borie, — Bouvier Destouche, — De Noual De La Moussaye, — Le Mercier, — Louette De La Coudraye, — Des Tulays, — De La Chevière, — Le Cher De Talhouet, — De La Haye De Changée, — Hay De Kerenroux, — Martin De Montaudry.

III.

Monsieur le Mis de la Rouërie.

Saint-Malo, 23 Septembre 1788.

MONSIEUR,

Le tribut de l'estime, de l'amour et de la reconnaissance de tous les Ordres, est le seul prix que l'on puisse offrir à des Patriotes qui se sont si généreusement devoués pour la cause commune. C'est avec la plus vive satisfaction, Monsieur, que nous vous rendons cet hommage. La Gloire que vous vous êtes acquise dans votre auguste mission et dont l'éclat vous a environné même dans l'obscurité des Prisons de l'Inquisition Ministérielle sera pour vous et votre postérité, un titre immortel. Les noms des douze deputés de la noblesse de Bretagne qui ont bravé tous les dangers, pour porter au pied du Trône la verité et les vœux de la Nation, seront inscrits, en caractères inéfaçables, à coté de ceux des trente Gentils-hommes Bretons si célèbres dans l'histoire de la province, par leur courage et leur dévouement à la Patrie. Les commissaires de la correspondance pour l'Evéché de Saint-Malo se félicitent d'être, au nom de leurs corps respectifs, auprès de vous, Monsieur, et de vos illustres collègues, les organes de la reconnaissance publique, ils vous prient de distinguer, dans le concours universel de félicitations qui vous seront adressées, l'assurance des sentiments particuliers dont ils sont pénétrés. Nous sommes avec respect, Monsieur, vos très humbles et très obéissants serviteurs.

> L'abbé De La Grézillonnaye, — L'abbé Rousselin Du Rocher, ch^{ne}, — Sébire, l'aisné (maire), — Pierre-Louis-Achille, chev^r De Robien, — Gabriel-Francois-Cyrille De Lys, — Bossinot.

IV.

Extrait des délibérations de la commission intermédiaire du diocèse de Quimper du 1er Octobre 1788.

La commission extraordinairement assemblée ayant pris lecture de la lettre de MM^{rs} ses codéputés de Rennes en date du 26 septembre reçue ce jour, qui annonce la rentrée du Parlement de Paris et le rappel prochain du notre a été unanimement d'avis d'écrire à MM^{rs} les douze gentilhommes qui ont été détenus à la Bastille et à M^{rs} les cinquante-trois députés des différents ordres de la province pour les remercier du zèle et de l'activité qu'ils ont montrés dans la défense de la chose publique, et voulant donner a de généreux patriotes un témoignage de la reconnaissance et de la satisfaction générales a arrété que leurs noms seront inscrits sur les registres pour perpétuer le souvenir de leur dévouement, de leur générosité et de leur courage inébranlable dans une position aussi épineuse et conserver a son bureau une preuve authentique des sentiments qu'ils ont inspirés et dont la commission est si vivement pénétrée.

Arreté en commission à Quimper le 1er octobre 1788.

Signé sur le registre † T. F. J. Evèque de Quimper, l'abbé Kermorvan, l'abbé Larchantel, le chevalier De Boisguéhenneuc, De Malherbe et Legendre.

> Quimper, le 1er Octobre 1788.

MONSIEUR,

Le zèle et le courage dont vous avez donné l'exemple le plus mémorable ont fixé la reconnaissance de toute la nation, votre détention avait mis le comble à nos alarmes et votre retour glorieux, en nous comblant de joies, efface jusqu'aux plus légères traces de nos anciens malheurs ; veuillez bien, Monsieur, agréer nos très justes remercimens en particuliers, c'est un tribut merité, et nous nous unissons à tous les cœurs vraiement patriotiques pour vous en consacrer l'hommage.

— Nous sommes avec un sincère attachement et respect, Monsieur, vos très humbles et très obéissants serviteurs.

Les commissaires des Etats :

T. F. J. Ev. de Quimper, — Kermorvan, chan⁰, — Larchantel, chan⁰, — Le Ch⁰ʳ Du Boisguéhenneuc, — De Malherbe, — Le Gendre.

V.

A Monsieur le marquis de la Roirie à son hôtel, Fougères.

Rennes, 10 Octobre 1788.

Monsieur,

Vous vous êtes refusé à l'empressement général et vous nous avez privés de l'avantage, dont notre situation nous flattoit, d'avoir l'honneur de vous voir à votre retour ; nous ne pouvons différer, Monsieur, à vous offrir l'hommage de notre reconnaissance et nous ne craignons point d'être désavoués en vous assurant de l'unanimité de ce sentiment qui est devenu un devoir patriotique. C'est le juste prix du zèle et du courage qui vous ont signalé, et des services importans que vous avez rendus à la patrie ; ils vous feront oublier, Monsieur, ce que vous avez souffert pour elle, et ce qu'il ne nous sera jamais permis d'oublier. Nous sommes avec un sincère attachement et respect, Monsieur, vos très humbles et très obéissants serviteurs.

L'abbé Du Boisteilleul, — L'abbé Du Bois, — Lucas De Mont Rocher, — Gandon, — Saint-Gilles, — Montluc, — Freslon.

VI.

A Monsieur le comte de la Rouarie en son hôtel, Fougères.

Monsieur,

Nous sommes chargés, de la part de MM. de la Noblesse du Comté Nantois, de vous assurer de l'intérêt vif et sinsère qu'ils ont pris à l'atteinte inouie que les ministres près la cour du Roy ont osé porter à votre liberté, etant le représentant d'une grande Province. Vous avez défendu la patrie avec zèle et courage, vous avez souffert pour elle, ce sont des titres éternels à l'attachement et a la considération de vos concitoyens. Nous nous estimons heureux d'être les interprètes de

MM. de la Noblesse du Comté Nantois et de pouvoir vous assurer nous-même des sentiments de respect et d'attachement avec lesquels nous avons l'honneur d'être, Monsieur, vos très humbles et très obéissants serviteurs les commissaires correspondants.

De Monti De Rezé, — Maubreil, — Goyon De l'Abbaye.

Nantes, le 22 Octobre 1788.

VII.

28 Septembre 88.

Messieurs,

J'ai reçu votre lettre du 17 de ce mois, votre approbation de ma conduite est un titre bien flatteur pour moi ; je ne pouvois en tenir une différente étant pénétré comme je l'ai toujours été d'attachement pour mon pays et du desir de le servir. J'avois d'ailleurs de trop bons conseils à prendre et de trop bons exemples à suivre dans la conduite de mes co-députés pour n'être pas rafermi dans celle que je me devois à moi-même si l'inattention eût pu m'en faire sortir. J'ai l'honneur d'être avec respect, Messieurs, votre très humble et très obéissant.

Armand de la Rouerie.

A Messieurs les Commissaires des Etats.

VIII.

La Rouèrie, 12 Octobre 1788.

Messieurs,

Je reçois à l'instant votre lettre du 27 Septembre. Lorsqu'un citoyen se livre sans restriction au bonheur de servir son pays, il ne fait que remplir son devoir le plus sacré ; si le succès répond à ses efforts, la conviction d'avoir été utile le dédommage amplement des contradictions et des peines qu'il peut avoir souffert. Vos douze députés, Messieurs, avoient ces principes pour base de leur conduite pendant et après leur mission, et en cela tout leur mérite etoit d'être inspirés et conduits par les mêmes sentiments qui regnoient dans les assemblées qui les ont élus, qui règnent en général dans les cœurs bretons, et qui dans tous les temps, Messieurs, ont gouverné les vôtres. C'est donc à votre complaisance, Messieurs, et à votre désir d'encourager le patriotisme, dans un temps surtout où le bonheur de la France semble n'avoir que

lui pour appui, que je dois les expressions si flatteuses et si honorables
que contient votre lettre. Je la conserverai précieusement, Messieurs,
ainsi que celles de Messieurs les Commissaires des autres évêchés qui
ont eu la bonté de m'écrire. Je la ferai lire à mes jeunes parents, à
mes jeunes amis, et ils y trouveront cette leçon mémorable et utile,
que le patriotisme a des jouissances que l'ambition et les plus grandes
faveurs des ministres et des princes ne peuvent jamais procurer. Je
désirerois vous persuader, Messieurs, que les mots de respect et de
reconnaissance et de vénération sont trop faibles pour exprimer les
sentiments avec lesquels j'ai l'honneur d'être, Messieurs, votre très
humble et très obéissant serviteur.

Armand de la Rouerie.

*A MM. les Commissaires de la correspondance pour l'Evêché de
Saint-Malo.*

IX.

*Réponse à la lettre des C^{res} des Etats (de Rennes)
du 10 Octobre 1788.*

Messieurs,

Je reçois à l'instant votre lettre du 10 de ce mois, les sentiments que
vous avez la bonté d'y exprimer sont infiniment honorables et flatteurs
pour un homme entièrement devoué à son pays et rempli du desir de
le servir, surtout lorsque le plus haut objet de son ambition est
d'obtenir l'approbation et l'estime de ses concitoyens ; cette ambition
n'est pas modérée, Messieurs, elle est extrême ; mais vous savez par
l'expérience de vos propres cœurs qu'elle est la plus digne de l'homme
et la seule où il puisse trouver de veritables satisfactions. Telle est la
mienne, telle est celle de mes onze co-députés, ils me l'eussent ensei-
gnée si je n'étois pas si breton. La continuation d'une fièvre très vio-
lente et qui ne m'a quitté que depuis onze jours m'a privé d'aller à
Rennes rendre mes devoirs à mes compatriotes qui ont bien voulu
s'occuper des douze députés d'une manière si honorable pour eux,
permettez-moi de vous dire, Messieurs, qu'outre le bonheur personnel
que leurs bontés me font éprouver, j'y trouve le desir si respectable
d'encourager le patriotisme et de nourrir la concorde et l'unanimité à
l'approche d'un tems où ces moyens appuyés des connaissances qu'un
bon concitoyen ne peut manquer de se procurer vont nécessairement

déterminer et fixer la tranquillité. C'est sans contredit à ceux qui
auront inspiré ces sentiments qu'appartiendra l'honneur de la révolution, c'est à eux qu'appartiendront les beaux titres de pères, d'amis,
de défenseurs de leur patrie. Vous avez déclaré par votre conduite,
Messieurs, que vous seriez du nombre de ces êtres célèbres, je vous
prie de partager les sentiments que je leur dois et d'agréer l'hommage
de ma reconnaissance, de mon attachement et de mon respect (1).

* * *

X.

Reponse à la noblesse du Comté Nantois.

Messieurs, votre lettre du 22 Octobre que vous avez la bonté de
m'adresser au nom de la noblesse du Comté Nantois ne m'est parvenue
que hier. Cette démarche infiniment honorable pour moi me fait
regretter, Messieurs, de n'avoir pas fait davantage pour la mériter et
me rend impatient de trouver des occasions essentielles de vous temoi-
gner ma reconnaissance et de mettre en action les sentiments que j'ai
voués à mon pays et que vous excitez, Messieurs, d'une manière si
digne de patriotes tels que vous. En même temps que je suis pénétré
de ces sentiments, il en est un autre, Messieurs, sur lequel je serois
coupable envers mon cœur et mon pays de garder le silence lorsqu'il
est question de l'objet qui m'attire des éloges aussi flatteurs, c'est la
justice que je dois à mes co-députés, la conduite qu'ils ont tenue dans
toutes les circonstances de la députation etoit un modèle trop séduisant
pour l'homme de bien pour lui permettre d'autre désir que celui de
s'y conformer (2).

(1) Sans date, ni signature, mais entièrement écrit de la main d'Armand
de la Rouërie.
(2) Sans date ni signature, écrit de la main d'Armand de la Rouërie.

CHAPITRE IV.

Investissement du château de la Rouërie.

Julien Thomas La Lande et Julien Boyvent.

CHAPITRE IV.

Investissement du château de la Rouërie.

Julien Thomas La Lande et Julien Boyvent.

Villers.

INVESTISSEMENT DU CHATEAU DE LA ROUËRIE.

I.

*La Municipalité de Saint-Ouen de la Rouërie au Directoire
du district de Dol* (1).

29 mai 1792.

Nous vous envoyons un exprès pour vous donner connaissance d'un
rassemblement d'hommes qui se fit la nuit dernière au château de
la Rouerie. Il s'en est assemblé plus de 200 ; ils y ont passé la nuit
armés de fusils, de sabres et de pistolets ; ils se retirent le jour. Il en
est passé en escouade, à trois heures du matin, par notre bourg ; ils
étaient au nombre de 20 à 30. Toutes les paroisses et nos environs
sont dans la plus grande désolation du monde. Ces brigands menacent
les citoyens de leur mettre le feu dans leurs maisons. Cela étant,
nous vous prions de vous joindre avec nous ; notre garde nationale
n'est nullement en défense, parce qu'elle n'a point d'armes. Envoyez
nous donc un réquisitoire pour que nous puissions requérir la force
publique. Il en est temps. Ils se rassemblent aussi dans le château
Portail, et dans une maison que l'on appelle Plaisance et qui est dans
le milieu du bois de Gastine, je vous le répète, Messieurs, donnez-nous
un réquisitoire ; nous l'attendons avec impatience. Antrain est tout
prêt à partir pour arrêter tout ce monde ; il faut que nous soyons
en force.

Signé : Tristet, Paufors, Médignac.

II.

Délibération du Directoire du district de Dol (2).

Du 30 mai 1792, l'an 4 de la liberté.

Présents Messieurs de La Bigne, vice président, Fristel, Plainfossé
et Merdrignac, administrateurs du Directoire. M. le Pr. Sc. absent
pour cause de maladie.

(1) L. Chassin « La préparation de la guerre de Vendée. »
(2) Archives d'Ille-et-Vilaine, 2 L. 16 ᴮ.

A l'ouverture de la séance, un exprès envoyé de la part de la Municipalité de Saint-Ouen de la Rouërie, est entré et a déposé sur le bureau, un paquet à l'adresse de cette administration, par la lecture duquel il a été appris, qu'il se fait au château de la Rouërie, dans celui du Rocher Portail et dans une maison nommée Plaisance au milieu du bois de Gatine, des rassemblements d'hommes armés ; et que dans la nuit du 28 au 29 de ce mois ces rassemblements montaient à environ deux cents hommes, avec sabres, fusils et pistolets ; qu'ils se retirent le jour et plus particulièrement le matin par escouades de 20 à 30 hommes ; que toutes ces dispositions alarmantes agitent les esprits et en font craindre de funestes suites, lequel exposé se termine par un réquisitoire d'une force publique, sur quoi le Directoire, avant de délibérer, s'est fait représenter par son secrétaire une lettre écrite à cette administration le 28 courant, par la Municipalité de Pontorson, laquelle apprend que dans ces lieux on établit des redoutes garnies de canons et le surplus est confirmatif de la vérité de ces faits ; surtout quoi, les administrateurs susdits, considérant que leur devoir le plus sacré est de maintenir, par les voies que la loi indique, la paix et la tranquillité publiques, que les voies les plus sûres sont, attendu l'urgence, de requérir et mettre en mouvement une force publique suffisante et d'en instruire aussitôt le département ; qu'enfin, les mesures toujours efficaces, le sont bien davantage quand on prévient les dangers auxquels une fausse prévoyance peut conduire ; qu'il est donc nécessaire de nommer un commissaire civil pour s'assurer, autant qu'il lui sera possible, si toutes les dispositions inquiétantes existent, et dans ce cas juger si la force publique qui l'escortera est capable d'extirper tous les sujets de crainte, ou si elle ne l'est pas, requérir lui-même une plus grande force, afin de prévenir le sacrifice des citoyens qui l'assisteront ; agir au parsur avec prudence et zèle, pour le bien de tous et le bon ordre, sont d'avis et arrêtent qu'il soit sur le champ écrit au district de Fougères, aux municipalités de Pontorson, Dol, Antrain et Saint-Ouen de la Rouërie, ainsi qu'à la gendarmerie nationale de cette ville pour requérir et former un corps de gardes nationaux et gendarmes armés qui se réuniront demain à Antrain, pour se concerter ensemble sur leur marche et recevoir les premiers ordres de M. de la Bigne choisi pour commissaire civil, sur la prudence duquel les bons citoyens peuvent compter, et qu'à cet effet il soit sur le champ dépêché pour ces différents lieux, même pour la gendarmerie de Saint-Servan des exprès chargés de lettres portant le vœu de ce directoire.....

Avenant les cinq heures de relevée, est entré le sieur Hodouin procureur de la commune d'Antrain, lequel a déposé sur le bureau un paquet à l'adresse de cette administration, dont il a été chargé par un exprès s'en retournant de Rennes pour se rendre à Avranches; ouverture faite de ce paquet, il s'y est trouvé une lettre écrite à ce Directoire par celui du département le 29 de ce mois, en lui envoyant copie de celle qu'il vient de recevoir du district d'Avranches, ainsi que des deux y référées pour lui faire part des inquiétudes qui s'élèvent sur le compte de M. Tuffin de la Rouërie, et de l'alarme qu'ont jeté dans les paroisses circonvoisines, les rassemblements qui se font journellement chez lui d'hommes armés et pour le prier de prendre sur le champ les renseignements nécessaires sur ces rassemblements, et les approvisionnements d'armes et de munitions et d'employer les moyens propres à procurer promptement la paix et la tranquillité. Sur quoi délibéré les administrateurs susdits, ont déclaré s'en référer entièrement à leur arrêté du matin de ce jour.

Signé : PLAINFOSSÉ, MACÉ.

III.

Le 30 mai 1792. La Municipalité de Dol assemblée composée de Messieurs Lemercier, maire, Tallon, Delouche, Etiennont, officiers municipaux (1).

A été donné lecture d'une lettre missive en date de ce jour écrite à la Municipalité de la part de Messieurs les Administrateurs du Directoire du district de Dol pour se rendre demain matin à la tête d'un piquet de 20 à 25 hommes à la maison de la Rouërie où se forment des attroupements.

Copie de la lettre.

Dol 30 mai 1792, an 4e de la liberté.

Un attroupement qui se forme dans la maison de la Rouërie est le sujet de nos sollicitudes et des municipalités voisines; aujourd'hui un exprès est venu nous en rapporter les renseignements les plus positifs; il importe à la tranquillité publique de dissiper cet attroupement; nous avons fait partir des exprès vers les municipalités voisines de

(1) Archives municipales de Dol.

cette maison, pour les engager à requérir les gardes nationales de leur ressort, de déployer leurs forces contre ces ennemis de notre révolution. Nous devons nous attendre que la garde nationale de Dol sera jalouse de fournir de ses forces dans cette opération ; mais comme il faut prendre garde de trop affaiblir notre lieu, un piquet de 20 à 25 hommes tout au plus doit suffire. Nous espérons de votre zèle et de votre patriotisme que vous vous prêterez à nos vues en envoyant un réquisitoire au commandant de notre garde nationale de tenir ce nombre d'hommes prêts à partir demain matin pour Antrain où ils auront l'étape et le logement.

Ordonnons d'aviser le commandant de mettre 25 hommes prêts à partir demain à 8 heures du matin pour Antrain.

Signé : LEMERCIER, maire de Dol, etc.

IV.

Les membres du Directoire du district de Dol à la Municipalité de Saint-Ouen la Rouërie (1).

30 mai 1792.

Nous attendions des connaissances de votre part, Messieurs, sur les rassemblements qui se forment à la Rouërie et dont la Municipalité de Pontorson nous a instruits lundi dernier. Mais comme plus à portée de savoir ce qui se passe au milieu de vous, nous avons regardé ce qui nous venait des municipalités étrangères comme des faux bruits ; mais puisque vous nous en témoignez aujourd'hui l'authenticité, nous allons prendre sur le champ des mesures actives pour arrêter le danger qui nous menace. Aujourd'hui nous écrivons à Fougères pour avoir des forces afin de les réunir aux vôtres ; Antrain à qui nous écrivons à cet effet se joindra à vous. Tenez votre garde nationale prête et dans le plus grand ordre. Le réquisitoire à cet effet est en votre pouvoir. Nous ne pouvons vous marquer quel jour les forces que nous réclamons se joindront à vous. Nous vous recommandons le plus grand secret sur les mesures que nous prenons, vous sentez d'avance combien est important qu'elles ne circulent pas dans le public.

(1) Archives d'Ille-et-Vilaine, registre de la correspondance du Directoire du district de Dol.

V.

*Les membres du Directoire du district de Dol à la
Municipalité d'Antrain.*

30 mai 1792.

Déjà des municipalités étrangères nous avaient témoigné leur sollicitude sur les rassemblements qui se forment à la maison de la
Rouërie. Aujourd'hui ces faits nous ont été affirmés par la Municipalité
de Saint-Ouen la Rouërie qui nous a envoyé un exprès à cet effet.
Nous nous sommes sur le champ occupés des mesures convenables à
repousser le danger qu'un tel rassemblement peut occasionner ; nous
attendons des forces de Fougères qui probablement vous arriveront
demain pour se joindre à votre garde nationale que vous tiendrez
prête. Dol vous fournira autant d'hommes qu'il sera en son pouvoir.
Le point de rassemblement sera à Antrain, il vous incombe donc de
recommander des provisions de bouche et des lits pour la troupe.
Nous vous recommandons également le plus grand secret.

VI.

*Les Administrateurs du Directoire du district de Dol à la
Municipalité de Pontorson.*

30 mai 1792, 4ᵉ année de la liberté.

Nous ne pouvons qu'applaudir, Messieurs, à votre zèle et sollicitude
pour le maintien de la sûreté et tranquillité publique, nous venons
d'être également instruits par la Municipalité de Saint-Ouen la Rouërie
du rassemblement que vous nous annonciez et elle nous marque qu'il
est très considérable et qu'ils sont peut-être plus de deux cents
hommes ; comme il importe pour la sûreté de tous les citoyens et des
propriétés, que cet attroupement soit dissipé, nous avons pris le parti
d'inviter nos confrères du district de Fougères d'envoyer de suite un
fort détachement de leur garde nationale avec la gendarmerie pour
se réunir à Antrain avec ceux d'ici, nous espérons que ces forces
arriveront demain dans l'après-midi à Antrain ; nous vous invitons de
requérir et d'envoyer des gardes nationales de chez vous autant que
vous croirez qu'il sera besoin, mais néanmoins sans en dégarnir votre

ville ; nous vous invitons également d'inviter vos gendarmes à se réunir aux nôtres, demain, à Antrain ; toutes ces forces réunies ensemble se concerteront sur les moyens à employer.

VII.

Les Membres du Directoire du district de Dol à Messieurs du Directoire du département d'Ille-et-Vilaine.

30 mai 1792, l'an 4ᵉ de la liberté.

Nous avons l'honneur, Messieurs, de vous transmettre les ampliations de deux lettres, l'une de la Municipalité de Pontorson, l'autre de celle de Saint-Ouen la Rouërie ; la lecture de ces pièces vous convaincra comme nous de la nécessité de s'émouvoir et de détruire des dispositions dont les effets troubleraient la tranquillité publique. Nous nous sommes déterminés par l'urgence, à écrire au district de Fougères et a requérir un détachement de la force publique ; nous avons également écrit à même fin à Pontorson et à Antrain et nous joindrons à ce qu'il pourra se réunir de ces forces, notre gendarmerie nationale et celle de Saint-Servan ; nos gardes nationaux de Dol s'y réuniront aussi avec zèle et nous croyons pouvoir dissiper toutes les inquiétudes que font encore éclore ces repaires d'aristocratie. Si vous pensiez que nos précautions ne seraient pas suffisantes, veuillez envoyer la force que vous jugerez convenable à Antrain, où la réunion de tous nos volontaires se fera demain soir. Il est bien désagréable, Messieurs, de voir les monstres que la Constitution a terrassés, faire des tentatives inutiles dans l'accès du désespoir.

VIII.

Le Directoire du département d'Ille-et-Vilaine au général Chevigné, commandant la 13ᵉ Division à Rennes (1).

31 mai.

Nous sommes informés, Monsieur, qu'il se fait des rassemblements considérables d'hommes armés chez M. Tuffin, dans la paroisse de

---

(1) L. Chassin : *Préparation,* etc.

Saint-Ouen de la Rouërie, et on assure qu'il a été établi différentes fortifications. Comme ces rassemblements et les mouvements hostiles qui paraissent devoir en résulter causent les plus vives alarmes et exigent les mesures les plus promptes pour en prévenir les effets, nous vous prions, Monsieur, de vouloir bien donner vos ordres pour faire partir le plus promptement possible, un détachement du 36e Régiment, qui est à Saint-Servan et à Saint-Malo, pour se rendre à Antrain avec quelques pièces de canon, à l'effet de concerter les mouvements nécessaires pour dissiper les rassemblements, en arrêter les auteurs et assurer la tranquillité publique. Nous vous prions, en outre, de faire partir dès aujourd'hui pour Antrain, et relativement au même objet, un détachement du 16e de Dragons. Nous requérons en même temps le commandant de la gendarmerie de faire partir un détachement de cette garde avec deux pièces de canon.

IX.

District de Dol (1).

Séance extraordinaire du 1er juin 1792, an 4 de la liberté, ouverte à 3 heures du matin en présence de MM. Fristel, Plainfossé et Merdrignac, administrateurs du Directoire, M. le Pr. So. absent pour cause de maladie.

M. Fristel a dit qu'il vient de lui être remis à l'instant, par un exprès envoyé de la part du Directoire du district de Saint-Malo, un paquet à l'adresse de celui-ci, et qu'il a fait convoquer un bureau afin de connaître ce qu'il contient. Ouverture faite de ce paquet, il s'y est trouvé une lettre datée du 31 mai dernier, par laquelle Messieurs du Directoire du district de Saint-Malo annoncent à ceux de ce district, que conformément à l'invitation du Département, ils font partir ce jour 150 hommes de troupe de ligne et 100 gardes nationaux avec deux pièces de canon, pour se joindre aux forces expédiées de Rennes et autres réunies à Antrain, à l'effet de dissiper les rassemblements d'hommes armés qui se forment au château de la Rouërie, et prient de faire fournir à ce détachement l'étape et le logement, ainsi que le train d'artillerie et les chevaux nécessaires ; sur quoi délibéré, les

(1) Archives d'Ille-et-Vilaine, 24, 1β ᴮ.

Administrateurs susdits, ont arrêté d'écrire sur le champ à M. le Maire de cette ville, pour le prévenir de l'arrivée du détachement annoncé par l'Administration du District de Saint-Malo, afin qu'il avise aux moyens de lui faire fournir ce jour, l'étape, le logement et les chevaux nécessaires sur la route qui lui sera remise à cet effet.

A trois heures et demie est entré un autre exprès, lequel a mis sur le bureau une missive en date du 31ᵉ du mois dernier, adressée à MM. composant le Directoire de ce District, par MM. les Commissaires du département et des Districts de Fougères et de Dol, réunis à Antrain, pour leur donner avis de la fuite du sieur Tuffin et les prier de requérir M. le Commandant du détachement qui doit arriver ce jour en cette ville où il recevra l'étape et le logement, d'y rester jusqu'à nouvel ordre. Sur quoi délibéré, les Administrateurs susdits, ont arrêté d'écrire à M. le Commandant du détachement dont est cas, pour l'informer du contenu en la lettre qu'ils viennent de recevoir, et le prier de déférer au réquisitoire de MM. les Commissaires, à l'effet de quoi ils ont chargé leur secrétaire de lui remettre la lettre de cette administration à son arrivée dans cette ville.

X.

Journal de la Correspondance nº 209 (1).

Copie de la lettre écrite d'Antrain, le 1ᵉʳ juin 1792, l'an quatre de la liberté, au Directoire du département d'Ille-et-Vilaine, par M. Varin, membre du Directoire.

MES CHERS CONFRÈRES,

Je profite avec empressement d'une occasion pour vous donner de nos nouvelles et vous instruire de notre position qui vous tranquillisera ; nous arrivâmes ici hier à 6 heures du soir et la troupe à cheval qui nous suivait de près à 7 heures. Nous nous occupâmes aussitôt à prendre des renseignements utiles sur l'objet de notre mission. On nous assura que M. Tuffin avait abandonné sa maison de la Rouërie, de mardi à mercredi ; pour nous en convaincre, nous envoyâmes les brigades de Dol, Saint-Servan, Fougères, Pontorson, qui s'étaient

(1) Bibliothèque publique de Rennes.

réunies ici sous le commandement de M. Cadenne, visiter cette maison et s'assurer positivement de sa situation. De retour, il nous déclara que M. Tuffin était absent, qu'ainsi tout rassemblement était dissipé ; il ramena avec lui l'agent de cette maison et un particulier qu'ils avaient saisi dans les avenues, muni de pistolets. Sur l'indice qu'on nous donna alors, que M. Tuffin devait être refugié à la maison du Rocher-Portail, en la paroisse de Saint-Brice, nous nous décidâmes avec MM. les Administrateurs des Districts de Fougères et Dol à aller deux avec la cavalerie à cette maison y faire la fouille, et deux autres avec les gardes nationales à pied à la Rouërie, vérifier les lieux et prendre tous les renseignements possibles sur les complots et trames du sieur Tuffin. Je partis en conséquence avec M. La Bigne, administrateur du District de Dol, à 11 heures du soir, pour le Rocher-Portail, où nous arrivâmes à 2 heures 1/2 ; nous y avons fait la fouille la plus exacte sans pouvoir y rien trouver de ce que nous cherchions ; deux seuls dragons, choisis par l'officier, sont entrés avec nous, et toute la troupe s'est tenue dans le plus bel ordre. Nous nous sommes assurés que peu d'instant avant notre arrivée trois domestiques du sieur Tuffin et peut-être lui-même venaient de partir de cette maison, bien montés et armés de pistolets ; mais malgré toutes nos recherches nous n'avons pu savoir la route qu'ils ont prise. Nous sommes en conséquence rentrés ici à 10 heures ce matin où nous avons trouvé notre garde nationale avec l'artillerie arrivante ; nous écrivîmes hier au District de Dol pour y arrêter jusqu'à nouvel ordre le détachement de Saint-Malo.

M. Hévin qui est parti à minuit pour la Rouërie vient de me donner à l'instant de ses nouvelles. Il me marque qu'il y est occupé à prendre des informations qui sont très multipliées ; il ne me parle pas qu'il y ait personne. Du reste, il dit que la troupe est dans la meilleure tenue, qu'on ne connaît pas le plus léger dégât ; je viens de l'instruire de notre retour et de l'arrivée de notre détachement de Rennes en lui offrant d'aller l'aider dans ces opérations qui me paraissent plus litigieuses que guerrières.

J'ignore quand il pourra être de retour et quand nous pourrons partir ; mais soyez tranquilles et assurés que nous retournerons vers vous le plutôt possible et ramènerons la force publique aussitôt que sa présence ne sera plus utile.

Signé : Varin, le jeune.

XI.

*Les Administrateurs, etc... (1) au Commandant du détachement
de Saint-Malo arrivant à Dol.*

Dol, 1er juin 1792, l'an 4e de la liberté.

Monsieur,

MM. les Commissaires du département d'Ille-et-Vilaine et des
Districts de Dol et de Fougères, actuellement réunis à Antrain, nous
ont fait parvenir à 2 heures du matin de ce jour, par un gendarme,
une lettre qui nous apprend que le département a requis un détachement du 36e regiment, en garnison à Saint-Malo, de se rendre
à Antrain avec quatre pièces de canon ; elle nous apprend également
que les différents districts ayant fourni des forces réunies à celle
de Rennes, qui sont toutes actuellement à Antrain, nous avons à vous
en informer et a vous prier et requérir de rester à Dol jusqu'à nouvel
ordre, où l'étape et le logement vous seront fournis ; les mêmes
Commissaires nous mandent que si le besoin l'exige, ils nous écriront
sur le champ pour vous appeler auprès d'eux ; ainsi, Monsieur, nous
vous prions et requérons de rester en cette ville jusqu'à nouvel ordre
et vous engageons à tenir votre troupe prête à partir au premier
réquisitoire légal.

MM. les Gardes nationaux qui accompagnent votre détachement,
sont sans doute sous votre commandement et la presente leur est
commune.

XII.

*Séance du 2 juin 1792, l'an 4e de la liberté, où ont assisté MM. Fristel,
Plainfossé et Merdrignac, seuls administrateurs du Directoire pré-
sents, attendu la commission de M. de la Bigne et la maladie de
M. le procureur Syndic (2).*

Avenant les dix heures, est entré un exprès, lequel a déposé sur le
Bureau une lettre à l'adresse de cette administration de la part de
MM. les Commissaires réunis à Antrain, en date du jour d'hier, par
laquelle ils annoncent que le résultat des visites qu'ils ont faites dans
les maisons de M. Tuffin à la Rouërie et ailleurs, donne la certitude

(1) Archives d'Ille-et-Vilaine.
(2) Archives d'Ille-et-Vilaine, 24, 16 n.

qu'il n'y a plus en ce moment de rassemblement à craindre, et prient
ce Directoire de requérir M. le Commandant du détachement actuellement à Dol, de s'en retourner ce jour à Saint-Malo.

Sur quoi délibéré, les administrateurs susdits arrêtent :

1º De donner avis du contenu en la susdite lettre, à M. le Commandant du détachement retenu en cette ville, avec prière de le reconduire
ce jour à Saint-Malo.

2º De faire passer à MM. les Membres du Directoire du District de
Saint-Malo copie de la lettre de MM. les Commissaires réunis à Antrain,
indicative du retour de la tranquillité à Saint-Ouen, et de les prier de
recevoir l'assurance de la plus entière reconnaissance du zèle qu'ils
ont apporté, ainsi que M. le Commandant dans la circonstance.

Signé : PLAINFOSSÉ, MACÉ.

XIII.

Au District de Saint-Malo.

Dol, 2 juin 1792, 10 heures du matin.

Nous vous envoyons, Messieurs et chers Collègues, une copie de la
lettre que nous venons de recevoir à l'instant des Commissaires qui
sont à Antrain, vous y verrez avec joie, comme nous, qu'il n'y a plus
rien à craindre pour la tranquillité du pays; forts du courage et de
l'énergie des forces armées que les Districts de Rennes, de Saint-Malo,
de Fougères, d'Avranches, de Saint-Servan, de Pontorson et Dol ont
montrés dans ce moment critique, nous nous persuadons que le bon
ordre ne peut plus être troublé et que les conspirateurs contre l'Etat
se livreront désormais au désespoir de ne pouvoir réussir dans leurs
sanglants complots, ou seront enfin ensevelis sous leurs manœuvres
perfides.

Signé : LES ADMINISTRATEURS DU DISTRICT DE DOL.

XIV.

Au Commandant du détachement de Saint-Malo.

Dol, 2 juin 1792, 4ᵉ année de la liberté.

MONSIEUR,

Nous recevons à l'instant une lettre de Messieurs les Commissaires
du département d'Ille-et-Vilaine et des districts de Dol et Fougères

réunis à Antrain, par laquelle ils nous assurent qu'il n'y a plus en ce moment de rassemblement à craindre dans les différents lieux voisins d'Antrain ; ils nous donnent également avis de vous prier et requérir de leur part de retourner avec votre détachement à Saint-Malo aujourd'hui deux juin ; ils nous chargent d'être auprès de vous leur organe et de vous assurer de leur reconnaissance du zèle que vous avez montré ; nous vous prions et requérons donc, Monsieur, de déférer au réquisitoire de Messieurs les Commissaires et de vous rendre à Saint-Malo dans le jour. Nous sommes peinés qu'un départ aussi prompt nous sépare d'un détachement composé des véritables enfants de la Patrie et d'un Commandant aussi fidèle aux lois.

LES ADMINISTRATEURS DU DISTRICT DE DOL.

JULIEN THOMAS LA LANDE ET JULIEN BOYVENT.

I.

On lit dans la *Préparation à la guerre de Vendée* de M. Chassin, tome II, page 515 :

« Les divers papiers saisis au château de la Rouërie furent remis à l'intendant Deshayes, moins cinq, que le commissaire départemental lui fit coter et parapher. Parmi les pièces réservées, il y avait deux lettres du maire de Saint-Ouen-de-la-Rouërie, Thomas de la Lande, et du juge de paix du canton de Saint-Brice, Boivent, son beau-frère, lesquelles paraissaient contenir « des traces de connivence entre ces particuliers et le sieur Tuffin. »

« Les commissaires Labigne et La Touche d'une part, Hévin et Gaultraye de l'autre, furent chargés de s'assurer des personnes de ce maire et de ce juge de paix.

Thomas La Lande, amené, déclara :

« Qu'il avait écrit la lettre du 20 mai 1792 sur le conseil du sieur
» Boivent, son beau-frère, dans le dessein de tromper et surprendre
» le sieur Tuffin, afin de gagner sa confiance, de connaître ses desseins
» et de se saisir des hommes rassemblés chez lui, s'il était vrai qu'il
» se fit des rassemblements, ce dont il n'était pas certain ; il n'en avait
» de connaissance que par des ouï-dire, n'ayant osé se présenter chez
» lui que le 29 au matin, dans la crainte qu'il se fût porté à des excès
» contre lui ; la visite projetée et annoncée dans la lettre n'avait point
» eu et ne devait pas avoir lieu. »

. « Le juge de paix Boivent qui n'avait pas été trouvé chez lui, vint le 5, sur l'invitation du département répondre :

« La lettre saisie du 19 mai, était de son écriture ; il n'avait pas eu
» d'autre correspondance avec Tuffin ; depuis plus de vingt mois il ne
» l'avait pas vu ; sa lettre était écrite dans le dessein de calmer son
» esprit aigri contre le sieur Thomas, son beau-frère, parce que celui-ci
» avait dû faire enlever les armes et le cœur de son père déposés dans
» l'église de Saint-Ouen ; que cette lettre écrite par lui chez le sieur
» La Lande, avait été remise au sieur Deshayes, agent du sieur Tuffin ;
» qu'il s'en était ressaisi pour biffer sa signature, que le sieur Deshayes
» l'avait reprise ensuite entre ses mains ; qu'enfin lorsqu'ils se quittèrent,
» lui et le sieur La Lande, il fut convenu entre eux que la descente
» annoncée n'aurait pas lieu. »

Les agissements plus que bizarres des deux beaux-frères, relatés par M. Chassin, faillirent avoir pour eux des conséquences terribles ainsi que le prouvent les pièces ci-dessous, relevées aux Archives municipales de Dol et de Saint-Brice.

REGISTRE D'ÉCROU DE LA PRISON DE DOL.

« Le concierge de la maison d'arrêt de la ville et commune de Dol, en vertu de mandat d'arrêt, me mis en main par le citoyen Gautier juge de paix et commissaire de sûreté, nommé le 7 fructidor par les administrateurs du district duement scelé, vous êtes par moi soussigné Hamelin, huissier au tribunal du district de Dol, y élu domicile rue de la Révolution, vous ferez bonne et sûre garde de la personne de Jullien Thomas de la Lande, maire d'Ouen, la cy devant Royarie, ferez bonne et sûre garde jusqu'à nouvel ordre ; le nourrirez conformément à la loi.

» A Dol, le 14 fructidor, an 2e de la république française (31 août 1794).

» HAMELIN. »

« Le concierge de la maison d'arrêt est déchargé de Julien Thomas de la Lande, transféré à l'hôpital pour cause de maladie.

» A Dol, le 1er des sans-culotides de l'an de la République. »

« Le concierge est chargé du nommé Julien Thomas la Lande jusqu'à nouvel ordre.

» Fait à Dol, le 3 messidor, l'an 3e de la République française.

» FOULON, *caporal.*

» Déchargé le 4 messidor, 3e année (22 juin 1795).

» ALTIER, *commandant.* »

Julien-Marguerite Thomas, époux de Jeanne-Hyacinthe Boyvent, était maître chirurgien et maire de Saint-Ouen ; après ces événements, il vint s'établir à Antrain comme négociant et y mourut le 6 octobre 1814, en sa maison, rue de Paris, âgé de 61 ans.

II.

REGISTRE DES DÉLIBÉRATIONS DE LA MUNICIPALITÉ DE SAINT-BRICE.

Du 30 brumaire, an 3ᵉ de la république, une et indivisible (20 novembre 1794), devant le Conseil général de la commune de Saint-Brice assemblé, a comparu Julien-Michel Boyvent, lequel a dit : — Citoyens, depuis trente mois j'avais perdu ma liberté ; trop de facilité à croire aux propos d'un homme perfide et que je croyais aimer sa patrie et la liberté pour laquelle il avait combattu sous une autre hémisphère, a causé mes malheurs ; Tuffin la Rouërie m'avait persuadé que ses propriétés devaient être incendiées par des gens mal intentionnés qui devaient, disait-il, descendre chez lui sous prétexte de bien public ; il disait n'avoir rien à se reprocher, ni rien chez lui qui pût alarmer la tranquillité publique, qu'il savait que la municipalité de la commune devait descendre chez lui sous peu, qu'il désirait, qu'il provoquait même cette descente dans le jour ou le lendemain, s'il se pouvait ; qu'elle aurait l'effet peut-être d'arrêter celle des mal intentionnés et de sauver ses propriétés, qu'il me priait d'en faire part au maire chez lequel j'allais. Voyant tout dans l'ordre dans cette maison où pour la première fois j'avais entré, ignorant absolument la défection où était la Rouërie que je ne connaissais que de vue et auquel je n'avais jamais parlé, voyant qu'il était question de sauver des propriétés que tout citoyen doit tendre à conserver, je fais part au maire de la demande de Tuffin et lui réponds par une lettre ce que j'ai appris du maire.

Cette lettre a été trouvée parmi les papiers de rébut de l'homme d'affaires de la Rouërie, on y a trouvé, dit-on, des expressions équivoques, un mandat d'arrêt est lancé contre moi. Plus de 150 témoins sont entendus, et nul n'a déposé, ni dû déposer le moindre fait qui prouve que j'aie eu la moindre part aux mouvements de la Rouërie ; j'ai consulté les plus habiles jurisconsultes, et tous se sont réunis à dire qu'ils ne savent pas pourquoi on m'a poursuivi criminellement en cette affaire, que c'était exercer contre moi une vexation odieuse. Pour moi, j'atteste sur mon honneur que je n'ai point participé avec intention à la conspiration de Tuffin, que je n'ai connue que plus de huit mois après mon arrestation. Un sentiment d'humanité a seul causé mes malheurs.

J'ai été en arrestation tant à Dol qu'à Rennes pendant seize mois. Le huit septembre, une des portes de la maison d'arrêt se trouve ouverte : on me presse de profiter de cette occasion de m'évader, on me pousse en quelque sorte hors de la maison. Certainement cette erreur de ma part est bien excusable. Je l'ai commise à une époque où l'oppression pesait sur les têtes même libres. Carrier était arrivé à Rennes ; il avait mis à l'ordre du jour la Terreur non seulement dans les prisons, mais encore parmi les autorités constituées. Tout le monde fuyait la ville, personne ne se croyait en sûreté dans les campagnes.

Pendant le régime de la Justice, j'ai gardé mes arrêts et, comptant sur mon innocence, j'attendais, je sollicitais un jugement. J'aurais pu comme bien d'autres l'ont fait briser plus tôt mes fers, je ne l'ai fait que lorsque j'ai cru et que l'on m'avait persuadé qu'il n'y avait pas de sûreté dans les prisons. Je n'ai point usé de force ni de violence pour m'évader.

La justice et l'humanité, citoyens, sont maintenant à l'ordre du jour. La Convention nationale désire la réunion de tous les citoyens, leur rentrée dans leurs foyers. Elle accorde par le représentant du peuple Boursault, par la proclamation du 25 vendémiaire dernier publiée en cette commune le 10 de ce mois, pardon à tous ceux qui, abjurant leurs erreurs, rentreront dans leurs foyers dans le délai y fixé. Mon intention, citoyens, est de participer à cette faveur. Je n'ai ni émigré, ni porté en aucun temps les armes contre la patrie. Je n'ai en tout temps, malgré mes malheurs, cessé de faire des vœux pour sa prospérité et sa gloire. Je les continuerai jusqu'à mon dernier soupir.

Boyvent.

Le Conseil général de la commune de Saint-Brice ayant pris lecture de la déclaration du dit Boyvent de rentrer dans ses foyers suivant la proclamation du représentant du peuple Boursault du 25 vendémiaire dernier, a déclaré être satisfaite de voir ce dernier rendu à la République, revenir dans la commune ; elle n'avait jamais vu dans lui qu'un citoyen vertueux qui, depuis le commencement de la révolution jusqu'à son arrestation à sa connaissance, a professé le plus pur patriotisme et qui a rempli avec zèle et probité les devoirs attachés aux fonctions auxquelles la commune et même le canton l'avaient appelé. Elle s'est souvent rappelé ces vérités depuis l'absence du dit Boyvent ;

elles lui ont fait croire qu'il a été malheureux et non coupable.

Le Conseil général de la commune a donné au dit Boyvent acte de sa susdite déclaration et a de lui reçu le serment de maintenir de tout son pouvoir la liberté et l'égalité et de mourir en les défendant ; ordonne que par le secrétaire greffier une expédition de la présente lui sera délivrée pour lui servir au besoin.

Fait et arrêté ledit jour et an que devant.

Tropé, maire, Lecailletel, greffier.

« Le 28 février 1816, Julien Boyvent-Joramière, employé dans les droits réunis, âgé de 27 ans, demeurant à Cancale, déclare à la mairie de Saint-Brice le décès de Julien-Michel Boyvent-Joramière, âgé de 62 ans, veuf de dame Rose Gaultier-Rontaunay, décédé le jour précédent, issu de Julien-Michel Boyvent et de Jeanne Poujeol, ses père et mère (1). »

(1) Registre des décès de la commune de Saint-Brice-en-Coglès.

CHAPITRE V.

Inventaire et vente des effets mobiliers du château de la Rouërie au
profit de la Nation.

Vente des objets achetés par Mlle de Moëlien.

8

La Choltais.

INVENTAIRE DES EFFETS

APPARTENANT A TUFFIN DE LA ROUERIE

Fait par nous, maire et officiers municipaux de Saint-Ouen-de-la Rouërie, suivant la loi du 8 avril 1792 et l'avis à nous donné par les citoyens administrateurs du district de Dol du 17 octobre l'an premier de la République française (1).

1º Dans la remise avons trouvé :

Une voiture à quatre roues, un capriolet, cinq tonneaux vides, deux cuves, onze torches de cercles, une paire de roues de capriolet, une barrique vide, sept planches de bois, un plancher de carreaux non cousus, deux chartes.

2º Dans l'appartement entre la remise et l'écurie avons trouvé :

Quatre établis, quatre cents pieds de bois, un équipage avec son collier, une petite cuve.

3º Dans l'écurie avons trouvé :

Deux pouliches avec un poulain sous poil rouge, les trois d'un an.

4º Dans l'étable avons trouvé :

Une vache avec deux génisses sous poil rouge.

5º Dans la cave avons trouvé :

Deux grands tonneaux vides, un moyen tonneau plein de cidre, un autre à moitié plein, une barrique de cidre, un salloir dans lequel est vingt livres de viande, une barrique à moitié pleine de vinaigre, un mauvais tierçon, un salloir de pierre avec sa couverture de bois, un salloir de bois, trois petits barils, deux poulains de bois, plusieurs chantiers pour porter les tonneaux.

6º Dans la chambre sur l'écurie avons trouvé :

Une mauvaise armoire, deux petites tables, un lit à tombeau avec ses rideaux de toile, deux draps, deux oreillers, une paillasse, une couette, deux couvertures l'une de laine et l'autre de berne, un autre mauvais lit à tombeau avec ses rideaux de toile, deux draps, une

(1) Archives d'Ille-et-Vilaine, 1 Q, 285.

couverture, trois paillasses, six draps, trois couvertures, une couette, un coffre.

7° Dans les greniers sur l'écurie avons trouvé :

Six boisseaux de paumelle, un demicau de vanailles de seigle, quinze boisseaux de blé-noir, un grand grenier plein de paille et de foin.

8° Dans la cuisine avons trouvé :

Un tourne-broche avec ses poids, une broche à rôt, une casse, quatre casserolles de cuivre, une tourtière, une grande marmite avec sa couverture de cuivre, une autre moyenne marmite de cuivre, trois autres moyennes marmites avec leur couverture d'airain, un chaudron d'airain, une table avec ses bancolles, une autre petite table avec ses tiroirs, trois grils avec deux landiers de fer, deux pelles à feu, vingt-sept cuillères d'étain, seize fourchettes de fer, une cafetière de cuivre, un collier de cuivre, deux andouilles avec une langue de bœuf, un rôtissoir de fer blanc, une armoire à quatre battants, un grand et un petit plat d'étain, une assiette d'étain, une petite table, un réchaux, une casse de cuivre, un passe-purée.

9° Dans la décharge avons trouvé :

Une armoire à deux battants fermant à clef, un garde-manger, dix assiettes d'étain, une petite table, une petite armoire à deux battants, un gaufrier de ferme [fer?] autre petite armoire à quatre battants, vingt-cinq serviettes de toile fine, cinq nappes fines, une autre nappe de grosse toile, trois autres nappes de toile commune, vingt-six torchons, cinq plats à serte, un poêle de fer, une casserole à deux anses, une autre casserole, un moulin à café, une petite lanterne de fer blanc, sept bouteilles de verre, une mauvaise poêle de fer, deux mauvaises nappes, une mauvaise pelle de fer, trois mauvaises nappes, un mauvais bassin d'airain, des balances de cuivre, un poids de quatre livres en plomb.

10° Dans les deux chambres sur la cuisine avons trouvé :

Un lit à tombeau, une couette de plumes, deux oreillers, un traversier, une paillasse, deux draps, une couverture de fil, une petite table, quatre chaises, une moyenne armoire, une assiette d'étain, un comptoir à trois battants, une petite table, une couchette, six livres de lin en brayasse, deux livres de filasse en brayasse, un lit à tombeau, une couette, une paillasse, deux draps, une couverture de laine, une traversière, une armoire, huit chaises.

11° Dans la salle du bout de la maison avons trouvé :

Une bergère garnie de crin, quatre ciels de baldaquins garnis en toile déchine [de chine?] avec leurs vergettes de fer, un baldaquin, deux carrées de lit garnies, dix-huit vergettes de fer, un oreiller de balle, cinq coussins de fauteuils, trois paires de pinces à feu, deux crochets de fer à feu, une buis pleine de pois, sept chaises, cinq fauteuils en paille, quatre autres en jonc, un garni en soie, trois tables de nuit, un baldaquin dégarni, un paravant garni en papier, quatre cuvettes avec leurs quatre poleaux [pots à eau ?] six moyens plats de terre d'Angleterre, sept pots de chambre, trois plats de fayence, un saladier, un pot de fayence avec deux anses, une boîte à thé de fer blanc, deux garnitures de cheminées, un réchaud de cuivre, deux plats à soupe, quatre grands plats en fayence, une boîte où sont renfermés seize couteaux de table, quatre huiliers, deux en verre, deux en fayence, trois plats de fayence, cinq petits plats à dessert, un sucrier, deux plats à crème avec leur couvert, une théière, un pot et un saladier de fayence, un baldaquin, une bassinoire de cuivre, sept garnitures de lits non complets tant dessus que dessous, deux grandes boîtes remplies de fayence de Jersey, une armoire à deux battants avec ses tiroirs, quinze paquets de cartes à jouer, trente-deux serviettes de toile fine, une pente de garniture de lit en soie garnie de toile, trois nappes, un mauvais peignoir, une petite table, une malle contenant différents effets que Deshays nous a déclaré appartenir au sieur Tuffin de Fougères.

12° Dans la salle joignant celle ci-dessus avons trouvé :

Huit portraits de différents sexes et dorés, deux chenets, huit fauteuils garnis en soie couverts de toile, cinq fauteuils en paille, deux chandelliers d'attache en cuir doré, six cuvettes de table, une boîte à jeu, une pareille boîte remplie de marques, quatre tasses de bois, soixante et dix-neuf assiettes de fayence et porcelaine, trois plats et quinze assiettes d'étain, une cafetière garnie en cuivre, deux réchaux de table, deux plats à confiture, une boîte remplie d'épingles à friser, sept petits pots à crème, un sucrier, trois grandes écuelles de Jersey [de grès ?] deux sucriers de fayence, huit tasses à café, quatorze soucoupes, un ballot de bougies, un grand porte-feuille fermant à clef, une boîte couverte en cuivre [en cuir ?]

13° Dans la salle sur gauche en entrant avons trouvé :

Une pince avec une pelle à feu, deux chenets, un baromètre, dix-sept portraits de différents sexes (1) dont une partie dorée, une bergère garnie, deux fauteuils bourrés de crin, douze chaises, une petite

(1) Nous ignorons ce que sont devenus ces nombreux portraits. Un seul est resté à Saint-Ouen, chez Mme veuve Maheu. C'est, croit-on, celui du duc de Bourgogne.

armoire à deux battants, trois moyennes tables, soixante assiettes de fayence, neuf plats de serte de terre d'Angleterre, un plat à confiture, deux plats de terre d'Angleterre, huit bouteilles de verre, vingt-huit verres à liqueur, un huillier, quatre verres, un cor de chasse, un pannier plein de verres à liqueur, un réchaux de table en cuivre, sept bouteilles de verre.

14° Dans celle joignant celle ci-dessus avons trouvé :

Deux chenets, des pinces à feu, dix fauteuils garnis, deux bergères garnies, un oreiller plume, sept fauteuils avec quatorze coussins, une table de nuit avec un pot de chambre, cinq tables de jeu, un lit avec sa paillasse son matelas et son ciel, une grande glace ayant environ trois pieds de large sur sept pieds de haut.

15° Dans les chambres avons commencé par la première du bout, vers le levant, ou nous avons trouvé trois armoires, deux lits à tombeau, huit chaises.

16° Dans celle y joignant avons trouvé :

Deux chenets, quatre chandelliers garnis de fleurs, quatre fauteuils avec quatre coussins, trois autres fauteuils en paille, trois petites tables, une de nuit, un fauteuil en forme de confessionnal, un grand pot de fayence, une glace de six pieds de haut sur deux et demi de large, un lit à tombeau avec un matelas, une petite table, une carrée de lit, une seringue d'étain, une commode avec trois tiroirs, une boîte renfermant un chandellier argenté, une petite armoire.

17° Dans celle y joignant avons trouvé :

Deux chenets, trois fauteuils garnis avec quatre coussins, un petit soufflet, une cuvette, un pot de chambre, un baldaquin, une couette, un paillasson, deux draps, une couverture picquée, un tabouret, un secrétaire, un livre de tragédies, trois armoires, deux battants, deux pentes de lits garnis.

18° Dans celle joignant celle ci-dessus avons trouvé :

Un lit à tombeau, une couette de plumes, une paillasse, un traversier de plumes, deux draps, une couverture picquée, une armoire, une petite table, deux chaises.

19° Dans celle joignant celle ci-dessus nous avons trouvé plusieurs effets. G. Schaffner a signé sur l'original lui appartenir.

20° Dans celle joignant celle ci-dessus avons trouvé :

Deux chenets, deux pinces à feu, un soufflet, un baldaquin avec son ciel, une paillasse avec un matelas, une paillasse, quatre chaises, une table de nuit, un cornet de fayence, une bouteille de verre, un cadre doré.

21° Dans la sixième joignans celle ci-dessus avons trouvé (1) :

Deux chenets, une pelle et pince à feu, un baldaquin dégarni, trois fauteuils garnis, deux chaises, une table de nuit, un cornet de fayence, un petit lit avec sa paillasse, ses rideaux, une petite table.

22° Dans la septième avons trouvé :

Une grande armoire à cinq battants ficelée de fil de fer, un comptoir à deux faces, une petite armoire, un écran, une petite table, deux chaises.

23° Dans la huitième avons trouvé :

Un lit à tombeau, une paillasse, une couverture de berne, un lit à tombeau avec sa carrée et ses rideaux, deux chaises et deux tables.

24° Dans la neuvième avons trouvé :

Un lit à tombeau avec sa carrée garnie d'indienne, une paillasse, une couette de plumes, un traversier, un oreiller, deux draps, une couverture picquée, trois chaises, un fauteuil, une petite armoire, une petite table.

25° Dans les greniers sur la maison avons trouvé :

Une table, sept mauvais fauteuils, un paravant, quatre boisseaux d'oignons, une cage de ferre, une buée en terre, une boîte, deux chandelliers de cuivre argentés, deux marchepieds, un pot de terre, six casseroles, une fraisière de cuivre, un pot de chambre d'étain, un passe purée de cuivre, un pupitre avec deux chandelliers, deux paravants garnis en papier, cent bouteilles de verre, quinze bouteilles de terre, vingt-quatre chaises, quatre draps, une serviette, un coffre,

26° Dans l'escalier en montant dans les chambres ci-dessus : une armoire, un marchepied.

27° Dans l'entrée de la maison : deux tables, un petit baril relié de deux cercles de fer, un pic.

28° Dans un caveau à gauche : trois pots de beurre pesant environ soixante livres.

29° Dans un autre à droite : une demie barrique de vin en bouteilles.

30° Dans la cour : huit cordes de bois, deux cents fagots, une auge de pierre, huit dindes, trois dics (?) une auge de pierre.

31° Dans le jardin : treize caisses d'orangers, cent boisseaux de pommes.

31° *(sic)*. Dans la chapelle :

Une aube, un amiel, un cordon, trois chasubles, trois étoles, une

____

(1) C'est la septième. Et les suivantes sont par suite, la huitième, la neuvième et la dixième.

Bource (?) deux cadres, quatre chaises, trois fauteuils, une cloche de métaile (?) une horloge.

Sur la partie de la cuisine une clochette en métal.

34° *(sic)*. Dans la boulangerie avons trouvé :

Trois coffres servant à boulanger, un bois de lit, une paillasse, deux draps, une couverture de berne, deux chaises, quatre petites cuves, une auge de pierre, une table, un chaudron de potin, une tuile, un trépied, une pelle de fer, une baratte, une couchette, deux draps, une couverture de berne, une paillasse, une petite table, une chaise, une seille.

35° Dans une chambre sur la boulangerie avons trouvé : vingt vannées de charbon, trois cents pieds de bois carreaux, un lit à tombeau, une paillasse, un matelas, une couette, un traversier, une couverture de berne, un oreiller de plume.

36° Dans une chambre sur la boulangerie : quatre bois de lits, une paillasse, deux draps, un vieux coffre, quatre tabourets.

37° Dans un grenier sur la boulangerie : trente boisseaux d'avoine, trois demiaux de graine de chanvre.

38° Dans le pressoir : un attelage à cheval, trois grandes cuves, une tine.

39° Dans une chambre à côté du pressoir : cent livres de chanvre, cent livres de lin, un monceau de planches, plusieurs croisées, une chèvre de bois, une scie de traverse, dix poulousiers (?) une petite charette.

40° Dans la grange : quinze boisseaux de blé-noir, huit demiaux de seigle, une partie de la grange viron la moitié de gerbes de froment.

41° Dans la maison joignant la grange : la moitié remplie de gerbes de froment.

42° Dans l'étable :

Trois ânes, une vache, deux genissons sous poil rouge.

Pour copie conforme de l'original signé :

Marie Gontier, Michel Guillou, dépositaires et gardiens des effets ci-dessus mentionnés et qui est au Greffe de Saint-Ouen-de-la-Rouërie.

Signé : DELANOE, *secrét. greffier.*

La vente publique aux enchères de ce mobilier dura depuis le 14 janvier 1793 jusqu'au 28 février.

On lit sur les registres du bureau de l'Enregistrement d'Antrain à la date du 7 août 1793 :

« Reçu du citoyen René Anger, président du Directoire du district de Dol, commissaire nommé à la vente de la Rouërie, montant au total de 8,778 livres 6 deniers, la somme de 412 livres, un cautionnement de Racinais s'élevant à la somme de 2,910 liv. 10 s., et en outre 51 liv. 3 s. de frais donné par Jean Brégaint et Jean Dubreil sur quoi payé suivant l'état de reste du citoyen Anger, un crédit sur Michel Guillou, d'Antrain, de 156 liv. 13 s., autre sur Pistel, domestique en prison 83 liv. 17 s., deux livres 6 s. sur Perrin, y compris aussi 160 livres 13 s. 6 d. pour déboursés dudit Anger dont il m'a tenu compte en sorte que la recette égale la comptabilité en y comprenant le versement de 6,000 livres fait à cette caisse le 30 mai 1793 n° 107 dont il a été tenu compte ci. . . . . 412 l. 18 s.

Déboursé dont reçu quittance. . . . . . 160 l. 13 s. 6 d.

« Ordre du Département du 2 juillet 1793, l'an deux, au profit du citoyen Thomas, maire de Saint-Ouen, pour frais de l'inventaire et vente du mobilier d'Armand Tuffin. . . . . . . 31 liv. 5 s. »

VENTE DES OBJETS ACHETÉS PAR Mlle DE MOËLIEN (1).

Le cinq septembre 1793, nous François-René Anger, administrateur du Conseil et président de l'Administration du district de Dol, commissaire nommé par le Directoire pour la vente des effets mobiliers des émigrés ou réputés l'être de la paroisse de Saint-Ouen-de-la-Rouërie, certifions nous être ce jour transporté de notre domicile que nous faisons en la ville et paroisse d'Antrain, jointement avec le citoyen Thomas, nommé pour officier public, demeurant audit Antrain, pour procéder avec nous aux opérations qui nous sont defférées au lieu de la Rouërie, paroisse de Saint-Ouen-de-la-Rouërie, distant de nos domiciles d'environ une lieue, pour procéder à la vente des effets mobiliers d'Armand Tuffin et de la Tronjolly émigrés, où étant arrivés viron les neuf heures du matin de ce dit jour, nous avons fait rencontre des citoyens Julien Thomas, maire, et Jean Barbe, procureur de la commune de ladite paroisse de Saint-Ouen, commissaires nommés par ladite commune pour être présents aux ventes des effets mobiliers desdits émigrés qui seront faites à notre diligence ; en conséquence avons procédé à ladite vente comme suit :

Un bidet et une baignoire adjugés après plusieurs enchères, à Jacques Perrin, d'Antrain.	4 l.	6 s.
Une armoire en comptoire, à Jean Lebigot.	16	
Une cuvette en fayence, à Lesainthomme.	7	5
Une table de jeu, à la citoyenne Richard, d'Antrain. .	13	15
Un écran, à Cailletel.	2	1
Une échelle marchepied, au même.	1	5
Un réchaud, à Jamault, d'Antrain.	6	10
37 bouteilles de verre, au curé de St-Ouen-de-la-Rouërie	7	10
Une pince à feu, un pot à fleur, à Lesainthomme. . .	3	
Une petite casserolle en cuivre, un petit écran, un almanach, à Hener, d'Antrain.	6	5
Une autre casserolle et un gaufrier, à Bertrand Juhel.	8	6
Trois boisures de fauteuils, à Aumont, de Saint-Brice.	3	

(1) Archives d'Ille-et-Vilaine, 1 Q, 285.

Deux chaises paillées, à Julien Pottier. . . . . 4 lv. 2 s.

Deux autres chaises paillées, à Thomas-Yves Bénard,
    d'Antrain. 4

Un petit tabouret, à Bertrand Juhel. 6   5

Un fauteuil garni en soie avec son coussin et un vieux
    bois de fauteuil, au curé de La Fontenelle. 20   5

Une armoire à trois venteaux, sans clef, à Bertrand Juhel 44   10

Deux encoignures garnies de papier, à Perrin. 3   8

La tapisserie et l'encoignure en papier du cabinet, à
    Ménard, curé de Cogles. 33

La tapisserie en papier de la chambre, à Hérissé, chi-
    rurgien. 80

Une grande glace après plusieurs, à Pierre Legendre,
    de Pontorson. 225

Un lit baldaquin garni d'indienne de la chine, sans
    rideaux, avec ses vergettes de fer, à Pierre Legendre 120

Une bergère avec son coussin, à Pierre Hodouin,
    d'Antrain. 105

Un secrétaire avec dessus de marbre, à Vallé, curé
    de La Fontenelle. 100

Une grande table avec ses trétaux, au citoyen curé
    de Cogles 10

Un mauvais bois de lit avec sa carrée, au citoyen
    Mazurier. 6   5

Ce qu'il y a de cidre dans le vieux tonneau, à charge de
    rendre le tonneau à Guillou, demeurant à Antrain. 101

Une tonne de cidre, fût et liqueur, au citoyen Aumont,
    de Saint-Brice. 120

Deux grands tonneaux vides, audit Bertrand Juhel. . 50

Une petite table avec perce-vin, à Bertrand Juhel. . 3   5

Une autre petite table, au citoyen curé de Cogles. . 4   1

Une autre petite table carrée, à Madame Giraudroux. 5   1

Quatre fauteuils avec leurs coussins, dont deux avec
    leur dossier, à B. Juhel. 40   5

Un marchepied, au citoyen curé de Cogles. 2   14

Une mauvaise table avec trétau, à Louis Dugué,
    d'Antrain. 5   15

« Et ce sont tous les effets qui se sont trouvés sous les scellés apposés
par la Municipalité de Saint-Ouen à la Maison de la Rouërie et au

village de La Lande en ladite paroisse, dont calcul en fait s'est trouvé monter sauf erreur de git et calcul à la somme de onze cent soixante-dix-neuf livres 19 sols.

Fait et arrêté ledit jour que devant aux six heures de l'après-midi sous nos seings.

Julien THOMAS, *commissaire,* BARBE, *commissaire,* ANGER.

« Reçu du citoyen François-René Anger, commissaire, nommé par le District de Dol, pour faire la vente des effets mobiliers achetés à la vente de la Rouërie, par Thérèse Moëllien, dite Tronjoly, condamnée à mort par jugement du Tribunal Révolutionnaire de Paris, du 18 juin dernier (lesquels effets étaient restés à la Rouërie) ledit citoyen Anger étant chargé des deniers de cette vente en date du 5 septembre 1793, reçu de Besnard, huissier, enregistré le 6 du même mois, la somme de 1,179 liv. 19 s., savoir celle de 958 liv. 19 s., pour le montant du produit des effets vendus à ladite Moëlien, et celle de 221 liv. pour prix de deux tonneaux de cidre qui étaient au village de La Lande et qui furent déclarés appartenir à Armand Tuffin, par Pierre Berthelot, chez qui ils étaient, de plus je reconnais que le citoyen Anger m'a remis une expédition de la vente ci-dessus relatée et du procès-verbal d'estimation en date du 31 août 1793, enregistré le 3 septembre suivant (1). »

(1) Relevé au bureau de l'Enregistrement d'Antrain.

TROISIÈME PARTIE.

CHAPITRE VI.

Biens du marquis de la Rouërie, situés en Normandie, vendus
au profit de la Nation.

BIENS DU MARQUIS DE LA ROUËRIE,

SITUÉS EN NORMANDIE,

VENDUS AU PROFIT DE LA NATION.

Armand-Charles Tuffin de la Rouërie n'avait pas émigré et n'avait été ni arrêté, ni jugé, ni condamné. Est-ce pour cela que les administrateurs du département d'Ille-et-Vilaine ne firent pas procéder à la vente de ses biens ? Peut-être ; toujours est-il qu'ils ne furent pas vendus *nationalement*.

Mais il n'en fut pas de même pour les autres, ceux de Normandie ; toutefois la réalisation en fut difficile. Ils furent mis en adjudication plusieurs fois sans résultat. Enfin, peu à peu, ferme par ferme, en plusieurs années, on arriva à tout vendre sauf deux terres, celles du Mée en Sacey et de Villeneuve en Carnet.

Voici, relevé sur les registres des procès-verbaux des ventes des biens des émigrés du district d'Avranches, le résultat de ces adjudications (1) :

En l'An Deux.

1º Le Bourgneuf, en Carnet, 144 vergées, vendu 41.000 livres, à Louis Dauguet, de Carnet.

2º Le Petit-Margotin, en Carnet, 27 vergées, vendu 3.500 livres, à Lemaître, administrateur.

En l'An Six.

3º Terre et maison restant du Clos-Pont, en Carnet, 42 vergées, 400 francs de revenus, vendues 8.700 francs, à Laurent Villalard et Marie Muriel, femme de J.-B. Chevalier, de Carnet.

4º Le pré Jautay, en Carnet, 11 vergées, 300 francs de revenus, vendu 61.100 francs, à J.-J. Ménard, de Saint-James.

---

(1) Archives départementales de la Manche.

5º Le moulin de Montdenier, en Carnet, 27 vergées, 10 perches, 400 francs de revenus, vendu 70.500 francs, à Sanson Thomasse, de Sain-Lô.

6º Le Grand-Margotin, en Carnet, où il existe un vieux colombier, 136 vergées, 30 perches, 1.025 francs de revenus, vendu 210.000 fr., à Nicolas Anus, de Saint-James.

7º La Denolaye, en Carnet, 153 vergées, 1.530 francs de revenus, vendue 300.000 francs, à J.-J. Ménard, de Saint-James.

8º Le moulin du Manoir, en Carnet, 12 vergées 1/2, 311 francs de revenus, vendu 60.000 francs, à Pierre Boniface, de Saint-Lô.

9º Le moulin de Carnet, 14 vergées, 55 perches, 290 francs de revenus, vendu 75.000 francs, à Paul de l'Isle, de Briqueville.

En l'An Sept.

10º Le Gué-Maret, en Carnet, 65 vergées, 750 francs de revenus, vendu 6.050 francs, à Michel Guesdon, de Saint-Lô.

Deux pièces de terre de la même ferme, 17 vergées, 160 francs de revenus, vendues 1.285 francs, au même Guesdon.

11º Terre et ferme du Manoir de Carnet, dont..... une vieille masure, reste d'une maison de maître, avec quantité de pierres de tailles et une vieille chapelle, 51 vergées 1/2, 550 francs de revenus, vendues 4.425 francs, à Hubertine Boniface, de Cambray (Nord), sœur de Pierre Boniface, de Saint-Lô.

12º La Ménardière, en Carnet, 25 hectares, 11 ares, 66 centiares ou 123 vergées, 1.075 francs de revenus, vendue 8.625 francs, à Nicolas Houssin, de Saint-Lô.

13º Ce qui reste de la terre de la Coursinière, en Carnet, 9 hectares, 41 ares, 2 centiares ou 48 vergées, 15 perches, 425 francs de revenus, vendu 3.475 francs, à Hubertine Boniface.

14º Le petit Bas-Pincé, en Carnet et Argouges, 10 hectares, 41 ares, 42 centiares ou 51 vergées, 475 francs de revenus, vendu 3.850 fr., à Michel-Marie Guillou, fondé de pouvoirs de Julie-Marie-Agathe Châteaubriant, épouse séparée de biens d'Annibal-François de Farcy, autorisée de justice à la suite de ses droits, demeurant à Rennes, rue Saint-Georges. 16 floréal, an 7.

15º Le grand Bas-Pincé, en Carnet, 16 hectares, 50 ares, 26 centiares ou 81 vergées, 825 francs de revenus, vendu 6.675 francs, au même acquéreur que ci-dessus.

Hubertine Boniface ayant été déclarée déchue de ses droits pour n'avoir pas exécuté ses engagements, la terre et ferme du Manoir furent revendus le 25 prairial, an onze, 5.500 francs, le revenu étant estimé à 570 francs, et les acquéreurs furent M. Chaton des Morandais et son épouse Marie M. L. Is. Tuffin, l'une des héritières de l'ancien propriétaire de ces domaines.

M. Crescent, vicomte de Guiton de la Villeberge, racheta, en 1831, de M. Chaton des Morandais, les ruines du vieux Manoir et successivement, au fur et à mesure qu'il en trouva l'occasion, la presque totalité des anciens domaines possédés autrefois par ses ancêtres. Il retrouva, gravées au-dessus du portail de la chapelle construite en 1366 par Robert Guyton, les armoiries de sa famille, que les possesseurs successifs de cette seigneurie y avaient conservées.

CHAPITRE VII.

Sa Succession. — Biens situés en Bretagne.

La Mancellière.

PROCURATION.

Extrait des minutes du Greffe du Tribunal civil de première instance de l'arrondissement de Fougères.

Nous soussignées, Marie-Marthe-Louise-Isidore Tuffin, épouse et autorisée de Eugène Chaton des Morandais et Catherine-Charlotte-Armande Tuffin, ledit Chaton des Morandais en autorité, demeurant en la commune de Rennes, héritières sous bénéfice d'inventaire d'Armand-Charles Tuffin de la Rouërie, donnons pouvoir et procuration au citoyen Jumelais, avoué près le Tribunal de première instance établi à Fougères, de requérir la vente de la métairie du Mée dépendant dudit bénéfice, située en la commune de Sacé, département de la Manche, afin de nous mettre dans le cas d'acquitter le droit de mutation pour le payement duquel le délai expire le vingt-quatre nivose prochain, en ce qui concerne les biens situés dans le département d'Ille-et-Vilaine; de requérir également la vente du bois de Rihain encore indivis, situé en la commune de Marcillé-Robert, arrondissement de Vitré, au cas que le produit de la métairie du Mée ne serait pas suffisant pour l'acquit du droit de mutation, de faire à ce sujet toutes les suites et formalités nécessaires pour parvenir le plus promptement possible à cette vente.

Nous l'autorisons en surplus à déclarer à la justice et aux créanciers, qu'outre les biens fonds dépendant du bénéfice et dont l'état sera fourni, il existera, dans ladite succession, onze contrats (1) sur le gouvernement des États-Unis d'Amérique, montant ensemble à un capital de cinquante sept mille neuf cent cinquante-une livres douze sous, lequel capital a produit des intérêts pendant plusieurs années non acquittés; que les contrats furent emportés en Angleterre par ledit Armand Tuffin de la Rouërie, qui les déposa aux mains de Tuffin de Villiers qui les a remis à Marthe-Marie-Claire de Farcy, veuve Tuffin Rouërie, qui les a rapportés en France.

Qu'il dépend de la même succession, une partie d'un constitut indivis provenant de la succession de feue Madame Tuffin des Portes

(1) Ces contrats sont de janvier, février et avril 1784. — Note de M. de Champsavin.

Rouërie et due aujourd'hui par la famille de Guerry, demeurant à Rennes, laquelle partie de constitut doit s'élever à trois mille deux cent quatre vingt dix-sept livres dix-neuf sous sept deniers; en conséquence de nous faire autoriser à déposer soit au Greffe dudit Tribunal, soit chez un notaire de Fougères, les pièces justificatives de ce crédit, pour être certifiées et inventoriées conformément à la loi.

A Rennes, le 5 vendémiaire, an douze de la République.

Approuvé l'écriture : CATHERINE-CHARLOTTE-ARMANDE TUFFIN.

Je déclare autoriser mon épouse et consens à la vente de la métairie ci-dessus spécifiée, et dans le cas qu'elle ne suffise pas, le bois ci-dessus mentionné.

A Rennes, le cinq vendémiaire an douze.

CHATON DES MORANDAIS. TUFFIN CHATON DES MORANDAIS.

BIENS SITUÉS DANS LES ANCIENS CANTONS
D'ANTRAIN ET DE BAZOUGES-LA-PÉROUSE.

Relevé fait au bureau de l'Enregistrement d'Antrain.

BIENS DE L'ÉMIGRATION ARMAND TUFFIN.

Le château de la Rouërie, en Saint-Ouen.

Les terres du Plessis-Guerrier, du Vau-Hulin, du Haut-Chastelet, du Bas-Chastelet, de la Gaucherais, en Saint-Ouen.

La terre de la Motte, en Antrain.

Le bois-taillis de Bannière, en Saint-Ouen.

Le moulin de Malheute, en Tremblay.

Les terres du Chesnays, en La Fontenelle (1).

La terre et le moulin des Portes, en Bazouges-la-Pérouse.

BIENS DE L'ÉMIGRATION VEUVE TUFFIN.

La terre de la Cour-des-Landes, en Saint-Ouen.

Les moulins du Vau-Hulin et du Val, en Saint-Ouen.

La Grande-Auberge, au bourg de Saint-Ouen.

La maison de l'Ecu, avec jardin, audit bourg.

(1) Le 1 frimaire, an 4, Louis Pincé, dit Condé, fermier de la terre du Chesnays, payait au bureau d'Antrain 56 livres 12 sols pour la dîme de l'an 2, et autant pour la dîme de l'an 3.

En 1791, Armand Tuffin payait au bureau d'Antrain 3.500 livres d'impôt foncier et 200 livres d'impôt mobilier; sa mère, en 1792, 728 livres d'impôt foncier.

Toutes les terres de la Rouërie furent « données pour douaire à » Thérèse de la Belinaie, veuve d'Anne-Joseph-Jacques Tuffin, par » arrêté des 19 vendémiaire et 24 brumaire an onze (18 octobre et » 15 novembre 1802) avec jouissance à compter du six prairial an » neuf (26 mai 1801), époque de son premier arrêté de rédaction. »

État des biens de Tuffin de la Rouërie, relevé sur le cahier des charges de la vente /1813/ (1).

1er Lot. — Le château et la métairie de la retenue : Quatre salles, six chambres, deux cabinets et greniers. Autre bâtiment à côté, consistant en une cuisine, un office, deux chambres, un grenier.

Autres bâtiments à l'extrémité de la cour, consistant en une remise, une cave, une menuiserie servant d'étable, deux chambres, une vaste écurie pavée, double, grenier à fourrage (2).

Un logement où est un pressoir, pile de pierres (3), chambre, boulangerie, four, latrines et charbonnier.

Un vaste jardin muré, un terrain labourable en partie muré, nommé la Furetière, un puits près la cuisine, deux placis (terme du rapport d'expert) (*sic*), un autre puits, plusieurs pièces de terre labourables, bois, pré. 43h 50a

Revenus estimés. . . . . 1.117 fr.

2e Lot. — La métairie du château, cave, deux étables, etc., cour, jardin, affermée à Georget. 730   9   1 21c

3e Lot. — Métairie du Vau-Hulin, terrain vague, où se trouve un colombier, affermée à F. Durand. 1.110   30 55 7

A reporter. . . . . 2.957 fr. 83h 06a 28c

(1) Archives du Greffe du Tribunal civil de Fougères.
(2) Au fronton d'une porte, on lit la date de la construction de ce bâtiment (1791).
(3) Un tour de pile pour piler des pommes.

Report. . . . . . 2.957 fr. 83ʰ 06ᵃ 28ᶜ

4ᵉ Lot. — Le moulin du Vau-Hulin, loué à François, Jean, Pierre et Charles Burgot, avec le moulin du Val 900   02   29   79

5ᵉ Lot. — Le moulin du Val   48   59

6ᵉ Lot. — Le Plessix, loué à Bertrand Juhel.   780   28   66   7

7ᶜ Lot. — Petite métairie du bourg, louée à Michel Guillou, régisseur 320   6   68   21

8ᵉ Lot. — Le bois de Bannière, revenu annuel estimé 240   38   87   30

9ᵉ Lot. — La Motte, louée à Pierre Faligot.   300   4   7   13

10ᵉ Lot. — Le Bas-Chastelet, loué à Joseph Provost 600   26   38   20

11ᶜ Lot. — Le Haut-Chastelet, loué à Jacques Canto 676   29   19   6

12ᵉ Lot. — La Gaucherais, louée à Julien Gavard.   410   26   36   12

13ᶜ Lot. — Le moulin de Malheute, loué à Jacques Pranveil 426   4   61   61

14ᶜ Lot. — Le Chesnay, en La Fontenelle, loué à Jean Beaudry 520   15   69   10

15ᵉ Lot. — La métairie des Portes, louée à Perrine Gazengel, veuve Julien Nourry . . 600   34   36   79

16ᵉ Lot. — Le ci-devant moulin des Portes en Bâzouges, revenu annuel estimé 52   1   45   77

Total (1). . . . . 8.781 fr. 350ʰ 30ᵃ 43ᶜ

ESTIMATION DU BOIS EXPLOITABLE.

Dans le 1ᵉʳ lot, pour	8.000 francs.	
— 3ᶜ —	1.800	
— 6ᶜ —	860	
— 10ᵒ —	240	
— 11ᶜ —	730	
Total.	11.630 francs.	

(1) Ce total est chiffré dans l'original : 8.749 fr. — 302ʰ — 20ᵃ — 27ᶜ.

CHAPITRE VIII.

Ses dettes. — Liquidation des biens situés en Bretagne.

Différentes créances d'émigrés (1).

NOMS D'ÉMIGRÉS.	CRÉANCIERS.	NATURE DES CRÉANCES	DATES DES AVIS OU ARRÊTÉS.	MONTANT DE LA CRÉANCE.		OBSERVATIONS.
Charles Tuffin,	Françoise Gaillard, Veuve Richer,	. . . .	. . . .	. . . . . .		a retiré sa demande.
Armand Tuffin,	F. Lorin, domestique,	gages,	6 juillet 1793,	70 fr.		14 mois de gages.
Armand Tuffin,	Gilles Delarue,	gages,	13 juillet 1793,	78		pour 78 jours de gages.
Tuffin Rouërie,	Gautier,	triage de papiers,	15 fructid. an 2	61	10	
Tuffin Rouërie,	Guillou et femme,	gardes-meubles,	22 fructidor,	494		
Veuve Tuffin,	Charles Garderel,	acte obligatoire,	27 brumaire,	160		
Veuve Tuffin,	Marguerite Truellon,	gages,	28 brumaire,	42		

(1) Archives d'Ille-et-Vilaine, série L.

Jugement réglant l'ordre des créanciers Tuffin de la Rouërie,
7 juillet 1812 (1).

Entre le sieur Jacques-Louis-Henri-Michel de Monthuchon, administrateur provisoire, commis par jugement du Tribunal de première
instance de Rennes, du 21 mars 1810, pour prendre soin de la
personne et des biens de dame Marie-Marthe-Louise-Isidore Tuffin,
épouse séparée de corps du sieur Eugène-François-César Chaton des
Morandais et poursuivie à fin d'interdiction, — et demoiselle Catherine-
Charlotte-Armande Tuffin, fille majeure, — tous propriétaires,
demeurant en la ville et commune de Rennes, lesdites dames Marie-
Marthe-Louise-Isidore et Catherine-Charlotte-Armande Tuffin, sœurs
germaines, héritières sous bénéfice d'inventaire de feu sieur Armand-
Charles Tuffin de la Rouërie, leur cousin germain, et ledit sieur de
Monthuchon et ladite demoiselle Catherine-Charlotte-Armande Tuffin
aux qualités ci-dessus exprimées, poursuivant l'ordre des créanciers
dudit bénéfice d'inventaire et demandeurs aux fins de leur écrit du
12 août 1809, représentés par Mᵉ Julien Garnier, leur avocat, etc.

Contre les sieurs Michel-François et Pierre Richer, enfants et
héritiers de feue Catherine Gaillard, veuve Richer, leur mère, laquelle
était héritière de Michel Gaillard, son père, demeurant à Saint-Ouen-
de-la-Rouërie, créanciers opposants dans le susdit inventaire, et
demandeurs aux fins de leurs moyens d'opposition, du 3 messidor,
an XII, etc.

Représentés par Mᵉ Michel Roussel, leur avoué, et avoué le plus
ancien de ceux des créanciers opposants.

Le sieur Louis Spiridion Frain de la Villegontier et dame Mélanie-
Désirée Frain, sa sœur, épouse et autorisée du sieur Jacques-François
Le Fournier Dyauville, tant en leurs privés noms que comme héritiers
des sieurs Jean-René et Charles-Marie Frain, leurs frères, lesdits
sieur et dame Frain de la Villegontier et Dyauville, suite et diligences
du sieur Guillaume-François Delabigne de Villeneuve, leur procurateur opposants audit bénéfice d'inventaire et demandeurs aux fins
de leurs moyens d'opposition, du 4 floréal, an XII, etc.

Représentés par ledit Mᵉ Roussel, aussi leur avoué.

(1) Au Gref du Tribunal civil de Fougères.

Les sieurs François Lehérissé, officier de santé, Jean-François Lehérissé, Jeanne Lehérissé, veuve Beillard, Jean Le Court mari et procureur d'Agathe Lehérissé, Anne Bertel veuve d'autre François Lehérissé, en privé nom et comme tutrice des enfants mineurs issus de leur mariage, Joseph Léhérissé, Guillaume Gobert, mari et procureur de Marie Lehérissé ; Sophie Le Noble, épouse et autorisée de Joseph Juhel, Gillette Le Noble, épouse et autorisée de Joseph Nicole. — Les tous héritiers du feu sieur Pierre-François Lehérissé de la Fresnaie, leur frère et oncle. — Et demoiselle Julienne Henry, fille majeure, opposants dans le susdit bénéfice d'inventaire et demandeurs aux fins de leurs moyens d'opposition du 12 ventose an XII, etc.

Représentés par ledit Mᵉ Roussel, leur avoué.

Jean Basin, mari et procureur de Brigitte Poulard, demeurant à la Touche aux Coconniers, Jeanne Poulard, femme et autorisée de François Gardé, demeurant à la Jardais, Julienne Poulard, femme et autorisée de Gilles Pichon, demeurant à la Loctais, et Marie et Françoise Poulard, filles majeures, demeurant à la Pérussais, tous en la commune de Saint-Ouen-la-Rouërie ; agissant pour eux et consorts, héritiers de feu Henri Poulard, intervenants dans le susdit bénéfice d'inventaire et demandeurs aux fins de leurs moyens d'intervention du 14 nivose an XII, etc.

Représentés par Mᵉ Julien-Marie-Constant Quantin, leur avoué.

Le sieur Louis Le Marié, huissier, demeurant à Antrain, intervenant et demandeur aux fins de ses moyens d'intervention du 14 nivose an XII.

Représenté par Mᶜ Quantin, son avoué.

Les sieurs Pierre et Jean Fournel, frères, propriétaires, héritiers de feue dame Agnès-Catherine Dorange, veuve Fournel, leur mère, intervenants et demandeurs aux fins de leurs moyens d'intervention du 2 prairial an XII, etc.

Représentés par Mᵉ Roussel, leur avoué.

Marie Gontier, veuve de Jean Guillou, et Jean Guillou, son fils, intervenants et demandeurs aux fins de leurs moyens d'intervention du 4 messidor an XII, etc.

Représentés par Mᵉ Roussel, leur avoué.

Le sieur François-Julien Talhouet de Brignac, agissant tant en privé nom, que pour dames Marie-Eugénie Talhouet de Brignac, veuve Guiguené et Marie-Jeanne Talhouet de Brignac, ses sœurs, tous trois héritiers de feue dame Françoise-Pélagie Odye, veuve Derval, leur aïeule maternelle et ledit sieur Talhouet de Brignac auxdites qualités, intervenant et demandeur aux fins de ses moyens d'intervention du 26 thermidor an XII, etc.

Représenté par Me Roussel, son avoué.

François Colas, cultivateur, demeurant en la commune de Dompierre-du-Chemin, Françoise Colas et Pierre Gasté, son mari, demeurant à la Fumerais, en la commune de Beaucé, Jeanne Colas et Joseph Renault, son mari, demeurant en ladite commune de Dompierre-du-Chemin, lesdits Colas, enfants héritiers de feu François Colas, intervenants et demandeurs aux fins de leurs moyens d'intervention du 21 vendémiaire an XIII, etc.

Représentés par Me Simon Picard, leur avoué.

Dame Victorine-Marie-Thérèse Le Loup de Chasseloir, et le sieur Humbert de Sesmaisons, son mari, demeurant en la commune de Saint-Brice, ladite dame héritière de feue dame Louise-Charlotte Guérin, de Saint-Brice, intervenants et demandeurs aux fins de leurs moyens d'intervention du 7 frimaire an XIII.

Représentés par Me Picard, leur avoué.

Le sieur Louis-Auguste Tesson, tuteur des sieurs Zoé et Charles de Verdun, enfants mineurs issus du mariage du feu sieur Charles-René de Verdun avec feue dame Jeanne-Louise de Lorgueil, et faisant pour les sieurs Alexandre Sanson et Félix de Verdun, autres enfants majeurs, demeurant en la commune de la Mancellière, près Saint-Hilaire-du-Harcouet; lesdits sieurs de Verdun, héritiers par leur mère du feu sieur abbé de Saint-Germain, doyen de l'église d'Avranches et ledit sieur Tesson auxdites qualités, intervenant et demandeur aux fins de ses moyens d'intervention du 22 frimaire an XIII, etc.

Représenté par Me Roussel, son avoué.

Le sieur Charles-Joseph-Victor Tuffin de Villiers, de Ducy, demeurant à Avranches, intervenant et demandeur aux fins de ses moyens d'intervention du 25 brumaire an XIV, etc.

Représenté par Me Roussel, son avoué.

Jean-Baptiste Lefèvre, aubergiste, demeurant à Sézanne (Marne), intervenant et demandeur aux fins de ses moyens d'intervention du 20 février 1806, etc.

Représenté par Me Picard, son avoué.

Et le sieur Annibal-Pierre-François de Farcy de Montavalon, et demoiselle Marie Zoé, Pauline de Farcy de Montavalon, sa fille majeure, ensemble demeurant en la ville et commune de Laval, suite et diligence du sieur Guillaume-François de la Bigne de Villeneuve, propriétaire à Fougères, leur procurateur aux fins d'acte du 11 juin 1808, passé devant Mᵉ Mouton, notaire à Laval, intervenants et demandeurs aux fins de leurs moyens d'intervention du 2 mai 1809, etc.

Représentés par Mᵉ Picard, leur avoué.

Les tous créanciers ou se prétendant créanciers de la succession bénéficiaire dudit feu sieur Armand-Charles Tuffin de la Rouërie.

Vu, etc..., considérant, etc.

Considérant pour ce qui concerne la masse générale des créanciers :

1º Que la succession d'Armand-Charles Tuffin de la Rouërie s'étant ouverte au mois de janvier 1793, sous l'empire de la coutume de Bretagne, etc...

2º etc... Le tribunal ordonne que l'ordre des créanciers de la succession bénéficiaire de feu Armand-Charles Tuffin de la Rouërie sera et demeurera réglé ainsi qu'il suit :

ORDRE DES PRIVILÉGIÉS.

Au premier ordre des privilégiés, les parties ou l'avoué qui auront fait l'avance des frais du retrait et de la notification du présent jugement, etc...

Au second ordre, les héritiers bénéficiaires ou Mᵉ Garnier, leur avoué, seront payés des frais qu'ils ont faits pour la poursuite de bénéfice, la défense et la conservation des droits et actions de la succession, lesquels frais ont été liquidés à la somme de 1.167 fr. 93 c.

Au troisième ordre, Mᵉ Michel Roussel, ancien avoué des créanciers, sera payé des frais qu'il a légitimement faits en cette qualité et pour l'intérêt du bénéfice, lesquels frais ont été liquidés à la somme de 225 fr. 19 c.

Et au quatrième ordre, Mᵉ Quantin, sous-ancien avoué des créanciers, sera payé des frais qu'il a légitimement faits en cette qualité et pour l'intérêt du bénéfice, lesquels frais ont été liquidés à la somme de 137 francs.

ORDRE DES HYPOTHÈQUES.

Considérant qu'avant de colloquer les créanciers hypothécaires, chacun dans le rang qui lui appartient, il faut écarter les prétendants, dont les titres sont prescrits ou non susceptibles d'hypothèque.

Et en conséquence,

Considérant 1º pour ce qui concerne Jean Bazin, mari et procureur de Brigitte Poulard, etc... lesdits Poulard, héritiers de feu Henri Poulard et tous intervenants dans le bénéfice d'inventaire, que, par acte du 5 juin 1751, au rapport de Coconnier et son adjoint, notaires, et contrôlé à Antrain le 12 dudit mois, le sieur Anne-Joseph-Jacques Tuffin de la Rouërie, père d'Armand-Charles Tuffin de la Rouërie, constitua sur lui une rente annuelle et perpétuelle de 65 livres tournois pour le capital de 1.300 livres, au profit de Henri Poulard, etc...

Par ces conclusions,

Le tribunal déboute les héritiers de Henri Poulard des demandes par eux formées, etc...

Considérant 2° pour ce qui regarde les sieurs Pierre et Jean Fournel, etc... que par acte sous seing privé du 28 février 1754, contrôlé à Fougères le 21 août 1766, le sieur Jacques Tuffin de la Rouërie, père d'Armand-Charles, créa sur l'hypothèque de tous ses biens, moyennant la somme de mille livres qui lui fut comptée, une rente annuelle et perpétuelle de 50 livres, au profit de ladite dame veuve Fournel, mais que la créance résultant de cet acte, etc...

Le tribunal déboute lesdits sieurs Pierre et Jean Fournel, etc...

Considérant 3° pour ce qui touche les sieurs Louis-Spiridion, Frain de la Villegontier, etc... que par contrat du 5 avril 1784, passé devant Mᵉ Duclos et son adjoint, notaires à Fougères, y contrôlé le 14 dudit mois, dame Thérèse de la Belinaye, veuve du sieur Jacques de la Rouërie et faisant et agissant pour le sieur Armand-Charles Tuffin de la Rouërie, son fils, dont elle s'établissait caution solidaire, créa et constitua, sur l'hypothèque de tous les biens de son fils et des siens propres, moyennant la somme de 11.474 livres 9 sous 3 den. qui lui fut comptée, une rente annuelle et perpétuelle de 573 livres 14 sous 6 den., au profit des sieurs et demoiselle Louis-Spiridion, Charles-Marie, Jean-René et Mélanie-Désirée Frain;

Que, par un autre contrat du 16 dudit mois d'avril 1784, au rapport des mêmes notaires et contrôlé à Fougères le 28, ladite dame Thérèse de la Belinaye faisant et agissant pour le sieur Armand-Charles Tuffin de la Rouërie, son fils, dont elle se portait caution solidaire, emprunta encore, des sieurs et demoiselle Charles-Marie, Jean-René et Mélanie-Désirée Frain, mineurs pour lesquels agissant leur tuteur honoraire, une somme de 8.525 livres 10 sols 9 den., au moyen de laquelle elle déclara constituer, sur l'hypothèque de tous les biens dudit sieur de la Rouërie et des siens propres, une rente annuelle et perpétuelle de 426 livres 5 sols 6 den., au profit desdits sieurs et demoiselle Frain;

Que, par une disposition expresse de chacun de ces deux contrats, la dame de la Rouërie s'obligeait de les faire ratifier par le sieur Tuffin de la Rouërie, son fils, et qu'en effet, par deux actes sous seing privé, portant la date du 12 may 1785 et enregistrés à Fougères le 3 vent. an XII, le sieur Armand-Charles Tuffin de la Rouërie ratifia les contrats des 5 et 16 avril 1784 et s'obligea personnellement au service des deux rentes constituées dont il s'agit.

Que les sieurs et demoiselle Frain, etc...

Le tribunal deboute le sieur Frain de la Villegontier et ladite dame Le Fournier Dyauville, sa sœur, etc... et les renvoie à ce qui sera réglé ci-après pour les créances chirographaires.

Passant au règlement de l'ordre des créanciers hypothécaires.

En premier lieu. — Considérant que, par contrat du 11 avril 1754, passé devant Duhil et son adjoint, notaires, et contrôlé à Antrain le même jour, le sieur Jacques-Joseph Tuffin de la Rouërie, père d'Armand-Charles Tuffin, constitua, sur l'hypothèque de tous ses biens et sous la caution solidaire du sieur Hyacinthe Vallée, notaire et procureur, une rente annuelle et perpétuelle de 306 livres 7 deniers, au profit d'Abraham Lair, moyennant un capital de 6.120 livres 12 sols, appartenant audit Abraham Lair, et qui fut délivré audit sieur de la Rouërie;

Considérant que, par autre contrat du 31 janvier 1768, passé devant Jollivet et Pontallier, notaires à Rennes, y contrôlé le premier février suivant, Françoise-Marguerite Sanson, veuve communière d'Abraham Lair de La Lande et fondée aux droits des héritiers de ce dernier, vendit et transporta à dame Françoise-Pélagie Odye, veuve du sieur François de Derval, la rente constituée par le contrat du 12 avril 1754, laquelle avait été réduite au capital de 4.600 livres et au produit de 230 livres d'arrérages par l'effet du remboursement qui avait été fait de 1.520 livres 12 sols sur la somme principale portée au contrat du 12 avril 1754 et que, par une disposition formelle du contrat du 31 janvier 1768, la veuve d'Abraham Lair de La Lande subrogea la dame Odye, veuve de Derval, dans tous ses droits, noms, actions, privilèges et hypothèques contre le débiteur de la rente;

Considérant que, par acte sous seings privés du 5 juillet 1768, etc. Que le sieur Talhouet de Brignac, dont l'hypothèque remonte au 12 avril 1754, a la priorité sur tous les autres créanciers; qu'il doit donc être colloqué au premier ordre, non seulement pour son capital devenu exigible à cause des aliénations qui ont été faites d'une grande partie des biens d'Armand-Charles Tuffin de la Rouërie (1), mais encore pour les arrérages à compter depuis le 31 janvier 1791, puisque ces arrérages ont été conservés par la demande formée devant le Directoire du district de Dol, le 31 décembre 1792, etc...

Par tous ces motifs,

Le tribunal, etc... ordonne qu'au premier ordre des hypothèques ledit sieur François-Julien Talhouet de Brignac et les dames Marie-Eugénie et Marie-Jeanne Talhouet de Brignac, ses sœurs, héritiers de feue Françoise-Pélagie Odye, veuve Dorval, leur aïeule maternelle, seront payés :

1º De la somme de 4.553 fr. 21 c. équivalant à 4.600 livres tournois, pour le capital de la rente de 230 livres, constituée, etc., ci   4.553 fr. 21

2º De la somme de 3.237 fr. 84, à laquelle se trouvent monter les arrérages de la rente depuis le 31 janvier 1791 jusqu'au 31 janvier 1812, en réduisant à l'échelle de proportion ce qui était payable en papier-monnaie et déduction faite, etc., ci . . . .   3.237 fr. 84

3º Des arrérages de l'année courante et autres à échoir, etc...

En second lieu. — Considérant que, par contrat du 13 novembre 1771, passé devant Bonenfant et Aubrée son adjoint, notaires, et contrôlé à Bâzouges le 15 dudit mois, le sieur Armand Tuffin de la Rouërie constitua sur lui et sur l'hypothèque de tous ses biens, moyennant la somme de 3.000 livres qui lui fut comptée par Michel Gaillard, sieur de la Haute-Touche, une rente annuelle et perpétuelle de 150 livres au profit dudit Michel Gaillard et que, par une clause expresse de ce contrat, il fut stipulé que dans chacun des trois ans ci-après énoncés, savoir : en cas de diminution d'hypothèque de la part dudit sieur de la Rouërie, en cas qu'il laissât accumuler cinq années consécutives de la rente, ou en cas qu'après son décès, sa succession fût répudiée ou acceptée sous bénéfice d'inventaire, le contrat de constitution demeurait de droit converti en obligation pure et simple et que Michel Gaillard serait libre d'exiger le remboursement du capital et le paiement des arrérages, lesquels arrérages ainsi que les frais que ledit Gaillard serait obligé de faire, tiendraient même hypothèque et préférence que la somme principale ;

Considérant que, par un autre contrat du 15 février 1773, passé devant Hodouin et Breillet son adjoint, notaires, et contrôlé à Antrain, le même jour, le sieur Armand Tuffin de la Rouërie constitua encore

---

(1) Allusion à la vente des biens de Normandie.

sur lui et sur l'hypothèque de tous ses biens, moyennant la somme de 2.000 livres qui lui fut comptée par Michel Gaillard, une rente annuelle et perpétuelle de cent livres, au profit dudit Gaillard, et que, par une clause expresse de ce contrat, il fut stipulé, etc... (comme ci-dessus, pour le premier contrat);

Considérant que, par un acte sous seing privé du 27 août 1786, enregistré à Antrain le 4 janvier 1793, le sieur Armand-Charles Tuffin en reconnaissant devoir au sieur Gaillard une autre somme de 2.000 livres, dont il sera question ci-après, lors du règlement des droits des créanciers chirographaires, reconnut l'existence des deux contrats de constitution de rente ci-dessus énoncés, jusqu'au remboursement des capitaux, etc...

Que les sieurs Richer, par la date de leurs titres, se trouvent en second ordre, etc...

Le tribunal, faisant droit à la demande des sieurs Michel, François et Pierre Richer, aux qualités qu'ils agissent, etc... ordonne qu'au second ordre des hypothèques ils seront payés :

1° De la somme de 2.962 fr. 96 équivalant à celle de 3.000 livres tournois. formant le capital de la rente de 150 livres, constituée par ledit contrat du 13 novembre 1771, ci. . . . . . : . . . .   2.962 fr. 96

2° De la somme de 2.511 fr. 36 c. à laquelle se trouvent monter les arrérages de ladite rente depuis le 13 novembre 1787 jusqu'au 13 novembre 1811, en réduisant à l'échelle de proportion, etc., ci. . . . .   2.511 fr. 36

3° Des arrérages, etc...

4° De la somme de 1.975 fr. 31 c. équivalant à celle de 2.000 livres tournois formant le capital de la rente de 100 livres, constituée par le contrat du 15 février 1773, ci. . . . .   1.975 fr. 31

5° De la somme de 1.759 fr. 90 à laquelle se trouvent monter les arrérages de ladite rente depuis le 15 février 1787 jusqu'au 15 février 1812, en réduisant, etc., ci. . . . .   1.759 fr. 90

6° Des arrérages, etc...

Et pour les autres demandes des sieurs Richer, les renvoie à ce qui sera réglé pour les créanciers chirographaires.

En troisième lieu. — Considérant que, par contrat du 2 décembre 1776, passé devant Jugan et Hodouin son adjoint, notaires à Antrain, y contrôlé le 4 dudit mois, le sieur Armand Tuffin de la Rouërie constitua sur lui et sur l'hypothèque de tous ses biens, moyennant la somme de 4.800 livres qui lui fut comptée par le sieur Pierre Lehérissé, de La Fresnaie, et dame Gillette Dupont, son épouse, une rente annuelle et perpétuelle de 240 livres, au profit desdits sieur et dame de La Fresnaie, etc...

Considérant que les sieurs, etc...

Considérant que la demande des héritiers Lehérissé est bien fondée quant au capital de la rente de 240 livres créée par le contrat du 2 décembre 1776, etc... mais, qu'à l'égard des arrérages, cette demande est excessive; qu'il ne paraît pas que, pendant que la Nation a été saisie des biens, etc... que, par ces raisons, les héritiers Lehérissé ne peuvent être colloqués que pour leur capital et pour les arrérages à partir seulement du 2 décembre 1798;

Considérant que, par contrat de même date que celui consenti aux sieur et dame Lehérissé de La Fresnaie, c'est-à-dire du 2 décembre 1776, passé devant Mᵒˢ Jugan et Hodouin, notaires à Antrain, y contrôlé le 10 et insinué à Rennes le 10 février 1777, le sieur Armand-Charles Tuffin de la Rouërie fit don entre vifs, à Jean Guillou, son domestique, et à Marie Gontier, sa femme, en cas qu'elle survécût à son mari, d'une rente annuelle et viagère de 50 livres, à commencer du premier mai précédent et hypothéqua tous ses biens au service de cette rente jusqu'au décès du dernier mourant, lesdits Guillou et femme;

Considérant que Marie Gontier, veuve de Jean Guillou, et Jean Guillou, son fils, etc... que la veuve Gontier doit être colloquée dans l'ordre, etc...

Considérant que le contrat de constitution consenti aux sieur et dame Lehérissé de La Fresnaie et le contrat de rente viagère consenti à Jean Guillou et femme, sont de même date; qu'aucun de ces deux actes ne fait mention de l'heure, etc... que, par conséquent, il y a nécessité de colloquer les héritiers Lehérissé et la veuve Guillou, dans le même ordre et en concurrence; qu'enfin c'est au 3ᵉ ordre, etc...

Par ces motifs, le tribunal, etc...

Ordonne qu'au 3ᵉ ordre des hypothèques, les héritiers dudit sieur Lehérissé et ladite dame Marie Gontier, veuve Guillou, seront payés en concurrence, savoir :

Lesdits héritiers Lehérissé.

1º De la somme de 4.740 fr. 74 équivalant à celle de 4.800 livres tournois formant le capital de la rente de 240 livres, constituée par le susdit contrat du 2 décembre 1776, ci. . . . . 4.740 fr. 74

2º De la somme de 2.453 fr. 35, à laquelle se trouvent monter les arrérages de ladite rente pour 13 années, depuis le 2 décembre 1798 jusqu'au 2 décembre 1811, déduction faite, etc., ci. . . 2.453 fr. 35

3º Des arrérages, etc...

Et ladite dame Marie-Gontier, veuve Guillou.

1º De la somme de 1.488 fr. 89, à laquelle se trouvent monter les arrérages de la rente viagère de 50 livres, créée par le contrat du 2 décembre 1776, depuis le 1er mai 1776, jusqu'au 1er mai 1812, etc., ci. . . . . 1.488 fr. 89

2º De la somme de 493 fr. 83, égale à celle de 500 livres tournois, pour le capital de ladite rente viagère au denier dix, si mieux n'aiment les héritiers, etc., ci. . . . . 493 fr. 83

3º Des autres arrérages, etc...

En quatrième lieu. — Considérant que, par contrat du 11 septembre 1786, passé devant Dauguet et Louvel, son adjoint, notaires, et contrôlé à Saint-Etienne, le 23, le sieur Armand-Charles Tuffin de la Rouërie fit don entre vif, à Julienne Henry, fille, d'une rente annuelle et viagère de 600 livres, nette et quitte de toutes charges et impositions et commençant à courir du 17 précédent, laquelle rente il se réserva néanmoins la faculté de faire cesser à sa volonté, en payant à ladite Henry une somme de 6.000 francs, etc...

Que la date, etc... Par ces motifs, le tribunal faisant droit, ordonne qu'au 4e et dernier ordre des hypothèques, ladite Henry sera payée :

1º De la somme de 13.579 fr. 69, à laquelle se trouvent monter les arrérages qui ont couru depuis le 17 juillet 1786, jusqu'au 17 juillet 1812, de la rente viagère de 600 livres, etc., ci. . . . 13.579 fr. 69

2º De la somme de 5.925 fr. 93, égale à celle de 6.000 livres tournois, ci. . . . . 5.925 fr. 93

3º Des arrérages, etc...   (1)

ORDRE DES CRÉANCES CHIROGRAPHAIRES.

Passant ensuite à l'examen, etc...

En premier lieu. — Considérant que, par acte sous seing privé, portant la date du 14 mai 1783 et enregistré à Fougères le 2 mai 1809, dame Thérèse de la Belinaye, veuve du sieur Jacques Tuffin de la Rouërie et prenant la qualité de faisant et agissant pour le sieur Armand Tuffin de la Rouërie, son fils, reconnut que le sieur Annibal-Pierre-François de Farcy, son cousin, lui avait prêté la somme de 10.000 livres à titre de constitut, pour payer le restant du prix principal et des intérêts d'un contrat d'acquisition fait au nom de son fils, le 16 août 1782, d'une portion des biens réels de la succession de la demoiselle de la Rouërie et que ladite dame de la Rouërie promit,

(1) Total des créances hypothécaires : 51.983 fr. 01.

pour son fils, de payer les intérêts à compter du jour de cet acte, etc...

Considérant que la dame de la Rouërie ne pouvait, sans une procuration spéciale, etc...

Par ces motifs, le tribunal déboute lesdits sieur et demoiselle de Farcy de leur demande, fins et conclusions, sauf par eux à se pourvoir vers qui ils verront à faire, etc...

En second lieu. — Considérant que, par acte sous seing privé du 28 octobre 1785, enregistré à Antrain le 4 janvier 1793, un nommé Le Loup, prenant la qualité de receveur du sieur de la Rouërie, reconnut avoir reçu du sieur Gaillard, la somme de 600 livres, qu'il promit payer à la volonté de ce dernier, etc...

Considérant que rien ne prouve que le sieur Le Loup fût autorisé à emprunter pour le sieur de la Rouërie, etc...

Le tribunal déboute lesdits sieurs Michel, François et Pierre Richer aux qualités qu'ils agissent, de leur demande, etc... sauf à eux à se pourvoir, s'il y a lieu, vers qui ils verront avoir à faire.

En troisième lieu. — Considérant que la demande desdits sieurs Michel, François et Pierre Richer, tendant au remboursement du capital et au paiement des arrérages de la 3º partie de rente reconnue dans l'acte du 27 août 1786 dont on vient de parler, paraît juste et bien vérifiée, etc...

Considérant que les arrérages de cette partie de rente ont été conservés, etc... que les sieurs Richer sont en droit d'exiger le paiement, 1º etc...

En quatrième lieu. — Considérant que, par un extrait du registre ouvert au district de Fougères pour recevoir les déclarations des créanciers des émigrés, extrait délivré, etc... on voit que ledit jour, 14 janvier 1793, le sieur de la Bigne, tuteur honoraire des enfants mineurs des feu sieur et dame Frain de la Villegontier, comparut devant les Administrateurs du Directoire de ce district et, pour se conformer à la loi relative aux émigrés, déclara par répétition à la déclaration faite au district de Dol le 18 décembre précédent, par Julien Jouslain, fondé de sa procuration authentique, que lesdits mineurs Frain étaient créanciers d'Armand Tuffin, 1º des capitaux des deux rentes constituées par les contrats des 5 et 16 avril 1784, dont il a été question ci-dessus et, 2º, d'une année d'arrérages, etc...

Qu'ils sont donc créanciers, 1º, etc...

En cinquième lieu. — Considérant que, par acte sous seing privé du 27 décembre 1785, enregistré à Antrain le 23 octobre 1792, le sieur Armand Tuffin, en considération et récompense des bons et longs services que Marie Gontier, veuve de Jean Guillou, lui avait rendus et continuait à lui rendre, promit et s'obligea à lui faire une rente viagère de 240 livres à compter du 1er janvier 1786, laquelle rente serait payée annuellement, nette et quitte de toutes charges et impositions, par lui, et en cas de mort, par ses héritiers, jusqu'au moment du décès de ladite Marie Gontier (1) ;

Considérant que, par un billet sous seing privé, du 10 février 1791, enregistré à Antrain le 2 novembre 1792, un nommé Deshayes, agent du sieur Armand Tuffin, reconnut que la demoiselle Gontri, nom sous lequel il paraît que l'on connaissait Marie Gontier, veuve Guillou, lui avait prêté la somme de 300 livres, qu'il s'obligea de lui remettre quand elle voudrait et que, par acte du 28 mars 1791, porté au pied dudit billet et enregistré à Antrain le 2 novembre 1792, le sieur de la Rouërie approuva ce billet et s'obligea à le rembourser ;

Considérant que, par un autre billet sous seing privé, en date du 10 mars 1791, enregistré à Antrain le 2 novembre 1792, Deshayes reconnut encore que la demoiselle Gontri lui avait prêté la somme de 120 livres, qu'il promit de lui rendre quand elle voudrait et que, par acte du 28 mars 1791, porté au pied dudit billet et enregistré à Antrain le 2 novembre 1792, le sieur de la Rouërie approuva ce billet et s'obligea à le rembourser, etc...

Considérant que dans cet état le tribunal ne peut refuser, etc...

Qu'en conséquence, il doit être ordonné qu'elle sera payée, 1º, etc...

En sixième lieu. — Considérant que, par un billet du 1er avril 1790, enregistré à Antrain le 2 novembre 1792, le sieur Armand Tuffin

(1) Jean Guillou, natif de Luitré, avait épousé fin janvier 1765, Marie Gontier, originaire de la paroisse de Saint-Léonard-de-Fougères, tous les deux étant domestiques au château de la Rouërie, de cette union naquirent deux fils, Michel-Marie, né le 4 décembre 1765, et Jean, né le ...... Jean, le père, mourut entre 1777 et 1785, en Amérique, croyons-nous, où il avait accompagné son maître.

Michel-Marie Guillou épousa à Saint-Ouen, le 18 février 1789, une jeune fille d'Antrain, Marie-Monique Pelard, cuisinière au château. Au bas de leur acte de mariage figurent les signatures de : Armand-Charles Tuffin de la Rouërie, Marthe de la Rouërie, Anne Kaligne, Armand, Delahayes, etc.

Leur premier enfant, Armand Guillou, né le 6 janvier 1790, eut pour parrain et marraine le marquis de la Rouërie et Mlle Moëlien de Trojolif. Le parrain de leur deuxième fils, né le 16 décembre, même année, fut le jeune Armand, le fils naturel du marquis.

Tous les membres de cette famille Guillou étaient au service de Tuffin de la Rouërie et lui restèrent dévoués jusqu'à sa mort. Un sous-seing que nous possédons prouve qu'en l'an cinq Michel Guillou, bien qu'habitant alors Antrain, était encore chargé des intérêts de ses héritières.

reconnut devoir pour gages de domestiques à son service, savoir : à Jean Guillou, la somme de 420 livres et à la femme dudit Guillou, la somme de 60 livres, ces deux sommes formant ensemble celle de 480 livres que, etc... Jean Guillou a demandé le paiement, avec intérêts de la somme de 130 livres restant due sur celle de 480 livres, à valoir sur laquelle il avait reçu en différents payements 350 livres ; que cette demande justifiée, etc... et que, par conséquent, Jean Guillou doit être payé : 1°, etc...

En septième lieu. — Considérant que, par acte sous seing privé, fait à Paris le 13 février 1785, enregistré à Sézanne le 23 août 1792, déposé le 26 prairial an 2 à l'étude d'un notaire à Sézanne, et produit par expédition légalisée, le 15 janvier 1806, par le président du tribunal de première instance séant à Epernay (Marne), le sieur Armand Tuffin déclara que sa volonté était de payer tous les ans, comme rente viagère, à commencer du 1er janvier 1785, la somme de 300 livres au sieur Lefèvre, son valet de chambre, en récompense des services que ce dernier lui avait rendus et que ces 300 livres fussent délivrées annuellement audit sieur Lefèvre, le 1er janvier, par l'homme d'affaires de la terre de la Rouërie, auquel ledit sieur de la Rouërie les passerait dans ses comptes, etc...

Considérant que, dans cet état, le tribunal doit accueillir la demande de Jean-Baptiste Lefèvre et, en conséquence, ordonne que ledit Lefébvre sera payé non pas d'un capital qu'il ne réclame point, mais, 1°, de la somme de 6.202 fr. 69, à laquelle se trouvent monter les arrérages qui ont couru depuis le 1er janvier 1788 jusqu'au 1er janvier 1812, etc... et, 2°, des arrérages à échoir de ladite rente viagère, depuis le 1er janvier 1812 jusqu'au jour du décès dudit Jean-Baptiste Lefèvre.

En huitième lieu. — Considérant que, par acte sous seing privé, en date du 20 décembre 1785 et enregistré au bureau de Saint-Etienne, le 17 brumaire an 13, le sieur Armand Tuffin reconnut avoir reçu, à titre de constitution, de demoiselle Louise-Charlotte Guérin, de Saint-Brice, la somme de 30.000 livres en argent sonnant, dont il s'obligea de lui faire la rente au denier vingt, à compter dudit jour, jusqu'au franchissement, affectant pour sûreté du sort principal et des arrérages, tous ses biens meubles et immeubles, et consentant à ce qu'en cas de diminution d'hypothèque, cet acte fût, par ce seul fait et sans jugement préalable, converti en obligation pure et simple ;

Considérant, etc...

Qu'il s'en suit que les sieur et dame de Sesmaisons doivent être payés, 1°, etc...

En neuvième lieu. — Considérant que, par acte sous seing privé, en date du 5 mai 1786 et enregistré à Avranches, le 15 frimaire an 12, le sieur Charles-Joseph-Victor Tuffin de Villiers de Ducy, fondé de procuration spéciale du sieur Armand Tuffin de la Rouërie, aux fins d'acte qui a été aussi enregistré à Avranches, le 15 frimaire an 12, reconnut avoir reçu du sieur abbé de Saint-Germain, doyen de l'église d'Avranches, la somme de 3.000 livres à titre de constitution, pour ledit sieur de la Rouërie et s'obligea, tant au nom de celui-ci que dans le sien propre, comme caution solidaire, de payer au sieur abbé de Saint-Germain l'intérêt de cette somme au denier vingt, tous les ans à pareil jour, jusqu'au remboursement qu'il en pourrait faire à sa volonté;

Considérant que, par acte sous seing privé, en date du 25 août 1786 et enregistré à Avranches, le 15 frimaire an 12, ledit sieur Tuffin de la Rouërie reconnut que c'était pour lui et en son nom que le sieur de Villiers avait emprunté, à titre de constitution, les 3.000 livres du sieur abbé de Saint-Germain et s'obligea d'indemniser ledit sieur de Villiers de cette somme et d'en payer les arrérages, etc...

Que la demande paraît juste et bien vérifiée et que, par conséquent, lesdits sieurs de Verdun doivent être payés : 1°, etc...

En dixième lieu. — Considérant que, par la procuration du 16 mai 1786, enregistrée à Avranches, le 15 frimaire an 12, et dont il a déjà été question ci-dessus à l'égard des sieurs de Verdun, le sieur Armand Tuffin de la Rouërie avait autorisé le sieur Charles-Joseph-Victor Tuffin de Villiers de Ducy, son cousin, à emprunter pour lui et en son nom, la somme de 7.000 livres, à titre de constitution, soit en une partie soit en plusieurs et l'avait prié de joindre son cautionnement si cela était nécessaire; qu'en conséquence le sieur Tuffin de Villiers emprunta, pour le sieur de la Rouërie, à titre de constitution, au mois de mai 1786, non seulement la somme de 3.000 livres du sieur abbé de Saint-Germain, comme on l'a vu ci-dessus, mais encore 2.000 livres du sieur curé de la Chapelle-Hamelin et 2.000 livres du sieur abbé de Virey, curé de Vezins, et s'obligea, au nom dudit sieur de la Rouërie et dans le sien propre, comme caution solidaire, de payer aux prêteurs les arrérages de ces capitaux jusqu'au remboursement;

Considérant que, par l'acte du 25 août 1786, enregistré à Avranches le 15 frimaire an 12, et dont il a déjà été question ci-dessus pour ce qui concerne les sieurs de Verdun, Armand Tuffin, en reconnaissant avoir reçu du sieur Tuffin de Villiers, son cousin, la somme de

7.000 livres en or et en argent, reconnut aussi que c'était pour lui et
en son nom, que ledit sieur de Villiers avait emprunté ces 7.000 livres
à constitution, etc... et s'obligea d'indemniser le même sieur de
Villiers de ces trois sommes et d'en payer les arrérages à son lieu et
place, à leur échéance, etc...

Considérant que le sieur Tuffin de Villiers est incontestablement en
droit, etc... et que le sieur Tuffin de Villiers doit être payé : 1°, etc...

En onzième lieu. — Considérant que, par billet sous seing privé en
date du 2 mai 1791 et enregistré au bureau de Saint-Etienne le
13 nivose an XII, le sieur Armand Tuffin promit de payer le premier
janvier suivant au sieur Lemarié la somme de 3.000 livres reçue de
lui comptant, que le sieur Louis Lemarié, huissier à Antrain, est
intervenu, etc., que le billet du 2 mai 1791, n'étant pas stipulé en
numéraire métallique, est aux termes de l'article 2 de la loi du
11 brumaire an VI, censé consenti valeur nominale du papier monnaie
ayant cours alors ; que le tableau de dépréciation du papier
monnaie, etc.

Que le sieur Lemarié doit être payé 1°, etc.

En douzième lieu. — Considérant que, par billet sous seing privé
en date du 5 février 1792 et enregistré à Fougères le 12 frimaire
an XII, le sieur Armand Tuffin promit de payer le 1er février 1794,
préfixe, à François Colas ou à son ordre, la somme de 2.750 livres,
valeur reçue en espèces sonnantes dudit sieur, etc.

Qu'il s'en suit que les héritiers Colas doivent être payés 1°, etc.

En treizième lieu. — Considérant, etc., par toutes ces considérations, le tribunal ordonne que sur tous les biens dépendant de la
succession bénéficiaire d'Armand-Charles Tuffin de la Rouërie, dis-
traction faite du montant des dettes privilégiées et des dettes hypothécaires, lesquelles seront prélevées et payées d'abord selon l'ordre
établi ci-dessus, les créanciers chirographaires ci-devant et ci-après
nommés seront en concurrence et par contribution entre eux au marc
le franc en cas d'insuffisance desdits biens, payés des capitaux,
arrérages, intérêts et dépens dont l'état suit.

SAVOIR :

Le sieur François-Julien Talhouet de Brignac de la somme de	122 fr 38 c
Le sieur François Lehérissé et autres, héritiers du sieur Pierre Lehérissé La Fresnaie.	36 66 1/2
Julienne Henry, fille, de pareille somme.	36 66 1/2

Les sieurs Michel, François et Pierre Richer : 1º De la somme de 1.975 fr. 31 c., égale à celle de 2.000 livres tournois, formant le capital de la 3ᵉ partie de rente constituée reconnue dans l'acte du 27 août 1786 ci-dessus énoncé, ci. . . . . 1.975 ᶠʳ 31ᶜ

2º De la somme due pour les arrérages échus, etc. . 1.779 65

3º Des arrérages de l'année courante jusqu'au remboursement, et 4º de la somme de 108 fr. 01 c. 1/2 à laquelle ont été liquidés, etc. 108 01 1/2

Le sieur Louis Spiridion Frain de la Villegontier et dame Mélanie-Désirée Frain, sa sœur, épouse du sieur Le Fournier d'Yauville, chacun pour ce qu'il y est fondé, etc. 1º De la somme de 11.332 fr. 80 c., égale à celle de 11.474 livres 9 sols 3 den., formant le capital, etc., ci. 11.332 80

2º De la somme de 7.787 fr. 95 c., montant des arrérages échus 7.787 95

3º Des arrérages de l'année courante.

4º De la somme de 8.420 fr. 29 c., égale à celle de 8.525 livres 10 sols 9 deniers, formant le capital de la rente constituée par le contrat du 16 avril 1784, ci. 8.420 29

5º De la somme de 5.795 fr. 87 c., montant des arrérages échus 5.795 85

6º De l'année courante des dits arrérages, etc.

7º De la somme de 91 fr. 21 c., à laquelle ont été liquidés les dépens 91 21

Marie Gontier, veuve Jean Guillou : 1º De la somme de 5.426 fr. 60 c., montant des arrérages qui ont couru depuis le 1ᵉʳ janvier 1786 jusqu'au 1ᵉʳ janvier 1812, etc. 5.426 60

2º De la somme de 2.370 fr. 37 c., égale à celle de 2.400 livres tournois, pour le capital de ladite rente viagère. 2.370 37

3º Des arrérages de l'année courante.

4º De la somme de 296 fr. 36 c., égale à celle de 300 livres tournois, portée au billet du 10 février 1791. 296 30

5º De la somme de 94 fr. 81 c., pour les intérêts échus. 94 81

6º Des intérêts à échoir, etc.

7º De la somme de 118 fr. 52 c., égale à celle de 120 livres tournois, portée au billet du 10 mars 1791. 118 52

8° Les intérêts de cette dite somme échus. . . . .   37 fr 93 c

9° Des intérêts à échoir.

10° De la somme de 103 fr. 64 c., à laquelle ont été
   liquidés les trois quarts des dépenses, etc. 103 64

Jean Guillou : 1° De la somme de 128 fr. 40 c., égale à
   celle de 130 livres tournois, restant des 480 livres
   portées au billet du sieur de la Rouërie, du 1er avril
   1790, ci. 128 40

2° De la somme de 41 fr. 09 c., pour les intérêts échus.   41 09

3° Des intérêts à échoir.

4° De la somme de 34 fr. 54 c., frais des dépens liquidés.   34 54

Jean-Baptiste Lefèvre, aubergiste à Sézanne : 1° De la
   somme de 6.202 fr. 69 c., montant des arrérages échus
   de la rente viagère de 300 livres, ci. 6.202 69

2° Des arrérages à échoir depuis le 1er janvier 1812
   jusqu'au jour du décès du sieur Lefèvre.

3° Montant des dépens liquidés. 74 17

Dame Victorine-Marie-Thérèse Le Loup de Chasseloir et
   le sieur Humbert de Sesmaisons, son mari : 1° De la
   somme de 29.629 fr. 63 c., égale à celle de 30.000 livres
   tournois, ci. 29.629 63

2° Du montant des arrérages échus du 20 décembre 1798
   jusqu'au 20 décembre 1811, ci. 15.333 33

3° Des arrérages de l'année courante et autres à échoir.

4° De la somme de 803 fr. 11 c., à laquelle ont été liquidés
   les dépens de l'intervention, etc., y compris 660 fr.
   55 c., montant du droit d'enregistrement et du droit
   de timbre du susdit acte du 20 novembre 1785. . . .   803 11

Les sieurs Alexandre, Sanson, Félix, Zoé et Charles de
   Verdun, aux qualités ci-dessus exprimées : 1° De la
   somme de 2.962 fr. 96 c., égale à celle de 3.000 livres
   tournois, formant la rente de 150 livres constituée, etc.   2.962 96

2° Les arrérages de ladite rente depuis le 5 mai 1799
   jusqu'au 5 mai 1812, ci. 1.562 96

3° De l'année courante, etc.

4° Les dépens liquidés. 148 92

Le sieur Charles-Joseph-Victor Tuffin de Villiers de Ducy :
   1° De la somme de 3.950 fr. 62 c., égale à celle de 4.000
   livres tournois, formant les capitaux des deux rentes,
   chacune de 100 livres au capital de 2.000 livres, etc. .   3.950 62

2º Des arrérages échus depuis le mois de mai 1800.   1.896 fr 29 c

3º Des arrérages de l'année courante.

4º Des intérêts de tous lesdits arrérages payés par ledit sieur Tuffin de Villiers en l'acquit de la succession bénéficiaire du sieur de la Rouërie, lesquels intérêts seront calculés sur la représentation des quittances, savoir : etc.

5º Montant des dépens liquidés. 112 72

Le sieur Lemarié, huissier à Antrain : 1º De la somme de 254 fr. 81 c., égale à celle de 300 livres en assignats portée au billet du 2 mai 1791, ci. .   254 81

2º De la somme de 81 fr. 54 c., pour les intérêts depuis le 4 janvier 1804 au 4 janvier 1812. . . .   81 54

3º Des intérêts courus depuis le 4 janvier 1812.

4º Montant des dépens liquidés. 61 62

Et François Colas et consorts, héritiers de François Colas, leur père : 1º De la somme de 2.716 fr. 05 c., égale à celle de 2.750 livres tournois, en espèces sonnantes, etc. 2.716 05

2º Des intérêts échus. 869 13

3º Des intérêts à échoir.

4º Du montant des dépens liquidés. 107 72

TOTAL. . . . . . . 112.907 fr 27 c (1).

Condamne Marie-Marthe-Louise-Isidore et Catherine-Charlotte-Armande Tuffin, en leurs qualités d'héritières bénéficiaires de feu Armand-Charles Tuffin de la Rouërie, de payer à tous les créanciers, tant privilégiés qu'hypothécaires et chirographaires ci-dessus dénommés, chacun pour ce qui lui appartient, les capitaux, arrérages, intérêts et dépens liquidés et adjugés par le présent jugement.

Et déboute lesdits créanciers du surplus de leurs demandes, fins et conclusions.

De la vente des immeubles. — En dernier lieu, etc... Par tous ces motifs, le tribunal faisant droit sur les conclusions des héritières bénéficiaires et de l'ancien avoué des créanciers,

Ordonne qu'à la diligence desdites héritières bénéficiaires, il sera procédé, dans les formes prescrites par la loi, à la vente des immeubles dépendants de la succession bénéficiaire de feu Armand-Charles Tuffin

(1) La minute porte 93.007 fr. 17 cent. — Erreur d'addition évidente.

de la Rouërie, et que le prix de ces immeubles sera distribué aux créanciers de ladite succession bénéficiaire, suivant l'ordre établi entre eux par le présent jugement.

Ainsi fait, etc... ce jour 7 juillet 1812.

Ces biens, vendus par devant le tribunal de Fougères le 6 septembre 1813, furent acquis par M. Bourges Dupré de Saint-Maur, agent départemental du Cher, pour la somme de. . . . . 210.000 fr.

Le jour même il céda :

A M. Bonaventure de Sceaulx, la Gaucherais, pour. . . 12.525

A M. Duhil Renazé, receveur de l'Enregistrement, à Antrain, la Métairie du Chesnaye, pour. 12.000

A M. Laumailler, notaire à Rennes, la Métairie des Portes, pour. 12.050

En novembre, en l'étude de M⁰ Poussin, notaire à Antrain :

A Michel Guillou, la Grande-Auberge, pour. 5.000

A Jean Barbe, le Jardin de la Cour, pour. 400

A M. Richer, prêtre, la Maison de l'Ecu, pour. 900

Et le 19 octobre 1824, à M. Barbier, grand-père du propriétaire actuel, le reste de son acquisition, pour 170.425 fr.

QUATRIÈME PARTIE.

CHAPITRE IX.

Conjurés de l'Association bretonne échappés à l'échafaud : Ranconnet de Noyan, Leroy, Rever de la Patinière, Merdrignac.

Chapelle de Carnet.

CONJURÉS DE L'ASSOCIATION BRETONNE
ÉCHAPPÉS A L'ÉCHAFAUD.

Registre des délibérations de la Municipalité de Dol (1).

3 avril 1793. — Certificat de résidence délivré à Louis-René Ranconnet de Noyan, âgé de 62 ans révolus, vivant de son bien, taille de cinq pieds trois pouces, cheveux blancs, sourcils et barbe gris, les yeux bruns, nez aquilin, bouche moyenne, menton rond, front large et découvert, estropié du doigt annulaire de la main gauche.

Autre certificat délivré à Egide-Louise-Marie Ranconnet; âgée de 35 ans 6 mois, femme Beaupoil-Saint-Aulaire, et vivant de ses rentes, taille 4 pieds 8 pouces, cheveux et sourcils châtains, les yeux bleus renfoncés, nez gros et un peu long, bouche moyenne, menton pointu un peu relevé, visage oblong.

Un autre à Louis Beaupoil-Saint-Aulaire, âgé d'environ 14 ans, vivant de ses revenus, taille 4 pieds 3 pouces, etc., demeurant actuellement à la Mancellière, maison appartenant à Louis-René Ranconnet de Noyan, leur père et grand-père, qu'ils y résident sans interruption, savoir : ledit Louis-René Ranconnet de Noyan, depuis 5 ans consécutifs et lesdits Ranconnet, femme Beaupoil et Beaupoil son fils, depuis 7 mois jusqu'à ce jour.

Registre des délibérations du Directoire du District de Dol (2).

Séance publique du 20 avril 1793, an 2 de la République, présidée par le citoyen Merdrignac. Présents : les citoyens Lodin, Plainfossé, Portal, administrateurs du Directoire, et Corbinais, procureur syndic de ce District.

(1) Archives de la ville de Dol.
(2) Archives départementales d'Ille-et-Vilaine, S. L. 2 L. 17.

La séance a été ouverte par la vérification des pièces renfermées dans les différents paquets qui sont arrivés ce jour à l'adresse de cette administration; et, après s'être livrés à leur examen, lesdits administrateurs, le Procureur syndic entendu, ont arrêté et arrêtent de faire des recherches et perquisitions chez Louis-René Ranconnet, à la Mancellière, à l'effet de reconnaître s'il n'aurait point chez lui d'indices de quelque liaison coupable avec les ennemis de la République; de nommer en conséquence pour commissaires, les citoyens Lodin et Merdrignac, et de requérir un détachement de 80 gardes nationaux de la commune de Dol pour accompagner ces commissaires, qui se transporteront demain matin au lieu de leur destination.

Signé : LODIN, PORTAL, MACÉ, CORBINAIS, *procureur syndic.*

Procès-verbal de Perquisition à la Mancellière (1).

RÉPUBLIQUE FRANÇAISE.

21 avril 1793.

L'an mil sept cent quatre-vingt-treize, an second de la République française, aux huit heures du matin du vingt-unième jour d'avril, nous, Jacques-Jan Merdrignac et Jean-Baptiste Lodin, administrateurs du Directoire du District de Dol, département d'Ille-et-Vilaine, commissaires nommés par délibération du jour d'hier, nous sommes transportés, accompagnés d'un détachement de gardes nationaux de la commune de Dol, commandé par le citoyen Pierre Renault, à la maison de la Mancellierre, située dans l'étendue de la commune de Baguer-Pican où, arrivés accompagnés aussi de Gilles-Jean-François Macé, notre secrétaire de ladite administration, et après avoir fait disposer par le citoyen commandant, des gardes pour la conservation des personnes et des propriétés, et consigner dans chaque appartement les personnes qui s'y sont trouvées, nous avons d'abord fait rencontre de Leroy, agent de Louis-René Ranconnet, propriétaire dudit lieu, que nous avons sommé de nous suivre et que nous avons également fait consigner dans l'appartement qu'il occupe dans la maison de la Mancelierre. Parlant ensuite audit Ranconnet, que nous avons rencontré

(1) Archives départementales d'Ille-et-Vilaine, S. L., dossier Ranconnet.

à l'entrée de la salle, l'avons requis de nous conduire dans sa chambre;
y étant, nous lui avons déclaré l'objet de notre Commission et demandé
d'abord s'il n'avait point été désarmé par le Conseil général de la
commune de Baguer-Pican; a répondu qu'il l'avait été par deux fois
différentes; lui demandé s'il n'avait en ce moment, tant à l'intérieur
qu'à l'extérieur de sa maison, des armes et des munitions disponibles;
a répondu que non; demandé les noms des personnes qui habitent
maintenant sa maison et les fermes qu'il tient par mains; a déclaré ne
pouvoir pas précisément les nommer toutes et que son agent Leroy
est à lieu de les désigner avec plus de certitude; que néanmoins il va
nous en donner les noms, autant qu'il s'en pourra rappeler et indique
Mme de Saint-Aulaire, sa fille; son petit-fils de Saint-Aulaire, le
nommé Douesi, leur domestique; Leroy son agent, Fortin, la
Beaumont, la Jeulan, chargés du soin de sa maison; Saint-Louis,
ex chasseur; César, cuisinier; Clavet et Le Coq, domestiques; Belouard
et Festo, jardiniers; Morel, Ollivier, laboureurs; Loguoné, commissionnaire; cinq servantes et trois garçons laboureurs, qui sont : Marie
Resard, Gillete Lorphelin, la veuve Cécile, la petite Julienne, Bernard
Guérin, Jacquemine Martin; Maillard, Leneveu, et Marie Martin.
Demandé si, par mécontentement de quelques gens à son service, il
n'en a point renvoyé et l'époque de ces renvois; répond que non,
mais bien que trois hommes occupés au labourage et au jardin se
retirèrent de la maison le 13 mars dernier, et qu'ils se nomment
Cherruand, Guérin et Ollivier, et ne se rappeler pas que d'autres
l'ayent quitté depuis plusieurs années.

Nous nous sommes ensuite fait représenter les papiers dont ledit
Ranconnet peut être saisi et, procédant à leur vérification et examen,
nous n'y avons reconnu aucune pièce qui annonce de sa part aucun
projet de contre-révolution; nous nous sommes seulement saisis de
quinze missives à son adresse, qui peuvent fournir des renseignements
sur le compte de quelques émigrés et faire connaître les credits qu'il
porte sur lui, et nous nous sommes retirés.

De là, passés dans l'appartement occupé par Egidie-Louise-Marie
Ranconnet, épouse de Joseph Beaupoil-Saint-Aulaire, nous avons
également procédé à la visitte et examen des papiers de sa correspondance, et avons reconnu qu'ils ne contiennent pas les moindres
indices contre-révolutionnaires.

Demandé si elle sait le lieu de retraite de son mari; a répondu ne
le savoir, qu'elle est séparée d'avec lui depuis huit à neuf ans et que,
depuis cette époque, elle n'a eu aucune relation avec lui.

De là, montés dans la chambré de Louis Beaupoil-Saint-Aulaire, âgé de 15 ans, nous y avons fait la plus scrupuleuse visitte, et nous n'y avons rien trouvé qui puisse annoncer de correspondance avec les ennemis de la République.

Descendus dans une chambre occupée par Nicolas-François Leroy, agent de Louis-René Ranconnet, et vérification faite des différents objets qu'elle contient, nous n'y avons rien trouvé de contraire au salut public.

De là, transportés dans un autre appartement appelé les *Archives,* accompagnés dudit Leroy, nous n'y avons reconnu aucune pièce qui puisse faire naître de soupçons sur son compte.

Interpellé ledit Leroy de nous déclarer s'il n'a pas été désarmé ; a répondu l'avoir été, et nous a apparu une décharge de ses armes, et que même il peut assurer qu'il n'existe aucune arme dans la maison de la Mancelierre.

Interpellé de nous déclarer s'il n'a point entretenu de correspondance avec les émigrés en son nom ou au nom de quelqu'autre ; a répondu que non.

Demandé s'il n'est point sorti depuis peu de temps quelques domestiques de la maison ; a répondu qu'il n'en est point sorti d'autres que Cherraux, Guérin et Ollivier, tous trois de la commune de Landivi, district d'Ernée, sous prétexte de vouloir participer à la fourniture du contingent de recrues pour leurs communes.

Demandé s'ils se sont bien comportés pendant leur service ; a répondu qu'oui.

Demandé s'il n'a pas connaissance que des prêtres insermentés ou des émigrés se soient refugiés dans la maison de la Mancelierre ; a répondu n'en avoir vu aucun.

Demandé si Louis-René Ranconnet écrit lui-même ses lettres ; répond que non et qu'il ne le peut.

Demandé quel est le scribe de Ranconnet ; répond que c'est lui Leroy qui lui en sert et qu'il écrit toutes les lettres.

Lui demandé l'époque de la dernière de Ranconnet à Tuffin-Rouërie ; répond qu'il ne se ressouvient pas avoir écrit aucune lettre à Tuffin pour Ranconnet.

Lui représenté que cette réponse n'est pas sincère, et que l'existence de plusieurs lettres de son écriture, adressées par Ranconnet audit Tuffin sera prouvée ; a répondu persister dans sa précédente déclaration.

Lui demandé l'époque de la dernière fois que ledit Tuffin a fait

— 165 —

visite audit Ranconnet ; répond l'avoir vu plusieurs fois à la Mancelierre, et pour la dernière, de 18 mois à 2 ans.

Lui demandé l'époque de la dernière fois que le major Chaffner a
fait visite audit Ranconnet ; répond que lorsqu'il a dû passer, il y
a viron 8 mois, lui Leroy ne se trouva pas à la maison.

Lui demandé l'époque des dernières visites et des dernières lettres
qu'ont faites et adressées audit Ranconnet, les nommés Loisel, receveur
des droits d'enregistrement à Saint-Malo, Vincent, interprète à Saint-
Malo ; a répondu ne pas connaître Loisel, receveur des droits d'enregistrement, et n'avoir pas connaissance qu'il soit venu à la Mancelierre
ni qu'il ait écrit à Ranconnet ; connaître seulement Vincent, l'avoir vu
plusieurs fois à la maison et pour la dernière fois depuis plus d'un an ;
qu'au reste il est depuis plusieurs années en correspondance avec lui
pour affaires de commerce et nous a apparu trois lettres de lui sous
la date de l'année dernière.

Interpellé de nous déclarer quels étaient les sujets des visites
desdits Tuffin, Chaffner et Vincent ; a répondu que quant aux deux
premiers c'était affaire d'amitié et d'ancienne connaissance, et que
pour ce qui est de Vincent, c'était pour raison de commerce et de
commission avec l'un et l'autre.

Demandé s'il n'a pas été expédié audit Ranconnet des exprès de
Saint-Malo par lesdits Loisel et Vincent, relativement aux affaires du
temps ; a répondu n'en avoir aucune connaissance.

Retournés à l'appartement ou est consigné Louis-René Ranconnet
et celui-ci interpellé de nous déclarer si lorsque la municipalité de
Baguer-Pican le fit désarmer, il lui remit la poudre, le plomb et les
balles de calibre de ses différentes armes ; a répondu ne pas se
rappeler le fait, mais qu'il croit qu'il n'avait pas de munitions, et assure
n'en avoir maintenant d'aucune espèce à sa disposition.

Demandé l'époque de la dernière visite que Tuffin Rouërie lui a
faite ; répond qu'il y a 9 à 10 mois au moins, et que le major Chaffner,
son ami, est venu depuis le voir une fois il y a viron 6 à 7 mois pour
le consulter sur le moyen de tirer ses meubles et effets du château de
la Rouërie, sur quoi il lui dit de présenter sa requête au Directoire.

Demandé audit Ranconnet s'il connaît Loisel, ci-devant enregistrateur à Saint-Malo, Vincent, interprète, Dubuat père, et l'époque des
dernières visites qui lui ont été faites ;

A répondu connaître les susnommés, avoir reçu trois à quatre
visites de chacun d'eux depuis environ 6 ans, la dernière fois il y a
viron 7 à 8 mois, dont l'objet était de la part de Loisel, curiosité de

voir le jardin de, la Mancelierre ; de Vincent, des commissions pour amplettes à faire et des mémoires à solder ; de M. Dubuat, des demandes de plantes par échange et à acheter des bois de chauffage.

Demandé audit Ranconnet s'il connaît Desilles, de Saint-Malo, l'époque et l'objet des visites que celui-ci a pu lui faire ; répond qu'il y a viron 4 ans qu'il le vit à sa maison et qu'il croit que le motif de sa visite était que sa voiture était dérangée, et ne l'avoit pas vu depuis.

Demandé s'il a reçu d'eux et s'il ne leur a point adressé de lettres relatives à la Révolution ; a répondu que non.

Demandé s'il écrit ses lettres ; répond qu'il ne le peut plus et que M. Leroy, son agent, les écrit toutes, et qu'il appose seulement sa signature.

Nous nous sommes ensuite successivement transportés dans les différens appartements de la maison de la Mancelierre, et y avons fait visite la plus scrupuleuse qui ne nous a rien fourni de contraire au bien de la République. Nous avons seulement trouvé dans un des tiroirs du bureau placé dans la basse-sale deux flambeaux argentés, deux burettes d'argent, un calice et une patène d'argent, une nape d'autel, une chasuble garnie, deux aubes, un amit, que ledit Ranconnet a déclaré lui appartenir et n'avoir qu'une aube appartenant à Longrais, son ci-devant chapelain, qu'il a représentée à l'instant. De tous lesquels effets nous dits commissaires nous sommes saisis, sur la connaissance que nous avons que l'ancienne chapelle de Ranconnet était publique et que les biens en dépendants doivent être considérés comme biens Ecclésiastiques et conséquemment Domaniaux, sauf audit Ranconnet à faire valoir ses moyens ainsi qu'il verra.

Passés dans la chapelle : une étole en couleurs, une autre chasuble en noir, une soutane, une manipule et des corporaux, dont nous nous sommes également saisis ainsi que d'un tapis, pour en faire le dépôt au secrétariat de notre administration.

Montés dans les différens greniers, nous y avons remarqué différens monceaux de grains, qui ensemble peuvent consister dans viron 300 boisseaux de froment, 400 boisseaux de blé-noir, 40 boisseaux d'avoine et quelques boisseaux de seigle. Considérant que cette quantité de grains est beaucoup plus que suffisante pour la consommation de la maison de Ranconnet, et qu'attendu la grande chèreté des grains il est de l'intérêt public d'en approvisionner les marchés, si l'on veut en prévenir le surhaussement de prix, nous dits commissaires avons enjoint audit Ranconnet de faire porter à chaque marché de Dol, à compter de samedi prochain, au moins deux sommes de froment, et

de continuer ainsi jusqu'à ce qu'il n'en ait vendu jusqu'à la concurrence de 150 boisseaux, à quoi il nous a promis de déférer.

Passés dans le jardin afin de vérifier s'il n'y avait point de terre
nouvélement bechée le long des murs, nous avons reconnu qu'il n'y
en a point.

Ces opérations terminées, nous avons clos le présent et signé aux
sept heures du soir desdits jour et an, sous nos seings et celui de
notre secrétaire, après avoir chiffré les lettres et papiers dont nous
nous sommes ci-devant saisis, et nous nous sommes retirés avec le
détachement qui nous a accompagnés. Signé sur la minute : Lodin,
Merdrignac, Macé, secrétaire.

Pour copie conforme à l'original déposé à la municipalité de Dol,
par le Directoire du District de Dol, ce jour 8 mai 1793, l'an second
de la République.

Signé : MERDRIGNAC, vice-président.
MACÉ, secrétaire.

Registre des délibérations du Directoire du District de Dol (1).

Séance publique du 24 avril 1793, an 2 de la République. Présents :
les citoyens Merdrignac, vice-président; Lodin, Plainfossé, Portal,
administrateurs du Directoire et Corbinais, procureur syndic du
District de Dol.

Sur le rapport du citoyen Plainfossé, qu'il ne put faire chez Bernardin
Rever, le 21 courant, la visite dont l'Administration l'avait chargé la
veille, attendu qu'il ne se trouva pas à la maison lors de la descente;
et, sur ce qu'il est appris que ledit Rever est de retour, les administrateurs susdits, le Procureur syndic entendu, ont nommé le citoyen
Merdrignac pour, avec tel commissaire qu'il plaira, nommer à la
Municipalité de Dol, faire les recherches et perquisitions convenables
chez ledit Bernardin Rever et du tout, rapporter procès-verbal.

. . . .

Vu la lettre écrite à ce Directoire par le citoyen Merdrignac, membre
de cette Administration et commissaire, occupé à la vérification de la
correspondance de Julien-Bernardin Rever-Patinière, où il annonce

(1) Archives départementales d'Ille-et-Vilaine, S. L. 2 L. 17.

avoir trouvé une pièce curieuse et demande que le Directoire fasse, sur-le-champ, saisir les nommés Ranconnet et Leroy, habitants de la Mancellière; considérant d'ailleurs que ces hommes sont fortement suspects de correspondances dangereuses avec les émigrés et prêtres déportés, et que les Commissaires de la Convention nationale ont requis l'arrestation de ces mêmes hommes, lesdits administrateurs, le Procureur syndic entendu, arrêtent :

Que Louis-René Ranconnet et Leroy son agent, seront sur-le-champ mis en état d'arrestation; qu'à cet effet, le citoyen Jean Portal, membre de cette Administration, accompagné d'un officier municipal de Dol et d'un détachement de 25 gardes nationaux de la même ville, se rendra, sur-le-champ, chez les ci-dessus dénommés, au lieu de la Mancellière, en la paroisse de Baguer-Pican, s'assurer de leurs personnes et les fera transférer à la maison d'arrêt de ce District. Arrêtent de plus que ledit Rever sera aussi mis en état d'arrestation et conduit à ladite maison d'arrêt.

Signé : LODIN, PLAINFOSSÉ, PORTAL, MACÉ,
GOMBINAIS, procureur syndic.

Procès-verbal de l'arrestation de Ranconnet de Noyan et Leroy (1).

24 avril 1793.

L'an mil sept cent quatre-vingt-treize, second de la République française, le vingt-quatre du mois d'avril, nous, Jean Portal, l'un des membres du Directoire du District de Dol, et Jean-Charles Tallon, premier officier municipal de la commune de Dol; scavoir faisont qu'en vertu de l'arrêté pris ce jour par les administrateurs du Directoire et Procureur sindic du District de Dol portant que « Louis-René » Ranconnet et Leroy, son homme d'affaires, seront, sur-le-champ, mis » en état d'arrestation; que, pour cet effet, nous dits Portal, accom- » pagné d'un officier municipal de Dol et d'un détachement de vingt- » cinq hommes de la garde nationale de cette ville, nous nous » renderions sur-le-champ, chez les ci-dessus denommés, au lieu de » la Mancellière en Baguer-Pican, nous nous assurions de leurs

(1) Archives départementales d'Ille-et-Vilaine. S. L. Dossier Ranconnet.

» personnes, et les ferions transférer à la maison d'arrêt de ce District. »
Nous aurions fait venir un piquet composé du nombre de garde nationale dont est fait mention, armés de fusils et commandés par le
citoyen Guilloux, officier des grenadiers, et, pour plus grande sûreté,
les citoyens Kum, brigadier; Le Brun et Barberie, gendarmes résidant
en cette ville de Dol, aussi armés et montés à cheval, et tretous arrivés
dans la cour du Directoire, les gardes nationales sur deux lignes, et
les trois gendarmes en arrière-garde, nous dits Portal et Tallon
dûment costumés, placés à la tête, avons partis à six heures précises
du soir de ce lieu et, étant en marche, nous avons accéléré le pas d'une
rapidité étonnante, et nous nous serions rendus vis de la maison de la
Mancellière; distance de nos demeures de viron une lieue et demi, où
nous avons arrivé environ les sept heures du soir, et, après avoir fait
prendre aux gardes nationales promptement les postes les plus avan-
tageux autour de la maison, dans la crainte de quelque révolte et
dévazions; nous dits Portal et Tallon, avec les trois gendarmes et cinq
gardes nationales, avons entré dans une des salles d'entrée de la
maison dudit Ranconnet, où nous avons trouvé celui-ci qui, à peine
étions-nous entrés, s'est empressé de nous demander les motifs de
notre voyage; nous dit Portal lui avons répondu que nous allions les
lui déduire, mais que nous voulions parler à Leroy, son homme
d'affaire; pour quoi nous avons demandé à Ranconnet où était le
nommé Leroy; il nous a répondu d'abord, qu'il n'en savait rien, qu'il
le croiait à la promenade; dans ces entrefaites, cinq à six domestiques
sont entrés dans la salle et plusieurs ouvriers avoient rentré dans la
cour, ce que voyant, nous avons pressé Ranconnet de nous dire où
était Leroy, son agent; il nous a encore répondu qu'il n'en savait rien,
à moins qu'il ne fût à conduire ses ouvriers dans leur travail; à
l'instant un des domestiques a dit qu'il le croiait dans la prairie, tout
près de la maison; en conséquence nous avons envoyé le domestique,
accompagné de deux hommes de notre piquet, chercher Leroy;
presqu'aussitôt ils ont été de retour avec ce dernier; celui-ci entré
dans la salle où nous étions, ainsi que Ranconnet; nous dit Portal
avons déclaré auxdits Ranconnet et Leroy, qu'au nom de la nation
républicaine et de la loi même de l'Administration, ils consentent à se
rendre avec nous à Dol, que nous les sommions de nous suivre sur-le-
champ; à quoi ils nous ont répondu qu'ils étaient prêts de nous obéir;
mais Ranconnet nous a observé qu'il était incommodé, et qu'il désirait
prendre un cheval, ce que nous lui avons permis, et après avoir
ordonné à un de ses domestiques d'en préparer un incontinant,

Ranconnet se tournant vers sa fille et ses domestiques, à haute voix a dit, en faisant des démonstrations avec les bras, pour assurer ses ordonnances : « Je vous défend, pendant la durée de mon absence, » d'employer aucun ouvrier à mon service; j'ordonne que les quarante » personnes que j'occupe soyent toutes renvoyées, et que mes travaux » cessent dès cet instant; » ce que sa fille et ses domestiques ont promis exécuter. Mais Ranconnet ayant répété plusieurs fois ces propos, le citoyen Pierre du Coignet, l'un de nos gardes nationales, lui a observé qu'il fallait obéir à la loi et prendre garde qu'il ne causât quelques événements fâcheux; en effet, nous avons tous pensé que les propos auraient pu être pris en considération de la part des ouvriers de Ranconnet, et les porter à un rassemblement subit et ensuitte à une révolte contre nous, ce qui nous a fait presser notre départ de la maison. Rendus dans la cour, après avoir fait rassembler les gardes nationales auprès de nous, nous avons enjoint à Ranconnet et à Leroy de marcher avec nous jusqu'à ce que son cheval fut équipé; chemin faisant, il nous a encore dit qu'il obéissait à la loi et à nos ordres, mais qu'il était néanmoins vrai qu'il donnait du pain journellement, et depuis plus de dix-huit mois, à plus de quarante ouvriers, outre ses domestiques, et que, puisqu'il était obligé d'abandonner sa maison, il voulait que ses ouvriers fussent renvoyés; à l'instant le cheval est arrivé et Ranconnet l'ayant monté, nous l'avons placé derrière les gendarmes et Leroy à sa suite, et tous les deux au centre du piquet qui marchait sur deux lignes; nous avons pressé le pas et les avons conduit à la maison d'arrêt de la ville de Dol, où nous avons arrivé à neuf heures du soir; et, après leur avoir donné lecture de l'arrêté du Directoire, pris contre eux, nous les avons chargés, sur le livre à ce destiné, et les avons laissés en la garde du concierge jusqu'à nouvel ordre. En conséquence, nous nous sommes retirés pour rédiger le présent procès-verbal que nous avons rapporté sous nos seings, de nous dits Portal et Tallon, ceux desdits gendarmes et dudit Guilloux, commandant, après qu'ils en ont pris lecture au long.

Signé en la minute : Portal, Tallon, Guilloux, Kum, Barberie, Lebrun.

Pour copie conforme à l'original déposé à la Municipalité de Dol, pour le Directoire, ce 8 mai 1793, an 2 de la République.

Signé : MERDRIGNAC, *vice-président.*

MACÉ, *secrétaire.*

Délibérations de la Municipalité de Dol.

25 avril 1793.

Nicolas Villiaume, concierge des prisonniers de cette ville, entré, a déclaré qu'il avait ce jour reçu de la poste un paquet intitulé : gazettes étrangères, franches de port, adressées au citoyen de Noyan à son château de la Mancellière, près Dol ; que ledit citoyen de Noyan est prisonnier chez lui du jour d'hier soir, que ces gazettes lui paraissent suspectes d'aristocratie et que c'est la raison pour laquelle il les a portées à cette municipalité, sans les remettre audit Noyan, et a demandé s'il devait donner connaissance de tous les paquets adressés au même :

Surtout quoi délibérant, le conseil a arrêté que désormais toutes lettres, pacquets, gazettes à l'adresse dudit Noyan, seront arrêtés par le concierge et remis à cette municipalité pour être visés et retenus suivant les circonstances, et pour voir et vérifier les dites missives et paquets, la Municipalité a nommé les citoyens Greffier, maire, Tallon, etc., arrête de plus que la gazette de Leyde arrêtée ce jour sera déposée et à l'avenir au Secrétariat de cette municipalité attendu qu'elle est inconstitutionnellë, tachée des principes aristocratiques, contraire à la liberté et au républicanisme qui est et sera désormais la base du gouvernement Français.

Lecture faite de différents dépôts et dénonciations faits ce jour au registre à ce destiné, premièrement sur le rapport et dénonciations différentes contre les citoyens Merdrignac, administrateur, et Cousin, officier municipal, savoir par ce dernier contre ledit Merdrignac et par le nommé Cherrier contre ledit Cousin, au sujet de l'évasion de Bernardin Rever Patinière, homme de loi, et par la compagnie des canonniers, consistant dans plusieurs plaintes qu'ils ont à faire de la conduite et des propos des habitants de Pontorson. Il a été arrêté que les différentes dénonciations de Cousin et Merdrignac seront extraites du livre de dépôt et servies aux autorités qui doivent en connaître ; et à l'égard de la dénonciation des canonniers contre les habitants de Pontorson de traiter d'inciviques les habitants de cette ville, ces propos et rapports ont été considérés comme calomnieux et inventés à plaisir par des malveillants afin d'exciter le trouble, la dissension entre villes voisines et peut-être la guerre civile ; en conséquence, il a arrêté d'étouffer, dès le principe, pareilles explications de n'y donner aucune suite.

Arrête également d'arrêter à la poste tous paquets et lettres adressés
à l'adresse du citoyen Leroy et du sieur Bernardin Rever Patinière,
comme suspectés d'être en liaison avec les contre révolutionnaires.

Dénonciation contre Ranconnet, par Julien Cheruault, et perquisitions à la Mancellière (1).

28 avril 1793.

L'an mil sept cent quatre-vingt-treize, an deuxième de la République
Française, le vingt-huitième jour du mois d'avril, nous Jacques-Jean
Merdrignac et Jean Portal, tous les deux administrateurs du Directoire
du district de Dol, savoir faisons, qu'en vertu d'une dénonciation faite
au Directoire du district d'Ernée, département de la Mayenne, en date
du 18 de ce mois, par Julien Cheruault, ci-devant domestique chez
Louis-René Ranconnet, au lieu de la Mancellière, en la paroisse de
Baguer-Pican, ledit Julien Cherruault y ayant déclaré que tant qu'il a
été domestique audit lieu de la Mancellière, Ranconnet lui défendait
d'aller à la messe et à tous services divins, qu'étant un jour à bêcher
dans le jardin dudit lieu de la Mancellière, il y découvrit contre le
mur qui sépare le jardin du chemin y adjacent et qui conduit du
grand chemin de Pontorson à celui de La Boussac, dans une bordure
attenante au mur, vis-à-vis ou à peu près du milieu du réservoir, une
barrique remplie de poudre à canon et vingt-quatre bouteilles de
pinte en verre remplie de plomb et balles, le tout caché dans une
même cave creusée immédiatement contre le mur, recouverte de
pierres et d'un pied et demi de terre ou environ, qu'il avait recouvert
le tout et remis autant qu'il était possible dans le même état qu'il
l'avait trouvé ; nous dits Merdrignac et Portal, délégués par le Directoire à l'effet de vérifier la préditte dénonciation, nous nous serions
ce jourd'hui transportés audit lieu de la Mancellière, accompagnés des
citoyens Kum, brigadier, Barberie et Lebrun, gerdarmes à la résidence
de Dol, du citoyen Martin, ci-devant pompier à Dol, muni de ses
sondes ordinaires, dont il se servait pour sonder les terrains sous
lesquels les tuyaux de la pompe étaient placés, et d'un piquet de
gardes nationales de Dol et de La Boussac ou étant, sont intervenus

(1) Archives départementales d'Ille-et-Vilaine S. L. Dossier Ranconnet.

les citoyens Charles Robert, maire, et Dufresne, officier municipal de la commune de Baguer-Pican, dûment revêtus de leur écharpe, et déclarant vouloir nous assister dans nos visites et opérations. Avons tous de compagnie entré dans ledit jardin de la Mancellière, où nous avons appelé plusieurs des domestiques de la maison, et procédant d'abord par sonder la partie de la plate-bande occidentale du réservoir dudit jardin et adjacent le mur qui sépare le chemin d'icelui jardin d'avec le chemin mentionné dans la dénonciation, ledit Martin et plusieurs particuliers, alternativement les uns après les autres ont enfoncé en terre les sondes en fer jusqu'à 4 et 5 pieds de profondeur, et ce de distance de 5 à 6 pouces les unes des autres ; et lorsqu'on a trouvé des duretés, on a bêché et cavé jusqu'à la terre vierge, et cela aussi de distance en distance peu éloignées sans avoir pu rien trouver. Nous avons parcouru toute ladite bordure dans la longitude et latitude entière, dans la même forme précédente, sans y avoir pu rencontrer les objets mentionnés en ladite dénonciation ni autres, que des terres et pierres. Ayant encore aperçu des terres nouvellement bêchées aux environs de l'endroit indiqué par la dénonciation, nous y avons également fait sonder sans y rien trouver. En conséquence, après avoir circuité et traversé ledit jardin sans nous apercevoir qu'il fut caché en quelqu'endroit d'icelui des poudres et munitions ; nous sommes revenus à la maison pour y faire en chaque appartement notre visite domiciliaire. Parlant à la citoyenne Françoise Lelièvre Beaumont, ancienne domestique de la maison, nous lui avons demandé où était l'appartement qu'occupait ordinairement Julien-Bernardin Rever Patinière lorsqu'il venait ici, elle nous a conduit dans une salle à l'orient de ladite maison, et nous a montré un lit en icelle ou couchait ledit Rever Patinière, la visite faitte de cet appartement, ce dernier ne s'est pas trouvé, sommé ladite Lelièvre de nous déclarer depuis quel tems Patinière est venu à la maison et y coucher ; a répondu qu'il y avait un mois qu'il n'y a couché, qu'il y venait auparavant très souvent, y buvait, mangeait, couchait et levait comme chez lui et qu'il était considéré comme un ami attaché avec Ranconnet, comme une ancienne connaissance liée dès leur jeunesse, et que d'ailleurs Ranconnet avait de l'estime pour la famille dudit Rever ou plutôt de le Poitevin, sa mère, et que d'ailleurs la dernière fois il n'y a été que trois à quatre jours de suite ; indépendamment de cette déclaration, nous avons demandé à voir tous les appartements de ladite maison, ce qui nous a été octroyé par tous les domestiques. En conséquence, avons parcouru lesdits appartements sans y avoir

trouvé aucune arme ni munition, ni ledit Patinière ; demandé aux
domestiques en quoi consistent les effets dudit Patinière qu'il a laissés
en cette maison ; ils nous ont dit qu'en leur connaissance il avait laissé
quatre chemises, deux caleçons de coton, un gilet de laine, deux
calottes noires, un gilet de soie rayée et une veste merdoye, lesquels
effets ils nous ont représentés et dont nous nous sommes saisis. Et
sur ce qu'il est plus de 5 heures sonnées, nous nous sommes tous
retirés après avoir raporté le présent procès-verbal sur ledit lieu
pour servir et valloir ainsi qu'il appartiendra, sous nos seings, ceux
desdits maire et officier municipal de Baguer-Pican, ceux desdits
gendarmes et celui de laditte Françoise Lelièvre Baumont. Signé sur
la minute : Merdrignac, Portal, administrateurs, Robert, maire,
Dufresne, officier municipal, Brun, Barberi, Kum, gendarmes,
Françoise Lelièvre Beaumont.

Pour copie conforme à l'original déposé à la Municipalité de Dol,
par la direction du district de Dol, ce jour 8 mai 1793, l'an second
de la République Française.

Signé : MERDRIGNAC, vice-président.
MACÉ, secrétaire.

<hr>

Interrogatoire de Ranconnet (1).

1er mai 1793.

L'an 1793, le deuxième de la République française, aux dix heures
du matin du premier mai, nous, Jacques-Jean Merdrignac et Jean-
Baptiste Lodin, administrateurs du District de Dol et commissaires
nommés par délibération de ce jour, nous sommes transportés à la
prison de cette ville pour interroger Louis-René Ranconnet, y détenu
depuis le 24 avril dernier, en vertu de l'arrêté de l'Administration de
ce District du même jour, où arrivés, nous nous sommes fait conduire
par le concierge à la chambre où il nous a dit qu'était détenu ledit
Ranconnet et lui parlant, nous lui avons d'abord fait donner lecture,
par Gilles-Jean-François Macé, secrétaire, notre adjoint, du procès-
verbal par nous rapporté lors de notre visite chez ledit Ranconnet le 24
aussi du mois dernier et demander s'il n'avait rien à observer sur icelui.

Sur quoi il nous a observé que l'une de ses servantes de basse-cour

(1) Archives d'Ille-et-Vilaine, dossier Ranconnet.

se nomme Gillon et non Jullienne ; qu'il n'a reçu qu'une seule visite du nommé Loisel ci-devant enregistrateur à Saint-Malo ; qu'il se réfère à la déclaration de Le Roy, son agent, sur la dernière visite lui faitte par Tuffin Rouairie, et qu'attendu sa détention, il n'a pu donner les ordres nécessaires pour faire conduire au marché de Dol aucuns grains et n'avoir, au surplus, d'autres observations sur le procès-verbal dont il s'agit.

Passant ensuite à l'interrogatoire dudit Ranconnet et lui a demandé si, lors des visites que lui firent Loizel, Vincent et Dubuat, était présent Tuffin de la Rouairie :

Répond, avant de satisfaire à l'interrogatoire il déclare avoir appris que, depuis sa détention, il a été fait une nouvelle visite chez lui et qu'au lieu d'y appeler sa fille pour y assister et signer le procès-verbal, on l'a fait signer par une vieille fille plus que septuagénaire, qui ne voit et n'entend presque plus, contre quoi il réclame, déclarant n'approuver ni improuver ledit procès-verbal jusqu'à ce qu'il ne lui ait été communiqué ; au surplus ne se rappelle nullement que Tuffin Rouairie se soit trouvé chez lui au même temps que les autres et qu'il ignorait même qu'il eut des liaisons entre eux.

Interrogé si Rever de la Patinière et Tuffin Rouairie ne se sont point trouvés ensemble chez l'interrogé :

Répond : Jamais.

Interrogé pendant combien de jours ledit Rever a resté chez l'interrogé, la dernière fois qu'il y ait allé :

Répond ne pouvoir le dire au juste ; qu'il y venait quand il voulait, comme une suite des liaisons qui subsistent depuis longtemps entre les deux familles.

Demandé l'époque de la dernière visite dudit Rever :

Répond qu'il y avait environ quinze jours avant sa détention que ledit Rever était parti de sa maison de la Mancellière.

Demande le genre d'occupation dudit Rever à la Mancellière :

Répond qu'il lisait, promenait et causait avec l'interrogé et sa fille.

Interrogé s'il n'était point question entre eux de projet de contre-révolution :

Répond : Jamais.

Interrogé s'il n'a point connaissance du projet formé il y a viron quinze mois, d'établir un courrier ou commissionnaire pour une correspondance d'Antrain à Combourg, par Bâzouges, Noyal, Saint-Léger et Lanrigan :

Répond qu'il en entend parler pour la première fois.

Interrogé si, lorsque Tuffin allait le voir, il ne lui parlait pas desdits Rever, Dubuat, Vincent et Loizel :

Répond s'en référer à sa précédente réponse où il a dit ignorer qu'ils se connussent.

Interrogé si, par parole et écrit, il n'a point conseillé Tuffin Rouairie d'aller rejoindre ses amis en pays étranger où il les trouverait en grand nombre :

Répond qu'il n'a jamais conseillé qui que ce soit d'émigrer.

Interrogé s'il ne s'est pas permis de détracter contre le nouvel ordre de choses :

Répond qu'il s'est souvent plaint que les lois n'étaient pas suffisamment observées, attendu que la paix et la tranquillité publiques dépendent de la rigoureuse observation des lois.

Représenté à l'interrogé qu'il n'a pas satisfait à l'interrogat :

Répond qu'il n'en n'a jamais été le détracteur.

Interrogé s'il n'a pas engagé des gens à son service à ne point assister aux offices des curés constitutionnels, et s'il n'a point affecté de n'occuper que ceux qui s'en abstenaient :

Répond qu'il est instruit que, depuis quelque temps, quelques-uns y allaient et qu'il les a néanmoins gardés à son service.

Interrogé s'il n'a pas continué de se faire qualifier de comte par les gens de sa maison, nomément par Le Roy :

Répond qu'il a toujours attaché très peu d'importance à ce titre et que, même avant la Révolution, il se serait trouvé ridicule de l'exiger; ajoute avoir dit à différentes personnes qui venaient lui parler, qu'une pareille qualification était deffendue.

Interrogé sur son âge :

Répond être âgé de 62 ans et quelques mois et n'avoir jamais été, pendant sa vie, trouvé répréhensible.

Demandé quels sont les âges et les lieux de la résidence de ses deux petits-fils Ksaleunn [Ksalaün] :

Répond que l'aisné a 16 ans quelques mois; que son père l'a retiré du collège de Vendôme sans son consentement ni celui de M. Ksaleunn, ayeul paternel de l'enfant; l'a promené successivement en Espagne, à Gênes, en Piémont, en Suisse et finalement en Souabe, où il était à l'académie Caroline de Studgard et d'où il a appris aujourd'hui qu'il était sorti pour demeurer dans la même ville, chez M. Zolemberg, qu'il ne connaît pas. Quant au second, qui est très infirme, il est âgé d'environ 14 ans et réside en Espagne depuis environ quatre ans.

Interrogé s'il n'a pas été en correspondance avec son gendre et ses petits-fils et s'il ne leur a pas fait passer des secours depuis leur absence de la République :

Répond n'avoir pas correspondu avec son gendre depuis plus de trois ans; qu'il croit avoir écrit une ou deux fois à son petit-fils aîné, et plusieurs fois au colonel Féeger, directeur de l'académie Caroline; se rappelle maintenant avoir écrit à son gendre pour l'engager à faire rentrer en France ses deux petits-fils; au surplus ne leur avoir pas fait passer d'argent et qu'il s'en refère à ce sujet aux lettres du colonel Féeger.

Représenté à l'interrogé plusieurs lettres et demandé s'il en reconnaissait l'écriture :

Répond qu'il reconnaissait lesdites lettres pour être de l'écriture de Le Roy; qu'il a remarqué dans deux qu'il était question de ses certificats et, dans la troisième, d'un envoi de 300 livres et que, quant à la quatrième aussi lui représentée, il n'en connaissait pas l'écriture et a affirmé, en levant la main spontanément, qu'elle n'est pas de l'écriture de Le Roy.

Interrogé s'il ne connait pas la date et la signature de cette pièce pour être de l'écriture de Tuffin Rouairie :

Répond avoir eu peu de correspondance et reçu peu de lettres de Tuffin Rouairie, mais qu'il croirait assez que c'est la signature dudit Rouairie.

Interrogé si la connaissance qu'il pouvait avoir du contenu de cette pièce n'est pas la déclaration subite qu'il a faite de n'en pas reconnaître l'écriture aussitôt qu'elle lui a été représentée et même de l'affirmation qu'il a faite qu'elle n'était pas l'écriture de Le Roy :

Répond n'avoir jamais eu connaissance de cette pièce que dans ce moment-ci et affirme de nouveau qu'elle n'est point de Le Roy.

Représenté à l'interrogé que, par la comparaison de cette pièce avec les trois lettres susdites, il paraît au contraire évident qu'elle est de l'écriture de Le Roy et qu'il est probable qu'elle a été écrite et signée chez lui, à la Mancellière :

Répond n'être point expert en écriture mais que, cependant, il lui paraît qu'elle n'est pas de la même écriture que les autres et n'avoir jamais eu, jusqu'à ce moment, connaissance de cette pièce.

Interrogé s'il n'a pas connaissance du contenu de cette pièce :

Répond que non.

Interrogé s'il ne sait pas que Rever en a reçu une pareille :

Répond n'en n'avoir jamais eu connaissance.

Interrogé s'il ne connaît pas les complices de Tuffin Rouairie dans ses projets contre-révolutionnaires :

12

Répond n'en connaître aucun; avoir seulement appris par la voix publique que Vincent avait été arrêté et que les dames Desilles l'avaient été également.

Représenté à l'interrogé que ses liaisons étroites avec Tuffin Rouairie et Patinière, ses connaissances avec Dubuat, Vincent, Loizel et autres connus partisans dudit Rouairie, sont des indices assez directs qu'il a eu connaissance des projets de contre-révolution dudit Rouairie :

Répond qu'il nie qu'il y ait eu des liaisons intimes entre lui et ledit Rouairie; qu'il s'en rapporte, relativement à Rever, à ses précédentes réponses ainsi que pour les autres et déclare n'avoir nulle connaissance de ses projets.

Lui représenté que ses liaisons avec Tuffin seront prouvées par leur correspondance et pourront même l'être par témoins; qu'elles ont une ancienne existence; que Tuffin a même recherché en mariage une des demoiselles Noyant, et que, quoique cette alliance n'ait pas eu lieu, ils n'ont pas manqué de se voir et s'écrire fréquemment depuis :

Répond que cette liaison, qui n'est point intime, mais de simple honnêteté, comme entre parents et alliés, a pu occasionner quelques lettres de part et d'autre, mais en très petite quantité; qu'il est vrai que ledit Rouairie aurait désiré épouser, il y a vingt ans, la fille aînée de l'interrogé, qui lui fut refusée.

Interrogé pourquoi au lieu de se servir d'hommes de bras du pays où il n'en manque pas, il en a appelé un grand nombre du pays d'Ernée ou des environs de Saint-James dont quelques-uns et nommément Le Neveu étaient des domestiques d'émigrés, tel que Tuffin de Villiers, parent de Tuffin Rouairie.

Réponse : ignore que le nommé Neveu ait été domestique de Tuffin de Villiers; ignore qu'aucun autre ait servi chez des émigrés; au contraire, ils ont été envoyés par des parents de Le Roy, qui dans leur canton sont tous maires, juge de paix et commandants de la garde nationale; qu'au demeurant, le nombre en est très peu considérable et le répondant ne les a demandés que parce qu'il sait que dans le Maine on cultive la terre d'une manière plus avantageuse et qu'on y fait mieux les fossés.

Interrogé s'il n'a point chargé Le Roy de s'assurer d'hommes pour les employer dans ce qu'ils appelaient contre-révolution et s'il n'a pas connaissance que quelques-uns de ses gens n'aient été employés à pareille œuvre :

Répond que non.

A l'endroit l'interrogé a pris lecture de ces présents interrogatoires et dit que ses réponses sont sincères, n'avoir rien à augmenter ni diminuer, a pris la plume et a signé le présent et chiffré avec moi, etc.

NOYANT, LODIN, MERDRIGNAC, MACÉ.

District de Dol.

RÉPUBLIQUE FRANÇAISE.

1ᵉʳ mai 1793.

L'an mil sept cent quatre-vingt-treize, le deuxième de la République Française, aux quatre heures de relevée du 1ᵉʳ jour de mai ; nous, Jacques-Jean Merdrignac et Jean-Baptiste Lodin, administrateurs du Directoire du district de Dol, et, commissaires nommés par délibération du matin de ce jour, nous sommes rendus, accompagné de Gilles-Jean-François Macé, secrétaire notre adjoint, à la prison de cette ville pour interroger Nicolas-François Leroy, agent de Louis-René de Rânconnet, y détenu depuis le 24 avril dernier, en vertu de l'arrêté de l'Administration de ce district du même jour, où arrivé nous avons trouvé ledit Leroy, en la chambre de la geole et avons procédé à son interrogatoire comme suit, après en avoir fait retirer les personnes qui s'y sont trouvées.

Interrogé sur son âge.

A répondu être âgé de 38 ans accomplis.

Représenté à l'interrogé, trois missives par lui dressées, savoir : celles des deux et six avril dernier, au secrétaire de la commune de Dol, et l'autre en date du 29 janvier 1791 sans subscription ; et interrogé si elles sont de son écriture et signées de lui.

A répondu que ces lettres sont vraiment de son écriture et signées de lui.

Lui représenté les six premières lignes d'une autre pièce, dont cinq mots de la troisième ligne sont rayés, et six mots de la quatrième ligne aussi rayés ; et, interpellé l'interrogé de dire si ces six lignes ne sont pas également de son écriture :

Répond qu'avant de répondre à la question, il demande la lecture et la représentation de cette pièce.

Représenté à l'interrogé qu'il ne satisfait point à l'interrogat et lui a réitéré de nouveau qu'il doit y répondre, lui protestant de reprendre son refus pour un aveu, qu'il reconnaît ces six lignes pour être de son écriture :

Répond que pour y satisfaire, il a examiné attentivement et le contenu et l'écriture de ces six lignes, qu'il affirme n'être point de lui et dont il ne reconnaît ni l'un ni l'autre.

Interrogé ledit Leroy s'il ne remarque pas une identité et une ressemblance parfaite entre les différentes lettres qui composent ces lignes et celles de trois susdites lettres :

Répond qu'il persiste dans sa dernière réponse.

Interpellé l'interrogé d'écrire sous notre dictée, même nombre de mots et de lignes, sur un morceau de papier de pareille largeur, sur une marge égale à celle de la pièce représentée.

L'interrogé a pris la plume et écrit le contenu desdites six lignes et a ensuite rayé les onze mots rayés dans les susdites six lignes de la pièce. Et en outre ceux-ci : *parce que ces rassemblements.*

Sommé à l'interrogé de chiffrer avec nous sa transcription des susdites six lignes :

A répondu être prêt à le faire, ce qu'il a réalisé ainsi que nous.

Représenté à l'interrogé que ce corps d'écriture n'est pas son écriture ordinaire et qu'il a très peu de ressemblance à ces trois lettres susdites, qu'ainsi il a affecté de ne pas écrire comme il le fait naturellement :

A répondu que s'il existait de la différence elle ne peut provenir que de ce qu'il n'écrit plus habituellement depuis quelque temps.

Représenté à l'interrogé que la lettre z est la seule dans ses susdites missives qui n'ait pas la même forme que la même lettre qui se trouve plusieurs fois dans le cours des six lignes susmentionnées, et que cette lettre z, dans le corps d'écriture qu'il vient de faire, à la même forme et une ressemblance assez marquée avec le z dans les six lignes de la susdite pièce lui représentée, et interpellé l'interrogé de déclarer s'il ne termine pas indifféremment cette lettre z par un délié en dehors comme en dedans de la main :

A répondu qu'il n'est pas surprenant de voir non seulement des lettres mais même des corps d'écriture entiers s'imiter, et que ce n'est point le même corps d'écriture, ni les mêmes lettres de la pièce qu'il méconnaît, et qu'il ne termine point également la lettre z dont il s'agit.

Lui représenté l'ensemble de ladite pièce et demandé si la vérité n'est pas, qu'en vue d'obliger l'auteur, qu'il savait être l'ami de Louis-

René de Ranconnet, il n'en a pas écrit la copie lui représentée et peut-être plusieurs autres :

Répond qu'il a lu la pièce en entier souscrite Armand de la Rouërie, qu'il ignore si c'est sa signature, qu'il n'a point été requis de lui dans aucun cas pour lui servir de secrétaire, ni pour l'obliger ni autre pour lui et qu'il n'avait jamais eu connaissance du contenu en ladite pièce, qui n'est nullement de son écriture.

Lui demandé s'il n'avait pas un frère lui servant de scribe et l'époque de sa sortie de la Mancellière :

Répond qu'il a eu avec lui à la Mancellière un de ses frères pendant plusieurs années et qu'il l'a quitté depuis trois ans, et qu'il réside actuellement au Hâvre de Grâce.

Demandé à l'interrogé, pendant combien de jour Rever Patinière a resté à la Mancellière dans le dernier séjour qu'il y a fait, et le jour qu'il en a quitté :

Répond qu'il l'a vu venir à la maison momentanément depuis six mois, qu'il ne l'y avait pas vu autredâment, qu'il y passait plusieurs jours de suite et qu'il l'y avait encore vu, dans le courant du mois dernier, sans se rappeler le jour de sa sortie.

Demandé à quoi Rever s'occupait à la Mancellière :

A répondu l'ignorer, savoir seulement que plusieurs personnes venaient l'y consulter.

Demandé à l'interrogé depuis quel temps il habite la Mancellière :

Répond qu'il y a environ huit ans.

Interrogé ledit Leroy si depuis cette époque Tuffin Rouairie ne fréquentait pas assiduement la Mancellière, et l'époque de la dernière visite qu'il y a faite :

Répond qu'il l'y a vu plusieurs fois, et la dernière, depuis dix-huit mois ou environ.

Lui représenté qu'il pourra se trouver en contradiction avec Louis-René Ranconnet sur la fixation de cette époque et que la vérité est que Tuffin Rouairie s'est encore rendu à la Mancellière depuis les neuf à dix derniers mois :

Répond que faisant momentanément des absences, il ignore si Rouairie est venu ou non à la Mancellière depuis l'époque qu'il a désignée.

Demandé à l'interrogé, quelles personnes étaient présentes lors des visites de Tuffin Rouairie et s'il ne s'y est pas trouvé Rever, Dubuat, Vincent, et ceux qui à sa connaissance accompagnaient ledit Tuffin :

Répond ne pas se rappeler avoir vu à la Mancellière autre personnes de compagnie, lorsque Tuffin y venait, que son ami Chaffner seulement suivis d'un et de deux domestiques.

Demandé si la vérité n'est pas que lorsque Dubuat, Vincent et autres se trouvaient à la Mancellière, l'on s'entretenait dudit Tuffin et qu'on l'appelait son général :

Répond n'avoir aucune connaissance de ces faits, quoiqu'il ait vu deux fois Dubuat à la Mancellière où il lui a vendu du bois à feu, et Vincent avec lequel il était en compte courant.

Demandé à l'interrogé s'il ne s'est pas permis de dire que les municipalités n'auraient jamais du droit sur lui ; que, quand il devrait avoir le col coupé, il ne leur obéirait pas : qu'il s'en f....ait ainsi que des district et département :.

Répond que c'est une calomnie atroce.

Lui demandé s'il ne s'est point permis de détracter autrement contre le nouvel ordre de choses :

Répond qu'il n'a rien à se reprocher à ce sujet, qu'il respecte trop les lois pour cela.

Interrogé Leroy, s'il n'a pas accompagné Tuffin Rouairie et autres individus dans différentes maisons et cherché à connaître la disposition des esprits et à les prévenir contre le nouvel ordre de choses :

Répond qu'il n'a accompagné nulle part Tuffin Rouairie ; qu'il ignore s'il avait des intentions contraires aux lois qui nous gouvernent, qu'il respecte trop pour y porter atteinte, et qu'il est, et a toujours été prêt de les protéger.

Interrogé s'il n'est pas vrai qu'il a dit à la Vieux-Ville, qu'il serait possible de rendre ce lieu favorable à un rassemblement capable de se défendre en cas de besoin :

Répond qu'il n'a jamais tenu de pareils propos et qu'il ignore absolument l'art de la guerre.

Lui représenté que le contraire de ses réponses pourra être prouvé par des témoins irréprochables :

Répond qu'il n'en craint nullement l'approfondissement et qu'il n'a rien à se reprocher sur de pareilles calomnies.

Lui demandé s'il n'avait pas en vue de faire servir au parti contre-révolutionnaire, le grand nombre d'hommes étrangers qu'il a occupé jusqu'à ce moment pour le compte de Louis-René de Ranconnet, et, sommé de nommer ces individus qui travaillaient à la Mancellière jusqu'au jour de sa détention :

Répond qu'il est étrangement surpris d'une semblable question ; qu'il n'a jamais entendu parler d'aucun projet contre-révolutionnaire ;

qu'il est indigné de pareils projets ainsi que son commettant; que, s'il a occupé un grand nombre d'ouvriers, plus de quatre-vingts à la fois, tant pour son compte que pour celui de son commettant, à des défrichements considérables de deux à trois cents journaux de terre inculte et d'utilité publique depuis qu'il est à la Mancellière, ce n'a été que pour le bien-être tant de lui et de son commettant que du public surtout. Qu'il n'a occupé, autant qu'il peut se le rappeler, d'autres ouvriers étrangers que les nommés Le Neveu, Guérin, Ollivier, Cherruaux, Maillard; tous pour le compte de son commettant; et pour le sien Jean et Nicolas Lecoq et Jeanne Laigre, sa filleule, les autres ouvriers étant du pays.

Lui demandé à quoi peuvent s'élever les sommes que, de l'ordre de son commettant, il a pu faire passer pour son fils aîné de Kersaleuun, gendre de son commettant :

Répond ignorer même qu'il lui ait été fait aucun envoi d'argent.

Lui demandé s'il n'a point voyagé à la Rouairie :

A répondu n'y avoir été que deux fois, la dernière fois il y a près de deux ans, pour prier le nommé Guyou, domestique de Tuffin, de faire la provision de beurre pour la maison de la Mancellière.

Lui demandé par quel motif il a continué de qualifier de Comte, Louis-René de Ranconnet, quoique de pareilles qualifications soient abolies.

A répondu que ce n'était chez lui qu'affaire d'habitude et non l'intention de contrevenir à la loi.

Lui demandé, d'après lecture lui faite de ses précédents interrogatoires, s'il n'a rien à y changer et si encore il ne connaît pas quelques complices de projets contre-révolutionnaires dudit Rouairie :

Répond qu'il ignore les prétendus projets et par conséquent les complices; que ses réponses sont sincères; n'avoir rien à augmenter ni à diminuer et a, au surplus, chiffré les trois missives et la pièce signée Armand de la Rouairie lui représentées, et signé le présent avec nous. Signé en la minute : Leroy, Lodin, Merdrignac et Macé, secrétaire.

Pour copie conforme à l'original déposé à la Municipalité de Dol par le Directoire du District de Dol, ce 8 mai 1793, d'an 2e de la République française.

Signé : MERDRIGNAC, vice-président.
MACÉ, secrétaire.

Suite des délibérations de la Municipalité de Dol.

2 mai 1793.

Le citoyen Procureur de la Commune ayant pris connaissance d'un rapport fait hier soir par le citoyen Tallon, commissaire des prisons, au registre à ce destiné, par lequel il expose qu'il s'est trouvé un détenu de moins qu'à l'ordinaire dans la maison d'arrêt ; qu'ayant interrogé le guichetier, celui-ci lui a répondu que cet homme qui lui paraissait manquer, avait soupé avec le citoyen Ranconnet et cela par ordre et permission du citoyen Merdrignac, administrateur, lequel a fait subir interrogatoire auxdits de Ranconnet et Le Roy, détenus, pendant l'après-midi dudit jour et qu'il leur avait permis de communiquer ensemble, ce dont le citoyen Tallon se plaint, prétendant que les municipalités ont seules le droit d'inspecter les prisons.

8 mai 1793.

Au Conseil municipal en permanence, s'est présenté le citoyen Gilles-Jean Macé, secrétaire du District de Dol, lequel, en exécution de l'arrêté pris par le Directoire le 4 de ce mois, a déposé des pièces concernant la complicité du projet de conspiration de la Rouërie dont sont prévenus Bernardin-Julien Rever, homme de loi, ci-devant président du tribunal du District, Louis-René Ranconnet, ci-devant comte de Noyant et Nicolas-François Leroy, son agent, lesquelles consistent :

1° Un projet de contre-révolution, en date du 5 décembre 1791, signé Armand de la Rouërie, commençant par ces mots : « par *ordre des Princes* et finissant par ceux-ci : *Bretagne 5 décembre 1791.* » Chiffré à la marge : Cousin, Rever, Merdrignac, et, à la dernière, Merdrignac, Noyant, Lodin, Leroy.

2° Trois lettres écrites de la main de Leroy, la première, en date du 29 janvier 1791, sans adresse ; chiffrée : Noyant, Merdrignac, Lodin ; la seconde, chiffrée des mêmes, en date du 2 avril 1793, adressée au citoyen Greffier, de la Municipalité de Dol et la troisième, aussi chiffrée des mêmes, en date du 6 avril 1793, adressée au citoyen Bienvenu, secrétaire de la Municipalité de Dol.

3° Un procès-verbal du 21 du mois d'avril, constatant l'apposition des scellés sur la porte de la chambre dudit Bernardin Rever, signé : Pleine le jeune, Greffier, maire, Plainfossé.

4° Autre procès-verbal de visite à la Mancellière, rapporté ledit jour 21 avril, par les citoyens Merdrignac et Lodin, administrateurs.

5° Une expédition de l'arrêté pris par le Directoire de ce District, le 24 dudit mois d'avril, portant nommination du Commissaire, pour le lief des scellés apposés sur l'entrée de la porte de la chambre dudit Rever.

6° Le procès-verbal de lief desdits scellés et de la visite faite ledit jour 24 avril, chez ledit Rever, chiffré à la première marge : Rever, Cousin, Merdrignac et au dernier rôle recto : Plaine le jeune, Rever, Cousin, Merdrignac, ledit procès-verbal sur sept pages de papier différent.

7° Une expédition d'un arrêté du Directoire de ce District, dudit jour 24 avril, pour l'arrestation desdits Ranconnet et Leroy.

8° Procès-verbal d'arrestation desdits Ranconnet et Leroy, du même 24 avril.

9° Nouveau procès-verbal de visite à la Mancellière, rapporté le 28 avril, par les citoyens Merdrignac et Portal, administrateurs.

10° Interrogatoire subi le premier de ce mois, par Louis-René Ranconnet, sur deux feuilles de papier libre, signé : Noyant, Lodin, Merdrignac et Macé, et chiffré au bas de chaque page : Noyant.

11° L'interrogatoire subi par Nicolas-François Leroy, ledit jour, premier de ce mois, chiffré, au bas des cinq premières pages : Leroy, et sur la dernière : Leroy, Lodin, Merdrignac et Macé; de plus, le corps d'écriture fait faire par ledit Leroy, lors de son interrogatoire.

12° Un procès-verbal des vérifications des papiers de Tuffin Rouërie, rapportés les 1er et 2 octobre 1792, par Merdrignac, administrateur, et Gautier, commissaire, signé de l'un et de l'autre, et de Thomas, maire de Saint-Ouen, avec deux lettres y référées, l'une signée Noyant et l'autre, sans signature, datée du 5 février 1791.

13° Une lettre sans signature, du 18 juin 1792, à l'adresse de Mademoiselle de la Martinière, demeurant à sa terre de la Martinière, près Dol, et qu'on croit être de l'écriture d'Armand-Paul Gault, ex-chanoine de Dol : chiffré du citoyen Merdrignac.

14° Une expédition de l'arrêté de l'Administration du District de Dol, du 4 mai, présent mois, portant nomination du comparant pour faire le présent dépôt, dont il requiert une expédition et a signé.

François MACÉ, secrétaire du Directoire.

Le citoyen Juhel, procureur de la Commune, a déposé un réquisitoire tendant à avoir communication de toutes les pièces du procès, circonstances et dépendances des sieurs de Noyant, Rever, Leroy, mêmes copies des dénonciations des citoyens Cousin et Charrier.

La Municipalité accède à ce réquisitoire.

9 mai 1793.

Cousin étant membre de la Municipalité et accusé d'avoir favorisé l'évasion de Rever, on décide d'écrire au Comité de surveillance et de sûreté générale de la Convention, pour lui demander des instructions sur la complicité d'un membre de cette Commune.

15 mai 1793.

Le Procureur de la Commune dépose au présent : 1º Une remontrance et réquisitoire, en date de ce jour, tendant à faire appréhender au corps, conformément à la loi, Bernardin-Julien Rever de la Patinière, comme contumace, et à ce que perquisition soit faite de sa personne, etc... 2º Autre remontrance du même jour, articulant les faits portés aux dénonciations de Jacques-Marie Cousin, officier municipal, et de Jean-Joseph Cherrier, dit Lorain, contre ce dernier, tendant à faire mander, interroger ledit Cousin et le citoyen Jacques-Jean Merdrignac, dénoncé par ce dernier. 3º Une autre remontrance tendant à faire interroger les sieurs Ranconnet et Leroy, sur le fait d'une lettre adressée au citoyen Rever de la Patinière, en date du 3 de ce mois, par une personne de Rennes, inconnue, par laquelle elle se plaint à lui « *que le chef est malheureusement en prison.* »

De tout quoi il a demandé acte, même de la remise de la lettre du 3 mai, chiffrée : Greffier, maire, et à l'adresse du citoyen de la Patinière; d'un extrait de la dénonciation de Cousin, Cherrier, en date du 25 avril; de la lettre du même Cherrier, dit Lorain, en date du même jour, chiffré : Greffier, maire, *ne mutetur,* et de toutes les pièces dont il eût la communication le 8 de ce mois, suivant et conformément au dépôt en fait par le secrétaire du District de Dol, dont il demande décharge.

Le Conseil lui décerne acte et arrête de plus qu'il sera délivré des extraits de chacune de ces pièces, pour s'en servir au besoin.

A cet endroit, le citoyen maire a fait ouverture d'un paquet adressé aux citoyens maire et officiers municipaux de Dol, sous enveloppe, lequel ouvert, a donné lecture d'une pièce y contenue, sans date, mais signée : Rever, administrateur, contenant en substance une prétendue justification du citoyen Rever-Patinière, son frère, portant pour texte : « *le crime s'enveloppe de ténèbres, l'innocence n'en n'est que plus belle à la lumière* » et finissant par ces mots : « mon cœur déchiré ne me permet pas de conserver mon sang-froid, » pièce relative à la procédure commencée par le Directoire contre Bernardin Rever, et qu'il dépose pour y être joint.

17 mai 1793.

S'est présenté le citoyen Cousin, officier municipal, lequel a déclaré qu'il subit hier interrogatoire et que le nommé Cherrier, dit Lorain, citoyen volontaire, s'expliqua sur sa délibération, et qu'il ne donna aucuns motifs suffisants et raisonnables au soutien de sa dénonciation qui, par ce moyen, tombe de droit et doit être regardée comme non avenue ; en conséquence, il demande à être admis à coopérer comme au passé, avec ses collègues, à ses fonctions municipales ordinaires, pour lesquelles il a été délégué par ses concitoyens.

Le Procureur requiert qu'il soit procédé aux interrogatoires du sieur de Noyant, sur le fait de la lettre anonyme à l'adresse du sieur Rever, en date du 3 mai, que la vérification de l'écriture de la pièce intitulée : par ordre des princes, soit faite avec celle des lettres que le citoyen Leroy reconnaît être de la sienne, et nommer de suite trois experts pour faire cette vérification.

Requiert aussi qu'il soit procédé au lief des scellés apposés chez le sieur Merdrignac, tant à Dol qu'à Laboussac, et que vérification de ses papiers soit faite incessamment et que, de plus, il soit également procédé à l'audition des sieurs et dame Plaine, marchands à Dol, et de leur factrice, sur le fait de la commission et perquisition faite chez eux le 24 avril, dans les appartements du sieur Rever et sur l'évasion de celui-ci.

23 mai 1793.

Le Conseil permanent de la Commune, assemblé au lieu ordinaire de ses séances, présent le citoyen Procureur de la Commune.

En cette séance s'est présenté le citoyen Pierre Bénigne Laligant-Morillon, natif d'Autun, département de la Côte-d'Or, commissaire du Comité de sûreté général et de surveillance à la Convention, à l'effet de rechercher les conspirateurs cachés ou connus de la coalition bretonne, lequel a remis et déposé ses pouvoirs sur le bureau, qui constatent sa mission.

Le citoyen Procureur de la Commune a requis qu'il en fut décerné acte audit citoyen Commissaire ; qu'il fut invité à prendre séance et que la Municipalité prît ses ordres pendant le temps de sa mission en cette ville, et que toutes pièces concernant l'affaire de la conspiration bretonne lui fussent remises, comment et dans le temps qu'il le requerra.

La Municipalité, faisant droit audit réquisitoire, a prié le citoyen Morillon de prendre séance, et l'a assuré de son dévouement à la chose publique; que rien ne lui sera caché à sa connaissance et que toutes pièces ce concernant lui seront, à sa réquisition, délivrées sur-le-champ; même qu'il sera aidé de la force publique, autant qu'il sera en son pouvoir et a invité le même citoyen à souscrire au présent.

En l'endroit de quoi le même citoyen Commissaire a requis la représentation et la remise de toutes les pièces de la procédure, instrumenté, tant qu'au District qu'en Municipalité, contre les sieurs de Noyant, Leroy et Bernardin Rever de la Patinière, homme de loi, et de toutes autres pièces déposées au bureau municipal.

En conséquence, a été remis au citoyen Commissaire :

1º Un projet de contre-révolution commençant par : Par ordre des Princes, et signé Armand de la Rouërie.

2º Trois lettres écrites de la main de Leroy, la première, en date du 29 janvier 1791, sans adresse; la deuxième, en date du 2 avril 1793 et la troisième, du 6 avril 1793, pièce de comparaison.

3º Un procès-verbal du 21 avril 1793, commençant par ces mots : « Ce 21 avril, » et finissant par les mots : « République française et finissant par ceux-ci : sur notre demande il aura approuvé. »

4º Un procès-verbal du 21 avril 1793.

5º Une expédition de l'arrêté pris par le Directoire de ce District, le 24 avril, commençant par ces mots : « Séance publique » et finissant par ceux-ci : « est invité de nommer à cette fin pour expédition. »

6º Procès-verbal de mise des scellés et de visite faite, le 24 avril, chez le sieur Rever, commençant par ces mots : « l'an 1793 et finissant par ceux-ci : est requis à l'endroit ledit Rever de signer avec nous ce qu'il a fait. »

7º Expédition d'un arrêté du Directoire de ce District pour l'arrestation des sieurs Ranconnet et Leroy, du 24 avril, commençant par ces mots : « Séance publique » et finissant par ceux-ci : « et conduit à ladite maison d'arrêt. »

8º Procès-verbal d'arrestation desdits Ranconnet et Leroy, du même jour, 24 avril.

9º Nouveau procès-verbal de visite à la Mancellière, le 28 avril.

10º Interrogatoire subi le 1er mai par Louis-René Ranconnet.

11º Interrogatoire subi par Nicolas-François Le Roy, le 1er mai; de plus, le corps d'écriture fait faire par ledit Leroy.

12º Procès-verbal de vérification des papiers de Tuffin Rouërie, en date des 1er, 2 octobre 1792, commençant : « 1er *octobre* et finissant : *1792, sieur Thomas, maire de Saint-Ouen; Gauthier, commissaire; Merdrignac.* » Plus deux lettres, l'une signée *Noyant,* sans date,

La Rabine du Château.

commençant par : « *Vous m'avez dit, mon cher Marquis,* » et finissant :
« *a vos dames, Noyant.* » L'autre : « *Je n'ai reçu qu'hier* » et finissant
par : « *Adieu, je ne signerai plus, faites-en autant; 5 février 1791.* »

13º Une lettre sans signature, du 18 juin 1792, adressée à Mlle de la
Martinière, commençant par : « *Je viens, ma chère petite Marianne* »
et finissant : « *que je puisse me réunir à la compagnie selon mon
cœur.* »

14º Expédition de l'arrêté de l'Administration de ce District du
4 mai, commençant : « *Séance publique* » et finissant : « *une expédition du dépôt pour expédition.* »

15º Autres pièces nouvelles déposées en cette Municipalité : une
lettre anonyme au timbre de Rennes, à l'adresse du citoyen Rever de
la Patinière, à sa maison à Dol, commençant par ces mots : « *Rennes,
3 mai 1793* » et finissant par : « *Je perds la tête.* » L'autre note, de
l'écriture de Nicolas-François Leroy, adressée à la Municipalité de
Dol, pour parvenir à obtenir un certificat de résidence et portant
signalements des citoyens Louis de Raconnet et de Louis Beaupoil,
donnée pour pièce de comparaison finissant par : « *Baguer-Pican* »
de toutes lesquelles pièces ci-dessus relatées, le citoyen Morillon,
commissaire, s'est saisies après les avoir vérifiées et en avoir donné
décharge.

Fait et arrêté sous son seing et ceux de nous, Maire et Officiers
municipaux et Procureur de la Commune.

J'ai reçu ce jour, 23 mai, les pièces mentionnées ci-dessus, dont
décharge. Le Commissaire de la Convention et du Pouvoir exécutif
d. d. L. 2 de la République française.

Laligant-Morillon.

---

*Aux citoyens composant le Comité de sûreté générale
à Rennes (1).*

Dol, 25 mai 1793, l'an 2ᵉ de la République.

Les maire, officiers municipaux et procureur de la commune de Dol,
en état de surveillance permanente ;

(1) Archives départementales d'Ille-et-Vilaine. Dossier Ranconnet.

Aux Membres composant le Comité de sûreté générale à Rennes.

Citoyens,

Le 24 avril dernier, l'administration de notre District envoya en commission l'un de ses membres, le citoyen Merdrignac, chez le sieur Rever de la Patinière, homme de loi de cette ville ; il y trouva un plan de contre-révolution ; cette pièce commençait par ces mots : *Par ordre des princes*, et se terminait par ceux-ci : *Bretagne, 5 décembre 1791, Armand de la Rouërie.* Merdrignac écrivit ces mots au Directoire : « *Envoyez sur le champ saisir les sieurs Ranconnet et Le Roy ; ils auront pour compagnon celui chez lequel je suis. J'ai trouvé une pièce curieuse.* » A en juger par la conduite de cet administrateur, on eût cru qu'il aurait fait saisir Patinière, point du tout ; il renvoie les gendarmes, s'oppose à ce que l'on fasse venir la garde, dit qu'il *ne faut pas faire d'esclandre*, consume un temps inutile en paroles plus inutiles encore, laisse Patinière libre chez lui, se retire à sept heures, et Patinière s'enfuit à huit heures ; la garde, l'administrateur Merdrignac, tout le monde court çà et là à la poursuite de Patinière. Inutiles recherches ; soins tardifs et superflus ! Patinière n'était plus chez lui, Patinière avait pris la fuite. Ranconnet et Le Roy désignés pour la prison étaient en lieu de sûreté ; mais quel fut l'étonnement au retour des commissaires, envoyés à la Mancellière, de ne point y voir le sieur Rever ! Dénonciation du délit de Merdrignac à la Municipalité, par un des officiers municipaux ; celle-ci donna un mandat d'amener pour s'informer d'avec l'administrateur de l'état des choses. Le jour même que ce mandat fut notifié au citoyen Merdrignac, au lieu d'y obéir, il fit enlever subitement ses papiers, par son neveu, et s'évada lui-même !

Nous apprenons à l'instant qu'il est dans vos murs, muni d'une commission du Directoire, qui a pour objet, à ce qu'on nous assure, de poursuivre l'homme qu'il a laissé échapper, et qu'il travaille sourdement contre la Municipalité ; il se fonde sur ce qu'il prétend qu'elle n'a pas eu le droit de le troubler dans ses fonctions ; les astucieux savent toujours éluder les lois !

Son évasion confirmée, nous fimes apposer les scellés sur ses appartements, tant à Dol qu'à la Boussac, et, peut-être, le fimes-nous trop tard, puisque certain enlèvement de papiers était déjà fait. Nous avons cru devoir tenir cette conduite à son sujet, parce qu'aussitôt qu'il ne se présentait pas, qu'il avait enlevé des papiers, nous crûmes qu'il était complice, avec d'autant plus de raison, qu'il avait mis plus de lenteur dans l'affaire des sieurs Ranconnet, Le Roy et Rever. La commission lui donnée par ses collègues, n'est qu'un prétexte donné dans le moment, pour le sauver à notre poursuite ; et nous vous le dénonçons, non seulement pour avoir favorisé Patinière dans son évasion, mais encore pour avoir désobéi à la loi, bien ou mal appelé, avoir mendié une commission à ses collègues, pour s'y soustraire et enlevé des pièces qu'il a dû dire qu'il serait bien fâché de laisser voir. Des bruits publics annoncent des faits très répréhensibles, mais dont nous ne nous rendrons garans que lorsqu'ils seront constatés.

Nous croyons vous avoir éclairés sufisamment sur la conduite de cet administrateur, pour que l'on s'assure de sa personne, et que la chose publique ne soit pas plus longtemps en souffrance à son égard. Il faut au moins qu'il s'explique et qu'il réponde à l'accusation formée ici contre lui.

Signé : GREFFIER, maire.

HAUTIÈRE, TALLON 1r offr mal, LAIR, offr mal, ESTIENOUX, offr mal,
JACOB, notable, MARTIN.

Le 27 mai 1793, le procureur de la commune se désiste des affaires Ranconnet, etc., et demande le renvoi de celle de Merdrignac et Cousin au Directoire du département.

Registre des délibérations de la Municipalité de La Boussac (1).

Le 20 brumaire, an 3 (10 novembre 1794), s'est présenté à cette commune, le citoyen Jacques-Jean Merdrignac, domicilié de cette commune, lequel a représenté une expédition de l'arrêté du Comité de sûreté générale et surveillance de la Convention nationale du 27 vendémiaire dernier, signé Bourguignon, secrétaire général, portant la mise en liberté du comparant ci-devant détenu à la maison Duplessix, dite Égalité, à Paris, et en marge le permis lui accordé de rester à Paris pendant deux décades, en date du 30 vendémiaire, signé des représentants du peuple : Levasseur de la Meurthe, Mathieu et Monmayon, de laquelle pièce, le citoyen Merdrignac s'est ressaisi pour lui servir au besoin.

(1) Archives de la commune de La Boussac.

Vente mobilière de Nicolas le Roy et de Rever Patinière (1).

Le lundi 16 septembre 1793, l'an 2 de la République Française, une et indivisible, nous soussignés, maire et officiers municipaux de la commune d'Epiniac, sur le rapport qui nous a été fait que le citoyen le Roy s'était évadé de la tour le Bat de Rennes, nous nous sommes ce jour transportés de nos demeures, que nous faisons séparément dans cette commune, jusqu'à la maison dudit le Roy, sise à la lande de la Vieuxville, dans notre commune, ou étant arrivés viron les 10 heures du matin de ce jour, nous avons dressé provisoirement le présent inventaire et prisage auquel ont vaqué, etc...

     Total du prisage. . . . . . 1.131 livres 13 sous.

Produit de la vente du 1er vendémiaire, an 2, des meubles et effets mobiliers du susdit le Roy. . . . . 2.384 l. 4 s. 6 d.

Produit de la vente du 4 vendémiaire, an 2. . . 2.084 l. 4 s.

Du 8 fructidor, an 2, le citoyen Pinoul a déposé le procès-verbal de la vente de Rever Patinière, ainsi que l'inventaire de ce mobilier, faite par le citoyen Moquet et Gautier, les 2, 27 et 28 germinal, et un mémoire de leurs avances et vacations au Directoire. Le montant de cette vente s'est élevé à la somme de 2.596 livres ; 300 volumes avaient été estimés au prisage 30 livres.

A propos de documents disparus concernant les petits-fils de Ranconnet (2).

Rennes, 29 nivose, an 7.

L'Administration centrale du département d'Ille-et-Vilaine à l'Administration municipale de Dol.

Le Ministre des finances, citoyens, vient de nous écrire que le citoyen Ranconnet Noyant réclame contre le séquestre que nous avons fait établir sur ses biens, sous le rapport d'ascendant d'émigrés. Ce

(1) Extrait de la liasse 1 Q 286, archives d'Ille-et-Vilaine.
(2) Archives de la ville de Dol.

dernier prétend que ses petits-fils ne peuvent être considérés comme émigrés, d'après les certificats de résidence qu'il a produits et le certificat qui lui a été délivré par le Ministre des finances, portant qu'on ne trouve leurs noms accompagnés de leurs prénoms sur aucune liste générale et supplétive.

Le Ministre des finances nous demande en conséquence des renseignements relativement à l'inscription que nous avons ordonnée le 26 vendémiaire dernier, des noms d'anonyme, dit Adolphe Euzenon et Ange Euzenon, sur la liste des émigrés.

Nous sommes saisis d'une lettre écrite par le citoyen Lodin, président de l'Administration municipale de Dol, qui apprend que le département ayant avis d'un dépôt d'armes à la Mancellière, ordre a été donné au district (de Dol) d'y faire une visite domiciliaire le 24 ou 25 avril 1793. On trouva dans cette visite des lettres de celui qui tenait à Studgard une maison d'éducation, où était l'aîné Ksalaün. Ce maître demandait au citoyen Noyant de l'argent pour la nourriture et l'entretien de son petit-fils, attendu que Ksalaün, père, était dans la misère.

Ils trouvèrent également plusieurs lettres d'Espagne relatives au jeune Ksalaün qui habitait ce pays. Le premier brumaire dernier, nous vous écrivions pour vous engager de faire ce qui dépendrait de vous pour nous procurer la remise des lettres dont nous venons de parler, vous nous avez répondu le 23 du même mois que l'Administration du ci-devant district de Dol, sur la demande du citoyen Morillon, lors chargé de pouvoirs du Comité de salut public, lui adressa toutes les pièces trouvées à la Rouërie, ainsi qu'à la Mancellière, chez Ranconnet. Ces lettres n'étant plus à votre disposition, nous pensons qu'il existe un moyen d'y suppléer, ce serait de vous faire passer un acte de notoriété dans lequel tous les faits référés dans ces lettres seraient attestés avoir été déclarés devant vous, tant par les citoyens Lodin et Merdrignac, que par tous autres qui pourraient en avoir connaissance, et d'y joindre tous les renseignements qui pourraient être à votre connaissance personnelle; nous ne pensons pas que les citoyens Lodin et Merdrignac se refusent à donner devant vous cette déclaration.

Salut et fraternité.
Labbé, le jeune, Anger.

13

Rennes, 23 pluviose, an 7.

Le Département à l'Administration municipale de Dol :

Nous vous faisons passer la lettre, en date du 17 pluviose, que vient de nous adresser le Ministre de la police générale. La lecture de cette lettre vous fera connaître combien il serait intéressant que vous nous fassiez passer promptement l'acte de notoriété que nous vous demandions par notre lettre dernière.

Salut et fraternité.
DUGUÉ, DELATOUCHE, LABBÉ.

Paris, 17 pluviose, an 7.

Le Ministre de la police générale à l'Administration centrale d'Ille-et-Vilaine.

Les nommés Ange-Louis Euzenon Ksalaün et Anonyme, son frère, m'ont adressé citoyens, une réclamation contre votre arrêté du 26 vendémiaire dernier, qui porte qu'ils seront inscrits sur la liste des émigrés et tenus de sortir du territoire de la République, attendu qu'il résulte des renseignements qui vous ont été transmis, que ces deux individus ont émigrés avec leur père.

Je vous invite, etc...

Extraits de l'acte de notoriété.

« ... Attendu disaient ces lettres, du maître de pension de Studgard, que M.'Ksalaün, père, était dans la dernière misère et réduit, pour vivre, à faire le métier le plus vil et dont lui M. Noyant rougirait s'il le savait.

Et des lettres d'Espagne à lui adressées (à Noyant), par le jeune Ksalaün, son petit-fils, dans lesquelles il peignait sa situation malheureuse à son grand-père, attendu que son père l'avait abandonné, ne payait pas la pension et lui réclamait, avec prière, des secours pécuniaires. Alors le citoyen Noyant dit au déclarant et au citoyen Merdrignac : « Vous voyez bien, citoyens, que mes petits-enfants ont » été entraînés malgré moi en pays étranger, par leur père, et malgré » la misère ou ils se trouvent, je ne leur ai pas fait passer de secours. »
Telle est la déclaration de Lodin.

« ... Ces lettres, au nombre de onze, ont été déposées au secrétariat de l'Administration de Dol, où elles demeurèrent jointes au procès-verbal des opérations qui eurent lieu chez le citoyen Ranconnet, et qu'il a connaissance aussi que le citoyen Morillon, agent du gouvernement, se ressaisit de ces pièces, lors de son passage en cette place, pour les remettre lui-même au Comité de salut public, afin de l'éclairer sur le compte du citoyen Noyant Ranconnet et ses petits-fils, et de leur auteur. »

Signé : Macé.

L'Administration du ci-devant district de Dol, sur la demande du citoyen Morillon, lors chargé des pouvoirs du comité de salut public, lui adressa toutes les pièces trouvées à la Rouërie, ainsi qu'à la Mancellière, chez Ranconnet ; on pourra trouver la lettre d'envoi de ces pièces, dont il s'agit, dans les registres de correspondance de ladite Administration (1).

Nota. — Les lettres dont il est question ont été trouvées dans les papiers de Tuffin Rouërie, d'où résulte qu'il faudra recourir au dépôt du Conseil de salut public de Paris, où le citoyen Morillon chargé de cette affaire dans la ci-devant province de Bretagne, a dû les mettre.

Rien ici n'a pu nous indiquer autre chose (2).

Le 9 frimaire, an 7, ordre de maintenir les petits-fils de Ranconnet de Noyant émigrés et les biens sequestrés.

(1) Sans date et sans signature.
(2) Egalement sans date ni signature et écrit d'une autre main.

CHAPITRE X.

Les Victimes.

LES VICTIMES.

Copie du placard-affiche de 1ᵐ20 de hauteur sur 0ᵐ60 de largeur, qui se trouve aux Archives Départementales des Côtes-du-Nord, et dont un exemplaire devait être affiché dans toutes les Communes de France.

Jugement rendu par le tribunal criminel révolutionnaire établi à Paris, par la loi du 10 mars MDCCXCIII, séant au Palais de Justice qui, sur la déclaration du juré de jugement portant :

1º Qu'il est constant que, depuis l'année 1791, il a existé dans la ci-devant province de Bretagne, une conspiration dont le ci-devant marquis de la Rouërie était ou le chef ou l'un des principaux agents, sous l'autorisation et l'appui des frères du ci-devant roi;

2º Que Joseph-Gabriel-François de Lamotte La Guyomarais, père, ci-devant gentilhomme breton, est complice de ladite conspiration;

3º Que Marie-Jeanne Micault, femme Lamotte La Guyomarais, est complice de ladite conspiration;

4º Qu'Amaury Lamotte La Guyomarais, fils, n'est point complice de ladite conspiration;

5º Que Casimir Lamotte La Guyomarais, fils, n'est point complice de ladite conspiration;

6º Que François Perrin, jardinier à La Guyomarais, n'est point complice de ladite conspiration;

7º Que Elie-Alexandre-Victor Thébault, dit La Chauvenais, est complice de ladite conspiration;

8º Que Julien David, domestique à La Guyomarais, n'est point complice de ladite conspiration;

9º Que Charles-Alexis Taburel, médecin, n'est point complice de ladite conspiration;

10º Que Jean-Baptiste Morel, chirurgien, n'est point complice de ladite conspiration;

11º Que Joseph-Marie Lemasson, père, n'est point complice de ladite conspiration;

12° Que Michel-Julien-Alain Picot Limoelan est complice de ladite conspiration ;

13° Qu'Angélique-Françoise Desilles, femme de Jean Roland Desclos de La Fauchais, est complice de ladite conspiration ;

14° Que Jeanne-Julie-Michelle Desilles, veuve de Henri-Augustin Dufrène Virel, n'est point complice de ladite conspiration ;

15° Que Marie-Thérèse Desilles, femme d'Alleyrac, n'est point complice de ladite conspiration ;

16° Que Guillaume-Maurice de Launay est complice de ladite conspiration ;

17° Que Félix-Victor Locquet de Grandville est complice de ladite conspiration ;

18° Que Nicolas-Bernard Groult de Lamotte est complice de ladite conspiration ;

19° Que Louis-Nicolas Thomazeau n'est point complice de ladite conspiration ;

20° Que Thérèse Moëlien de Fougères est complice de ladite conspiration ;

21° Que Jean-Baptiste-Georges Fontevieux, ci-devant officier au régiment des Chasseurs du Gévaudan, est complice de ladite conspiration.

22° Que Louis-Anne Pontavice, ci-devant officier au régiment d'Armagnac, est complice de ladite conspiration ;

23° Que Georges-Julien-Jean Vincent est complice de ladite conspiration ;

24° Que Mathurin-Laurent Micault Mainville n'est point complice de ladite conspiration ;

25° Que Frédéric César de la Vigne Dampierre n'est point complice de ladite conspiration ;

26° Que Pierre le Petit n'est point complice de ladite conspiration ;

27° Que Toussaint Briot, père, n'est point complice de ladite conspiration ;

28° Que Jean-Guillaume Briot, fils, n'est point complice de ladite conspiration ;

29° Qu'il est constant que ledit Perrin a coopéré à l'inhumation clandestine dudit La Rouërie, décédé chez ledit La Guyomarais ;

30° Qu'il l'a fait avec des intentions criminelles ;

31° Que Lemasson a contribué à empêcher la reconnaissance du cadavre en faisant des incisions propres à en accélérer la dissolution ;

32° Qu'il l'a fait avec des intentions criminelles ;

Condamne Joseph-Gabriel-François Lamotte La Guyomarais ; Marie-

Jeanne Micault, femme dudit Lamotte La Guyomarais; Elie-Alexandre-Victor Thébault, dit La Chauvenais; Michel-Julien-Alain Picot Limoelan; Angélique-Françoise Desilles, femme Desclos de La Fauchais; Guillaume-Maurice Delaunay; Félix-Victor Locquet de Grandville; Nicolas-Bernard Groult de Lamotte; Thérèse Moellien de Fougères; Jean-Baptiste-Georges Fontevieux; Louis-Anne Pontavice et Georges-Julien-Jean Vincent

A la peine de mort, conformément aux articles 2 et 3 de la 2e section du titre 1er de la seconde partie du code pénal et à l'article 1er du titre 3 de la même partie dudit code.

Condamne François Perrin et Joseph-Marie Lemasson à la peine de la déportation à la Guyane Française, conformément à l'article 3 du titre 2 de la loi du 10 mars 1793.

Du mardi 18 juin 1793, l'an 2e de la République française, le tribunal criminel extraordinaire et révolutionnaire a rendu le jugement suivant :

1º Vu par le tribunal criminel extraordinaire révolutionnaire établi à Paris par la loi du 10 mars 1793, l'acte d'accusation dressé par l'accusateur public près icelui, 1º contre Joseph-Gabriel-François de La Motte La Guiomarais, père, âgé de 50 ans, natif de la Ville-Comte, paroisse de Trégon, ci-devant évêché de Saint-Malo, cultivateur, et ci-devant gentilhomme, demeurant à La Guyomarais, district de Lamballe, département des Côtes-du-Nord.

2º Marie-Jeanne Micault, épouse dudit Joseph-Gabriel-François de La Motte La Guyomarais, âgée de 50 ans, native de Lamballe, département des Côtes-du-Nord, demeurant avec ledit La Guyomarais, son époux.

3º Amaury de La Motte La Guyomarais, fils aîné desdits La Guyomarais et Micault, âgé de 20 ans, natif de Lamballe, cultivateur, demeurant chez son père.

4º Casimir de La Motte La Guyomarais, frère dudit Amaury, âgé de 15 ans 1/2, natif de Lamballe, demeurant chez ledit Joseph-Gabriel-François de La Motte La Guyomarais, son père.

5º François Perrin, jardinier, âgé de 43 ans, natif de Rennes, demeurant à La Guyomarais.

6º Elie-Victor-Alexandre Thébault de La Chauvenais, âgé de 22 ans, natif de Saint-Ignace, district de Lamballe, département des Côtes-du-Nord, précepteur, demeurant à La Guyomarais.

7º Julien David, âgé de 22 ans, natif de la paroisse de Marouet près Lamballe, domestique de labour, demeurant à La Guyomarais.

8° Charles-Alexis Taburel, âgé de 48 ans, médecin, natif de Vitré, département d'Ille-et-Vilaine, demeurant à Lamballe.

9° Jean-Baptiste Morel, âgé de 40 ans, natif de Paillier, district d'Avranches, chirurgien, demeurant à Plancoët, département des Côtes-du-Nord.

10° Joseph-Marie Le Masson, âgé de 64 ans, natif de Rennes, chirurgien, demeurant à Saint-Servan, département d'Ille-et-Vilaine.

11° Michel-Julien-Allin Picot Limoëllan, âgé de 59 ans, natif de Saint-Malo, demeurant à Limoëllan, paroisse de Sévignac, district de Broon, département des Côtes-du-Nord, propriétaire et ci-devant gentilhomme.

12° Angélique-Françoise Desilles, épouse de Jean Roland Desclos de La Fauchais, ci-devant lieutenant de vaisseau, âgée de 24 ans, native de Saint-Malo, demeurant à la Fosse-Ingant, près Saint-Malo (Ille-et-Vilaine).

13° Jeanne-Julie-Michelle Desilles, veuve de Henri-Augustin Dufresne Virel, ancien mousquetaire, âgée de 27 ans, native de Saint-Malo, demeurant à la Fosse-Ingant, près Saint-Malo, chez son père.

14° Marie-Thérèse Desilles, femme de Louis-François-René Fournier Dalleyrac, ci-devant gentilhomme, demeurant à la Fosse-Ingant, âgée de 25 ans, native de Saint-Malo.

15° Guillaume-Maurice Delaunay, âgé de 57 ans, demeurant à Saint-Malo, d'où il est né, ci-devant lieutenant-général de l'amirauté de la même ville.

16° Félix-Victor Locquet Grandville, âgé de 34 ans, né de la paroisse de Fougerais, district de Bains, département de l'Isle-et-Vilaine, ci-devant gentilhomme, demeurant à Saint-Malo.

17° Nicolas-Bernard Groult de La Motte, âgé de 50 ans, natif de Saint-Malo, demeurant à Saint-Coulomb, district de Saint-Malo, capitaine de vaisseau.

18° Louis-Nicolas Thomazeau, âgé de 53 ans, natif de Nantes, demeurant à Saint-Malo, marchand clincailler.

19° Thérèse Moelien de Fougères, née de Rennes, âgée de 30 ans, demeurant à Fougères.

20° Jean-Baptiste-Georges Fontevieux, âgé de 34 ans, né de Kuren, duché des Deux-Ponts, agent de commerce du duc des Deux-Ponts, ci-devant officier des Chasseurs de Gévaudan.

21° Louis-Anne Pontavis, âgé de 36 ans, ci-devant officier au régiment d'Armagnac, né de Montour, département d'Ille-et-Vilaine, demeurant à Fougères et à Paris depuis 8 mois, rue du Parc-Royal, hôtel d'Orléans.

22° Georges-Julien-Jean Vincent, âgé de 48 ans, né de Saint-Malo, y demeurant, courtier et interprète des langues anglaise et hollandaise et commissaire de marine et de commerce de Hollande.

23° Mathurin Micault Mainville, âgé de 42 ans, né de Lamballe, y demeurant, homme de loi.

24° Frédéric-Joseph César de la Vigne Dampierre, âgé de 35 ans, ci-devant noble et officier d'Infanterie au régiment de Soissonnais, natif de Lamballe, y demeurant.

25° Pierre le Petit, âgé de 29 ans, né de Vire, département du Calvados, demeurant à Lamballe, marchand et perruquier.

26° Toussaint Briot, âgé de 63 ans, né de La Boursaine, district de Saint-Malo, demeurant à La Mellerye, département des Côtes-du-Nord, laboureur-propriétaire et ci-devant secrétaire du roi.

27° Et enfin Jean-Guillaume Briot, fils, âgé de 29 ans, né de la paroisse de Lancieux, district de Dinan, demeurant chez ledit Toussaint Briot, son père, cultivateur.

Et dont la teneur suit :

2° Antoine-Quentin Fouquier-Tinville, accusateur public du tribunal criminel extraordinaire et révolutionnaire, établi à Paris par décret de la Convention nationale du 10 mars 1793, l'an 2° de la République, sans aucun recours au tribunal de cassation, en vertu du pouvoir à lui donné par l'article 2 d'un autre décret de la Convention, du 5 avril suivant, portant que l'accusateur public dudit tribunal est autorisé à faire arrêter, poursuivre et juger, sur la dénonciation des autorités constituées et des citoyens. Expose que dès les premiers instants où la nation française a commencé à secouer le joug de la tyrannie et vu fuir une partie de ces lâches oppresseurs, qui se sont répandus auprès de tous les tyrans de l'Europe, pour les engager à s'armer, à l'effet d'étouffer dans sa naissance la liberté que cette nation venait de conquérir, des complices de ces fuyards et beaucoup plus dangereux, puisqu'ils restaient dans l'intérieur de la République où, sous le masque hypocrite du patriotisme, ils cachaient leurs desseins perfides, ont entretenu une correspondance suivie avec les assassins de la patrie, et, de concert ensemble, ont formé un plan de contre-révolution dont le foyer était placé dans la ci-devant province de Bretagne; que ce plan tendait à former dans cette ci-devant province, et sous le plus grand secret, une coalition de tous les mauvais citoyens qui s'y trouvaient et qu'on aurait pu y appeler; que cette coalition aurait été armée et composée en corps sur le pied d'une légion, ou de toute

autre troupe réglée, divisée en sections et subdivisée en compagnies,
de la manière qui serait jugée dans le comité des principaux membres
de cette coalition; que cette force destructive de la liberté devait agir,
de concert avec les troupes étrangères, pour le rétablissement de la
royauté, des privilèges de la ci-devant noblesse, du clergé et des
provinces; que le ci-devant marquis de la Rouërie était chef de cette
coalition sous les ordres des frères du ci-devant roi; que c'est des
suites de ces projets d'où est résulté la guerre civile qui désole en ce
moment les départements composant la ci-devant province de Bretagne
et autres circonvoisins; que ce projet contre-révolutionnaire a été
dénoncé au Comité de sûreté générale de la Convention, qui a chargé
des commissaires de la poursuite des auteurs et complices, lesquels,
assistés des officiers de police, ont fait les recherches et perquisitions
nécessaires pour parvenir à les découvrir; que, de ces recherches et
perquisitions, il a été dressé des procès-verbaux, lesquels, avec les
différentes pièces trouvées lors d'icelles, ont été envoyées par le Comité
de sûreté générale, le 3 mai présent mois, à l'accusateur public;
qu'examen fait par lui de toutes lesdites pièces, il en résulte que le
25 février dernier, le citoyen Lalligant-Morillon, commissaire porteur
d'ordres du Comité de sûreté générale, fit requérir par des gendarmes
nationaux à la résidence de Lamballe, département des Côtes-du-Nord,
le juge de paix du canton de Plédéliac, à l'effet d'arrêter Charles-
Alexis Taburel, médecin, prévenu d'avoir traité, pendant sa maladie,
le nommé Tuffin de la Rouërie (1), chef de la coalition, dans la maison
du nommé Guyomarais, où il s'était retiré; et de conduire ledit
Taburel dans ladite maison; qu'en effet, ledit Taburel a été arrêté et
conduit dans cette maison, où le juge de paix lui a fait subir interrogatoire, ainsi qu'aux nommés François Perrin, Jean-Baptiste Morel,
Elie-Victor-Alexandre Thébault, dit La Chauvenais; Henri Robin,
Joseph David, Michel Tarlet, François Juquel, Amaury de La Motte La
Guyomarais, fils; Casimir de La Motte La Guyomarais, Agathe de La
Motte La Guyomarais, fille; Marie-Jeanne Micault, femme de La Motte
La Guyomarais et Joseph-Gabriel-François de La Motte La Guyomarais,
père; desquels interrogatoires il résulte que Tuffin de la Rouërie (2),
connu pour chef de la conspiration, s'est retiré dans la maison de La
Motte La Guyomarais, où il a été reçu et tenu caché sous un nom
supposé; qu'environ huit jours après son arrivée, il a été attaqué

(1) Il y a Ruffin dans l'original.
(2)　　　Id.　　　Id.

d'une maladie dont il est mort; que La Guyomarais et ceux qui habitaient sa maison, ont tenu cette mort secrète et, au lieu de prendre les précautions prescrites par la Loi pour constater la mort dudit La Rouërie, ils ont fait secrètement enterrer son cadavre dans un bois voisin de leur maison; que lors de son arrivée dans cette maison, La Rouërie était accompagné de deux particuliers, l'un nommé Saint-Pierre, qui était son domestique, et l'autre nommé Loisel, ci-devant contrôleur des actes à Plancoët et à Saint-Malo, lesquels ont disparu deux jours après la mort dudit La Rouërie; que, perquisition faite par le juge de paix dans un petit bois peu éloigné de la maison de La Guyomarais, le cadavre dudit La Rouërie y a été trouvé enterré et recouvert avec de la chaux; que l'état de putréfaction où il était déjà, a empêché les gens de l'art qui en ont fait la visite, de constater les causes de sa mort; que le nommé Desilles, étant soupçonné d'avoir reçu chez lui différents agents dudit La Rouërie, et d'avoir en sa possession des pièces relatives au complot, le juge de paix du canton de Cancale et le citoyen Lalligant-Morillon, commissaire du Comité de sûreté générale se sont transportés, le 3 mars dernier, dans sa maison à la Fosse-Ingant, à l'effet d'y faire perquisition; que, dans le cours de cette perquisition, il a été trouvé, dans un des carrés du jardin, environ à 5 pieds dans terre, un bocal de verre dans lequel étaient renfermées les pièces suivantes :

1º Un écrit daté du 14 juin 1792, signé Louis-Stanislas-Xavier et Charles Philippe, donnant commission au ci-devant marquis de la Rouërie d'entretenir dans des sentiments contre-révolutionnaires les citoyens habitant la ci-devant province de Bretagne; 2º Une série de cinq articles pour servir à baser un mémoire, à présenter aux ci-devant princes; 3º Une commission à la Rouërie pour commander aux militaires dans la ci-devant province de Bretagne et y former une association utile au service du roi; ladite pièce datée de Coblentz, le 2 mars 1792, signée Louis-Stanislas-Xavier et Charles Philippe; 4º Un état de fournitures, de fusils, canons, poudres, habillemens et autres munitions de guerre, montant à la somme de 51.085 livres, 10 s. ; 5º Une lettre à l'adresse du sieur Dupera, à Senlis, en date du 28 mai, indiquant un mouvement contre-révolutionnaire; 6º Une lettre de Louis-Stanislas-Xavier, frère du ci-devant roi, à de Calonne, portant approbation du plan d'association, présenté par la Rouërie au ci-devant comte d'Artois; 7º Une note de l'emploi de la somme de 2.500 livres; 8º Un écrit sans signature ni date, portant désapprobation d'un autre écrit envoyé à l'auteur du premier par le Comité de Saint-

Malo; 9° Une lettre paraissant adressée à la Rouërie, signée de Calonne et datée du 11 août 1792, et annonçant l'envoi d'une pièce présumée être la déclaration des ci-devant princes, des commissions signées et d'une somme de 10.200 livres; 10° Un écrit portant désapprobation des ordres données à l'Association pour se mettre en campagne; 11° Un écrit paraissant être un projet d'adresse contre-révolutionnaire, aux ci-devant bretons; 12° Un autre écrit paraissant dans le même sens que celui ci-dessus; 13° La déclaration des ci-devant princes, à la France et à l'Europe entière, datée de Trèves, le 8 août 1792; 14° Un écrit daté de Min, le 5 juin 1791, signé Charles Philippe, comte d'Artois, et une déclaration de ce ci-devant prince aux citoyens de la ci-devant province de Bretagne, pour les entretenir dans des sentiments contre-révolutionnaires; 15° Une lettre écrite par de Calonne à la Rouërie, datée de Coblentz, le 2 mars 1792, qui désapprouve l'émigration et engage ceux qui seraient dans l'intention d'émigrer à rester, pour servir la coalition contre-révolutionnaire; 16° Une lettre écrite à la Rouërie, en date du 13 mai 1792, n'ayant pour signature que D et C, annonçant un commencement favorable à la contre-révolution; 17° Un écrit daté de Schonborslust, le 3 octobre 1791, signé de Calonne, qui annonce l'approbation des frères du ci-devant roi au mémoire à eux présenté par des soi-disant députés de la ci-devant noblesse de Bretagne; au dos de cet écrit en est un autre portant même date, signé L. de Labourdonnaye, Dubois, Berthelot, portant approbation dudit mémoire; 18° Une lettre datée de Schonborslust, le 4 octobre 1791, présumée adressée à la Rouërie, approbative des mesures contre-révolutionnaires, prises par ce dernier, et qui le charge d'indiquer les endroits les plus sûrs pour opérer des débarquements de troupe; 19°, Une lettre de G., le 23 mars 1792, sans signature et sans adresse, au bas de laquelle se trouve une adresse anglaise, ladite lettre annonçant à celui auquel elle est écrite, l'envoi d'un commissaire; 20° Trente-neuf commissions en blanc datées de Coblentz, le … juin 1792, signées Louis-Stanislas-Xavier et Charles Philippe, contre-signées Courvoisier et scellées du cachet du ci-devant Monsieur, paraissant destinées a être délivrées aux individus choisis par la Rouërie, pour commander dans l'armée contre-révolutionnaire dont il était chef; 21° Une lettre datée du 3 janvier, signée Duportail, relative à une fourniture de bijoux; 22° Quatre mémoires de distribution d'argent et de paiements faits à différents particuliers; 23° Une note signée le chevalier de Fontevieux, de frais de voyage montant à 2.700 livres; qu'après cette découverte, le juge de paix a procédé à l'interrogatoire des ci-après nommés, habitants de la maison de la Fosse-Ingant, savoir : de Michel-Julien-Allain Picot de Limoelan, Jeanne-Julie-Michelle Desilles, veuve de Henri-Augustin Dufresne Virel, Marie-Thérèse Desilles, femme de Louis-François-René Fournier Dalleirac, Angélique-Françoise Desilles, femme de Jean Rolland Desclos de la Fouchais, la femme Desilles, mère, Guillaume-Marie Delaunay, Félix-Victor Loquet de Granville, Louis-Nicolas Thomazeau, père, Louis Thomazeau, fils, Nicolas-Bernard Grout de la Motte, Jean-Baptiste Gosselin, Anne Larsonneur, Anne-Michel Leclinche, Guillemette Brault, Nicole Heric, Françoise Péret, François-Louis Giroux, François Husson, François Marchand, fils, Nicolle Marchand, fille, Julienne Gourdneuf, femme de Charles Lassois, François Lassois, fils, Julien Girault et de Françoise Douville ; que le 9 mars dernier, le juge de paix du canton de Saint-Servan, sur la réquisition du citoyen Laligant Morillon, a procédé à l'interrogatoire de Joseph-Marie Le Masson et de Georges-Julien-Jean Vincent ; qu'ensuite, des réquisitions faites et des interrogatoires subis, les nommés Charles-Alexis Taburel, François Perrin, Jean-Baptiste Morel, Elie-Victor-Alexandre Thébault, dit la Chauvenais, Julien David, Amaury de la Motte la Guyomarais, fils aîné, Casimir de la Motte la Guyomarais, fils jeune, Marie-Jeanne Micault, femme de Joseph-Gabriel-François de la Motte la Guyomarais, père, Jeanne-Julie-Michelle Desilles, veuve de Henri-Augustin Dufresne Virel, Marie-Thérèse Desilles, femme de Louis-François-René Fournier Dalleirac, Angélique-Françoise Desilles, femme de Jean Rolland Desclos de la Fauchais, Michel-Julien-Allain Picot de Limoëlan, Guillaume Morin Delaunay, Félix-Victor Locquet de Granville, Louis-Nicolas Thomazeau, père, Nicolas-Bernard Grout de la Motte, Joseph-Marie le Masson, Georges-Julien-Jean Vincent, Pierre le Petit, Mathurin Micault de Mainville, Frédéric-Joseph-César de la Vigne Dampierre, Thérèse de Moëlien de Fougères, Toussaint Briot, père, et Jean-Guillaume Briot, ont été mis en état d'arrestation comme prévenus d'avoir coopéré à une conspiration tendant à la dissolution de la République et au rétablissement de la royauté en France ; qu'il résulte contre chacun des prévenus, en particulier, savoir :

« 1° Contre de la Motte la Guyomarais, père : qu'il a reçu et caché chez lui, sous le nom supposé de Gosselin, le nommé la Rouërie, chef de la conspiration, avec deux autres individus dont l'un nommé Loisel, ci-devant, receveur des droits d'enregistrements, et l'autre, Saint Pierre, faisant les fonctions de domestiques auprès dudit la Rouërie ; que ledit la Rouërie étant mort, chez ledit la Guyomarais, ce dernier n'a fait aucune déclaration de ce décès, qu'il a au contraire tenu très secret, et pour en dérober tout à fait la connaissance, a fait inhumer le cadavre dans un bois voisin de sa maison, en prenant la précaution de le faire couvrir d'une grande quantité de chaux pour en hâter la défection ; que ledit la Guyomarais, connaissait parfaitement ledit la Rouërie pour un chef des contre-révolutionnaires ; qu'il savait que les autorités constituées, chargées de veiller au maintien de l'ordre public, étaient à sa poursuite ; que s'il a retiré chez lui ledit la Rouërie et caché avec autant de soin sa mort, c'est qu'il était son complice et l'un des conspirateurs dont la Rouërie était chef ; qu'il s'est emparé de tous les papiers et effets dudit la Rouërie ; qu'il a fait distribuer dans différents endroits, pour en dérober la connaissance, et notamment les papiers chez le nommé Desilles, où ils ont été trouvés enfouis dans le jardin.

2º Contre Marie-Jeanne Micault, femme de Joseph-Gabriel-François de la Motte la Guyomarais ; qu'elle a coopéré à cacher la retraite et la mort, chez elle, dudit la Rouërie ; qu'elle a donné les ordres pour le transport et l'inhumation de son cadavre dans le bois où il a été trouvé ; qu'elle avait aussi une parfaite connaissance que ledit la Rouërie était dénoncé comme chef de conspiration ; qu'elle connaissait pareillement ses projets contre-révolutionnaires auxquels il paraît qu'elle prenait une part très active, ainsi qu'il résulte d'une lettre par elle écrite à une de ses filles, datée du 8 juin, qui a été trouvée chez elle, et qu'elle a reconnu qu'elle entretenait des correspondances avec les émigrés et notamment avec deux de ses fils qui l'étaient.

3º Contre Amaury et Casimir de la Motte la Guyomarais, fils ; qu'ils ont été instruits de la retraite et de la mort de la Rouërie, dans la maison de leurs père et mère, des précautions qui ont été prises pour cacher cette mort ; qu'ils n'ignoraient pas les projets de la Rouërie, et savaient combien l'arrestation de cet individu importait à la sûreté publique, que s'ils n'avaient pas été complices désdits projets, ils l'eussent certainement dénoncé.

4º Contre François Perrin, jardinier chez lesdits la Guyomarais ; qu'il a eu connaissance de l'arrivée, chez lesdits la Guyomarais, du nommé la Rouërie, de sa maladie et de sa mort ; que la femme la Guyomarais lui avait confié pendant la maladie de la Rouërie, l'embarras où elle se trouvait, s'il venait à mourir, pour cacher cette mort ; qu'il s'est chargé de soustraire aux yeux de la justice cet individu s'il venait à mourir ; qu'après le décès dudit la Rouërie, ledit Perrin, avec les nommés Elie-Victor-Alexandre Thébault, Loisel et Saint Pierre, ont enlevé son cadavre et l'ont transporté dans un bois voisin de la maison la Guyomarais, où ils l'ont déposé dans une fosse qui avait été commencée par Thébault et continuée par ledit Perrin ; qu'ils ont rempli cette fosse de chaux ; qu'avant de déposer ce cadavre dans la fosse, et en présence dudit Perrin, Joseph-Marie Lemasson, chirurgien, a fait plusieurs incisions sur différentes parties dudit cadavre ; que ledit Perrin savait les raisons qui engageaient la famille la Guyomarais à tenir cette mort secrète, et qu'il a, de concert avec elle, employé tous les moyens possibles de cacher ce qu'il était de la plus haute importance de découvrir pour le salut de la patrie.

5° Contre Elie-Victor-Alexandre Thébault, dit La Chauvenais ; qu'il a eu connaissance de l'arrivée de La Rouërie dans la maison de La Guyomarais, de sa maladie et de sa mort ; qu'il a coopéré de tout son pouvoir à tenir cette mort cachée ; qu'il a aidé à transporter le cadavre dans le bois ; qu'il a porté la chaux destinée à le consumer ; qu'il s'est assuré que personne ne pouvait surprendre ceux employés au transport du cadavre ; qu'il a commencé à creuser la fosse ; que Perrin, jardinier, l'a continuée et achevée ; qu'il était présent lorsque le chirurgien Le Masson fit des incisions sur différentes parties dudit cadavre, dans lesquelles on a versé de la chaux ; qu'il a aidé à le descendre dans la fosse, à le couvrir de chaux, ensuite de terre, et à planter des choux sur la fosse.

6° Contre Julien David, domestique dans la maison La Guyomarais ; qu'il a vu arriver dans ladite maison, La Rouërie ; qu'il l'a vu à table avec cette famille, pendant le temps qu'il a été en santé ; qu'il l'a vu malade et lui portait du bouillon ; qu'il a eu connaissance de sa mort et des moyens qui ont été employés pour la tenir cachée ; qu'il avait aussi connaissance des raisons pour lesquelles la famille La Guyomarais voulait tenir cette mort secrète ; qu'il paraît évident que ledit David était aussi complice des projets contre-révolutionnaires de La Rouërie ; que cette évidence résulte particulièrement des interrogatoires par lui subis, dans lesquels il s'obstine à nier avoir eu connaissance de sa mort et à dire qu'il ne sait ce qu'il est devenu, tandis qu'il est constant qu'il a eu pleine connaissance de tout ce qui s'est passé dans la maison de La Guyomarais depuis l'arrivée de La Rouërie jusqu'après sa mort.

7° Contre Charles-Alexis Taburel, médecin ; qu'il a eu connaissance de la retraite de La Rouërie dans la maison de La Guyomarais et de sa maladie ; qu'il l'a vu et soigné pendant cette maladie ; qu'il a eu aussi connaissance de sa mort et des précautions prises par la famille La Guyomarais pour la tenir cachée ; que son caractère d'officier de

14

santé lui imposait le devoir de faire sa déclaration aux autorités constituées, de tout ce qu'il savait à cet égard, avec d'autant plus de raison, qu'il ne pouvait ignorer que La Rouërie était notoirement connu pour un conspirateur et chef du parti contre-révolutionnaire, et combien il était intéressant de s'assurer de sa personne; que si ledit Taburel n'eût pas été complice dudit La Rouërie, il ne se serait pas assuré un silence aussi coupable.

8° Contre Jean-Baptiste Morel, chirurgien; qu'il avait en sa dite qualité de chirurgien, depuis plusieurs années, la confiance de la famille La Guyomarais; qu'il a su la retraite, dans leur maison, de La Rouërie; qu'il l'a visité et soigné pendant sa maladie; que, s'il n'était pas présent lors de sa mort, il en a été au moins informé, ainsi que des précautions prises par cette famille et ses adhérents, pour tenir cette mort cachée; qu'il a coopéré avec eux en ne faisant aucune déclaration de ce qui était de sa connaissance; qu'il savait, pourtant, combien La Rouërie était suspect et combien il était intéressant pour le salut de la République de s'assurer de cet individu. Cette réticence coupable, surtout dans un homme public, annonce qu'il approuvait les projets désastreux dudit La Rouërie, et qu'il était un de ses complices.

9° Contre Joseph-Marie Le Masson, aussi chirurgien; qu'il a été appelé dans la maison de La Guyomarais, pour y soigner, pendant sa maladie, ledit La Rouërie; qu'il s'y était retiré; qu'il l'a effectivement saigné, et est resté auprès de lui jusqu'à sa mort; que, de concert avec la famille La Guyomarais et leurs adhérents, il a employé tous les moyens possibles pour tenir cette mort cachée; qu'il s'est transporté dans le bois où a été inhumé le cadavre de La Rouërie; qu'il lui a fait plusieurs incisions avant qu'il fût descendu dans la fosse; que c'est lui qui a conduit cette dernière opération. D'après ces faits, il serait impossible de ne pas considérer ledit Le Masson comme complice de La Rouërie, et adhérent dans la conspiration dont ledit La Rouërie était le chef avec d'autant plus de raison, qu'il est constant qu'il a reçu de l'argent de Desilles père, qui, à ce qu'il paraît, était le caissier de l'association, ainsi qu'il résulte d'une note de payement fait, trouvée dans la maison dudit Desilles, lors de la perquisition qui a été faite, dans laquelle note on lit : A M. Le Masson, 600 livres et, au-dessous, à M. Le Masson, 350 livres.

10° Contre Michel-Julien-Allain Picot Limoelan; qu'il était un des membres de l'association contre-révolutionnaire dont La Rouërie était le chef; qu'il fournissait des fonds pour l'exécution des projets de cette association, ainsi qu'il résulte d'une note d'argent reçu, trouvée parmi les papiers découverts lors de la perquisition faite en sa présence, à la Fosse-Ingant, dans la maison de son beau-frère, sur laquelle note il est employé pour une somme de 1.200 livres; qu'il a coopéré à l'évasion de Desilles, son beau-frère, un des principaux agents de La Rouërie; qu'il n'ignorait pas la mort dudit La Rouërie, et le dépôt de ses papiers chez Desillés, où ils ont été trouvés dans le jardin, enfouis dans la terre et renfermés dans un bocal; qu'il ne s'est rendu à la Fosse-Ingant que pour faciliter la fuite de Desilles et mettre cette maison à l'abri de toute recherche, s'il lui était possible; que, dans ses réponses aux interrogatoires par lui subis, il s'est constamment attaché à nier même les faits les plus constants, ce qui démontre d'autant plus la part active qu'il avait dans le complot.

11° Contre Angélique-Françoise Desilles, femme de Jean-Rolland Desclos de La Fonchais, émigré; qu'elle avait parfaite connaissance du projet de La Rouërie, et était sa complice pour l'exécution, qu'elle favorisait en fournissant des fonds, ainsi qu'il résulte de la note d'argent reçu, trouvée dans la maison de la Fosse-Ingant, qu'elle habitait, sur laquelle note elle est employée pour une somme de 1.200 livres; qu'elle ne pouvait ignorer la mort de La Rouërie et les dépôts de ses papiers dans ladite maison de la Fosse-Ingant; qu'elle n'ignorait pas non plus les raisons qui avaient déterminé la fuite précipitée de Desilles, son père, quoiqu'elle ait toujours soutenu, dans ses réponses aux interrogatoires par elle subis, n'avoir aucune connaissance de ces faits.

12° Contre Jeanne-Julie-Michelle Desilles, veuve d'Henri-Augustin Dufresne Virel et Marie-Thérèse Desilles, femme de Louis-François-René Fournier Dalleyrac, émigré; qu'elles avaient connaissance de l'association contre-révolutionnaire dont La Rouërie était chef; qu'elles savaient la mort dudit La Rouërie et le dépôt qui avait été fait de ses papiers dans le jardin de la maison qu'elles habitaient; qu'elles connaissaient les complices et agents dudit La Rouërie; qu'elles n'ignoraient pas les raisons qui avaient engagé Desilles, leur père, à prendre la fuite; que, cependant, lesdites filles Desilles ont constamment nié, dans leurs réponses aux interrogatoires par elles subis, avoir connaissance de ces faits, ce qui ne permet pas de douter qu'elles étaient complices de La Rouërie et de ses adhérents.

13° Contre Guillaume Morin Delaunaye; qu'il était complice et favorisait l'exécution du projet contre-révolutionnaire de La Rouërie, en fournissant de l'argent, ainsi qu'il résulte de la note des reçus d'argent, trouvée dans la maison de Desilles, sur laquelle ledit Delaunaye est porté pour une somme de 2.000 livres.

14° Contre Félix-Victor Locquet de Grandville ; qu'il était aussi un des fournisseurs d'argent, pour faciliter l'exécution du projet de l'association contre-révolutionnaire dont La Rouërie était chef, ainsi qu'il est aussi établi par une note de recette, trouvée lors de la perquisition faite dans la maison de Desilles, sur laquelle ledit Locquet de Grandville est énoncé comme ayant donné la somme de 1.200 livres.

15° Contre Nicolas-Bernard Grout de La Motte ; qu'il a coopéré à l'exécution du projet de La Rouërie, en fournissant des fonds, ainsi qu'il résulte d'une note trouvée dans la maison de la Fosse-Ingant lors de la perquisition faite, sur laquelle note ledit de La Motte est porté pour avoir payé la somme de mille livres.

16° Contre Louis-Nicolas Thomazeau, père ; qu'il avait connaissance de l'association contre-révolutionnaire dont La Rouërie était chef ; que c'était lui qui fournissait les armes et munitions de guerre pour cette association ; que le prix lui en était payé par Desilles, père, ainsi qu'il résulte d'une note de paiement fait, trouvée dans la maison dudit Desilles, lors de la perquisition qui y a été faite, dans laquelle on lit : Le 7 juillet, à Thomazeau, 360 livres ; le 20 août, à Thomazeau, 500 livres ; à Thomazeau, pour 27 sabres dorés, 1.440 livres ; que, dans l'interrogatoire subi par ledit Thomazeau, il a nié avoir reçu de Desilles lesdites sommes aux époques fixées par ladite note ; mais il est convenu avoir reçu différentes sommes dudit Desilles, à d'autres époques, pour des fournitures de marchandises nécessaires à la consommation de la maison Desilles, mais non pour des armes et munitions de guerre.

17° Contre Thérèse Moëlien de Fougères ; qu'elle était une des agentes de l'association contre-révolutionnaire et particulièrement de la Rouërie ; qu'elle était occupée à faire des distributions d'argent et d'assignats, pour séduire les citoyens et les entraîner dans le parti de l'association ; qu'elle recevait à cet effet de Desilles, père, des sommes d'argent, ainsi qu'il résulte des notes de paiements faits, trouvées lors de la perquisition faite dans la maison dudit Desilles, sur l'une desquelles on lit : à Mlle de Moëlien 400 livres, et sur une autre on lit : à Mlle de Moëlien 138 livres ; que lors de la perquisition faite chez elle, il y a été trouvé quatre épaulettes de capitaine, dont deux en or et deux en argent, une médaille de l'ordre de Cincinnatus et un coupon de ruban servant à la décoration dudit ordre.

18° Contre Jean-Baptiste-Georges Fontevieux, dit le Petit ; qu'il était membre et principal agent de l'association contre-révolutionnaire dont la Rouërie était chef ; que c'était lui qui faisait les voyages auprès des frères du ci-devant roi, de leurs agents, et de ceux des puissances coalisées contre la République, pour prendre les ordres et rendre compte des progrès de ladite association ; ce qui résulte : 1° D'une note écrite de la main dudit Fontevieux, trouvée dans la maison Desilles, lors de la perquisition qui y a été faite, laquelle est ainsi conçue :

« Il m'est dû pour frais d'un voyage au mois de décembre 1791, la » somme de 900 livres ; pour un autre voyage au mois d'août 1792, » la somme de 1.200 livres, auxquelles sommes il faut ajouter 600 livres » qu'il a empruntées au marquis de Lambert, pendant le cours d'un » troisième voyage au mois de décembre 1792 ; » 2° Des notes de paiements trouvées chez ledit Desilles, sur l'une desquelles on lit : donné à Messieurs de . . . . et Fontevieux, pour leur voyage de Paris, 550 livres ; sur une autre, le 10 octobre, à Messieurs de . . . . et Fontevieux, 2.400 livres. Au même pour leur voyage de Paris, 388 livres, et à M. de Fontevieux, 3.002 livres ; 3° D'une lettre datée de C.... le 23 mars 1792, sans adresse ni signature, aussi trouvée lors de la perquisition chez Desilles, et écrite de la main dudit Fontevieux, par laquelle il annonce son départ sous deux jours et que tout va bien ; 4° D'un écrit fait de la main dudit Fontevieux, ayant pour titre : « Article essentiel, qui semble devoir former la base du mémoire à » présenter aux P.... et que je soumets à la rédaction des intéressés ; » qu'il paraît aussi que non-seulement ledit Fontevieux était l'aide-de-camp de la Rouërie, mais qu'il l'était encore de Brunsvick, général de l'armée Prussienne, sur les mouvements de laquelle la Rouërie réglait la conduite de ses projets.

19° Contre Louis-Anne Pontavice ; qu'il était aussi l'un des agents de ladite association contre-révolutionnaire ; qu'il a assisté aux comités tenus chez un nommé Dubua ; qu'il a reçu de l'argent pour frais de voyages, par lui faits, pour l'association, ainsi qu'il résulte d'une note de paiement faite, trouvée dans la maison de Desilles lors de la perquisition qui y a été faite, dans laquelle on lit : « le 20 août, à M. de Pontavice, 100 livres, » et plus bas : à M. de Pontavice, 10 livres.

20° Contre Georges-Julien-Jean Vincent ; qu'il était l'un des membres de ladite association ; qu'il a assisté comme tel aux comités tenus chez Dubua ; qu'il a entretenu une correspondance suivie avec les principaux chefs d'icelle, et notamment avec Tuffin la Rouërie ; qu'il a facilité la sortie du territoire de la République à différents membres de cette association, lesquels ont émigré à Jersey, où il leur a fait passer des secours tant en argent qu'en marchandises.

21° Contre Mathurin-Laurent Micault ; qu'il était aussi un des membres de l'association contre-révolutionnaire dont la Rouërie était le chef; qu'il a eu connaissance de la retraite donnée audit la Rouërie dans la maison de la Guyomarais, et de sa mort.

22° Contre Frédéric-Joseph César de la Vigne Dampierre et Pierre le Petit; qu'ils étaient aussi membres et agents de ladite association et qu'ils entretenaient des correspondances avec les chefs d'icelle.

23° Contre Louis-René Ranconnet et Nicolas-François Le Roi; qu'ils ont coopéré à l'exécution du projet contre-révolutionnaire de la Rouërie; qu'ils ont entretenu des correspondances à ce sujet avec lui, et qu'ils ont formé chez eux un rassemblement d'un grand nombre d'hommes destinés à servir lesdits projets.

24° Contre Toussaint Briot, père, et Jean-Guillaume Briot, fils; qu'ils avaient connaissance de l'association contre-révolutionnaire dont la Rouërie était le chef et qu'ils ont entretenu des correspondances avec des membres de cette association.

D'après l'exposé ci-dessus, l'accusateur public a dressé la présente accusation contre Joseph-Gabriel-François de la Motte la Guyomarais, père ; Marie-Jeanne Micault, épouse de Joseph-Gabriel-François de la Motte la Guyomarais; Amaury de la Motte la Guyomarais, Casimir de la Motte la Guyomarais, François Perrin, Elie-Alexandre-Victor Thébault, dit de la Chauvenais; Julien David, Charles-Alexis Taburel, Jean-Baptiste Morel, chirurgiens; Joseph-Marie Le Masson, Michel-Julien-Alain Picot Limoëlan, Angélique-Françoise Desilles, femme de Jean-Roland Desclos de la Fonchais; Jeanne-Julie-Michelle Desilles, veuve d'Henri-Augustin Dufresne de Virel; Marie-Thérèse Desilles, épouse de Louis-François-René Fournier Dalleyrac; Guillaume Morin Delaunaye, homme de loi; Félix-Victor Locquet de Grandville, Nicolas-Bernard Grout de la Motte, Louis-Nicolas Thomazeau, père; Thérèse Moëlien de Fougères, Jean-Baptiste-Georges Fontevieux, dit le Petit; Louis-Anne Pontavice, Georges-Julien-Jean Vincent, Mathurin Micault Mainville, Frédéric-Joseph César de la Vigne Dampierre, Pierre le Petit, Jean-Louis-René Ranconnet, Nicolas-François Leroy, Toussaint Briot, père, et Jean-Guillaume Briot, fils, pour avoir méchamment, et à dessein de complicité, coopéré sous la direction des frères du ci-devant roi, des émigrés et des puissances coalisées, à la formation et exécution d'un plan de conspiration contre la République, tendant à sa dissolution, à celle de la représentation nationale, au rétablissement de la Royauté en France, du privilège de la noblesse, du clergé, des provinces et de tous les abus de l'ancien régime.

En conséquence l'accusateur public requiert qu'il lui soit donné acte de la présente accusation ; qu'il soit ordonné qu'à sa diligence, et par un huissier du tribunal porteur de l'ordonnance à intervenir, lesdits Joseph-Gabriel-François la Motte la Guyomarais, père ; Marie-Jeanne Micault, épouse de Joseph-Gabriel-François la Motte la Guyomarais ; Amaury de la Motte la Guyomarais, fils aîné ; Casimir de la Motte la Guyomarais, François Perrin, Elie-Victor-Alexandre Thébault, dit de la Chauvenais ; Julien David, Charles-Alexis Taburel, Jean-Baptiste Morel, Joseph-Marie Le Masson ; Michel-Julien-Allain Picot de Limoëlan, Angélique-Françoise Desilles, femme de Jean-Roland Desilles de la Fonchais ; Jeanne-Julie-Michelle Desilles, veuve d'Henry-Augustin Dufresne de Virel ; Marie-Thérèse Desilles, épouse de Louis-François-René Fournier Dalleyrac ; Guillaume-Marie Delaunay, Félix-Victor Locquet de Grandville, Nicolas-Bernard Grout de la Motte, Louis-Nicolas Thomazeau, père ; Thérèse Moëlien de Fougères, Jean-Baptiste-Georges Fontevieux, dit le Petit ; Louis-Anne Pontavice, Georges-Julien-Jean Vincent, Mathurin Micault-Mainville, Frédéric-Joseph César de la Vigne Dampierre, Pierre le Petit, Toussaint Briot, père ; Jean-Guillaume Briot, fils, seront pris au corps et écroués sur les registres de la maison d'arrêt dite de l'Abbaye, à Paris, où ils sont actuellement détenus, pour y rester comme en maison de justice, et que ladite ordonnance à intervenir sera notifiée à la Municipalité de Paris. Fait au cabinet de l'accusateur public, le 31 mai 1793, l'an deuxième de la République une et indivisible (1).

Signé : FOUQUIER-TINVILLE.

L'ordonnance de prise de corps, rendue par le tribunal le 31 mai dernier, contre les accusés dénommés en l'acte d'accusation ci-dessus, et le procès-verbal d'écrou de leurs personnes, sur le registre de la maison de justice de la conciergerie, fait par les citoyens Tavernier, Tirrart et Boucher, huissiers du tribunal, le 1er juin présent mois.

La déclaration du juré de jugement portant :

1° Qu'il est constant que, depuis l'année 1791, il a existé dans la ci-devant province de Bretagne, une conspiration dont le ci-devant

______

(1) Dans cet ordre de prise de corps ont été intentionnellement oubliés les accusés Ranconnet et Leroy qui figurent, à plusieurs reprises, dans l'acte d'accusation. Les lecteurs de M. G. Lenotre y verront là un accord évident entre Laligant-Morillon et Fouquier-Tinville.

marquis de la Rouërie était ou le chef ou l'un des principaux agents, sous l'autorisation et l'appui des frères du ci-devant roi;

2° Que Joseph-Gabriel-François de Lamotte La Guyomarais, père, ci-devant gentilhomme breton, est complice de ladite conspiration;

3° Que Marie-Jeanne Micault, femme Lamotte La Guyomarais, est complice de ladite conspiration;

4° Qu'Amaury Lamotte La Guyomarais, fils, n'est point complice de ladite conspiration;

5° Que Casimir Lamotte La Guyomarais, fils, n'est point complice de ladite conspiration;

6° Que François Perrin, jardinier à La Guyomarais, n'est point complice de ladite conspiration;

7° Que Elie-Alexandre-Victor Thébault, dit La Chauvenais, est complice de ladite conspiration;

8° Que Julien David, domestique à La Guyomarais, n'est point complice de ladite conspiration;

9° Que Charles-Alexis Taburel, médecin, n'est point complice de ladite conspiration;

10° Que Jean-Baptiste Morel, chirurgien, n'est point complice de ladite conspiration;

11° Que Joseph-Marie Lemasson, père, n'est point complice de ladite conspiration;

12° Que Michel-Julien-Alain Picot de Limoelan est complice de ladite conspiration;

13° Qu'Angélique-Françoise Desilles, femme de Jean Roland Desclos de La Fonchais, est complice de ladite conspiration;

14° Que Jeanne-Julie-Michelle Desilles, veuve de Henri-Augustin Dufrène Virel, n'est point complice de ladite conspiration;

15° Que Marie-Thérèse Desilles, femme Dalleyrac, n'est point complice de ladite conspiration;

16° Que Guillaume-Maurice de Launay (1) n'est point complice de ladite conspiration;

17° Que Félix-Victor Locquet de Grandville est complice de ladite conspiration;

18° Que Nicolas-Bernard Grout de Lamotte est complice de ladite conspiration;

19° Que Louis-Nicolas Thomazeau n'est point complice de ladite conspiration;

(1) Sur l'original, les prénoms sont ainsi : tantôt Guillaume-Marie, tantôt Guillaume Morin et Guillaume-Maurice.

20° Que Thérèse Moëlien de Fougères est complice de ladite conspiration ;

21° Que Jean-Baptiste-Georges Fontevieux, ci-devant officier au régiment des Chasseurs du Gévaudan, est complice de ladite conspiration.

22° Que Louis-Anne Pontavice, ci-devant officier au régimen d'Armagnac, est complice de ladite conspiration ;

23° Que Georges-Julien-Jean Vincent est complice de ladite conspiration ;

24° Que Mathurin-Laurent Micault Mainville n'est point complice de ladite conspiration ;

25° Que Frédéric-César de la Vigne Dampierre n'est point complice de ladite conspiration ;

26° Que Pierre le Petit n'est point complice de ladite conspiration ;

27° Que Toussaint Briot, père, n'est point complice de ladite conspiration ;

28° Que Jean-Guillaume Briot, fils, n'est point complice de ladite conspiration ;

29° Qu'il est constant que ledit Perrin a coopéré à l'inhumation clandestine dudit La Rouërie, décédé chez ledit La Guyomarais ;

30° Qu'il l'a fait avec des intentions criminelles ;

31° Que Lemasson a contribué à empêcher la reconnaissance du cadavre en faisant des incisions propres à en accélérer la dissolution ;

32° Qu'il l'a fait avec des intentions criminelles ;

L'ordonnance du président qui acquitte lesdits Amaury de la Motte la Guyomarais, Casimir de la Motte la Guyomarais, Julien David, Charles-Alexis Taburel, Jean-Baptiste Morel, Jeanne-Julie-Michelle Desilles, veuve Virel, Marie-Thérèse Desilles, femme Dalleyrac, Louis-Nicolas Thomazeau, Mathurin Micault Mainville, Frédéric-Joseph César de la Vigne Dampierre, Pierre le Petit, Toussaint Briot et Jean-Guillaume Briot, de l'accusation contre eux portée, et ordonne qu'ils seront sur le champ mis en liberté, s'ils ne sont détenus pour autres causes.

Le tribunal après avoir entendu l'accusateur public sur l'application de la loi, condamne lesdits Joseph-Gabriel-François la Motte la Guyomarais, Marie-Jeanne Micault, femme dudit la Motte la Guyomarais, Elie-Alexandre-Victor Thébault de la Chauvenais, Michel-Julien-Alain Picot Limoëlan, Angélique-Françoise Desilles, femme Desclos la Fonchais, Guillaume-Maurice Delaunay, Félix-Victor Locquet de Granville, Nicolas-Bernard Grout de la Motte, Thérèse Moëlien de Fougères, Jean-Baptiste-Georges de Fontevieux, Louis-Anne Pontavice

et Georges-Julien-Jean Vincent, à la peine de mort : conformément
aux articles 2 et 3 de la deuxième section du titre premier de la
seconde partie du code pénal, et à l'article 1er du titre trois de la même
partie du code ; desquels articles il a été fait lecture et qui sont ainsi
conçus :

*Article deux de la 2e section du titre premier de la seconde partie
du code pénal :* « Toutes conspirations et complots tendant à troubler
» l'État par une guerre civile en armant les citoyens les uns contre
» les autres, et contre l'exercice de l'autorité légitime, seront punis
» de mort. »

Article trois de la même section : « Tout enrôlement de soldats,
» levée de troupes, amas d'armes et de munitions, pour exécuter les
» complots et machinations mentionnés en l'article précédent, toute
» attaque ou résistance envers la force publique, agissant contre l'exé-
» cution desdits complots, tout envahissement de ville, forteresse,
» magasin, arsenal, port ou vaisseaux, seront punis de mort.

*Article premier du titre trois de ladite seconde partie du code
pénal :* « Lorsqu'un crime aura été commis, quiconque sera convaincu
» d'avoir par dons, promesses, ordres ou menaces, provoqué le cou-
» pable ou les coupables à le commettre, ou d'avoir sciemment et
» dans le dessein du crime procuré au coupable ou aux coupables les
» moyens, armes ou instruments qui ont servi à son exécution, ou
» d'avoir sciemment et dans le dessein du crime aidé et assisté le
» coupable ou les coupables, soit dans les faits qui ont préparé ou
» facilité son exécution, soit dans l'acte même qui l'a consommé, sera
» puni de la même peine prononcée par la loi contre les auteurs dudit
» crime. »

Condamne lesdits François Perrin et Joseph-Marie Le Masson, à la
peine de la déportation à La Guyane Française, conformément à
l'article trois du titre deux de la loi du 10 mars dernier, dont il a
aussi été fait lecture, et qui est ainsi conçu :

« Ceux qui étant convaincus de crime ou de délits qui n'auraient
» pas été prévus par le code pénal et les lois postérieures, ou dont la
» punition ne serait pas déterminée par les lois et dont l'incivisme et
» la résidence sur le territoire de la République auraient été un sujet
» de trouble public et d'agitation, seront condamné à la peine de la
» déportation. »

Ordonne que, conformément à l'article deux du titre deux de ladite
loi du 10 mars dernier, les biens desdits condamnés à la peine de
mort sont acquis au profit de la République ; comme aussi que le

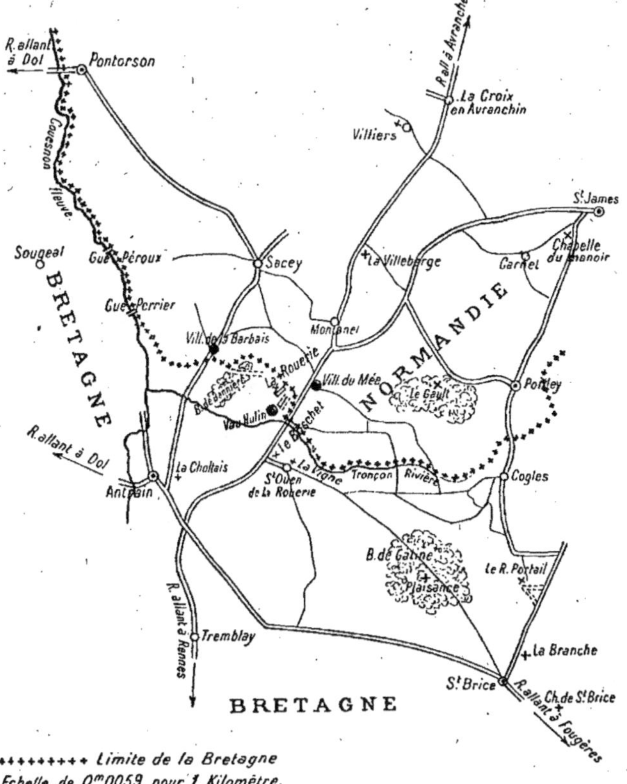

Carte-frontière Bretagne-Normandie.

présent jugement sera à la diligence de l'accusateur public exécuté ; et quand à la peine de mort, sur la place de la Révolution de cette ville de Paris, imprimé et affiché dans toute l'étendue de la République.

Fait à Paris, le mardi 18 juin de l'an 1793, l'an second de la République. En audience du tribunal où étaient Jacques Bernard, Marie Montané, président, Etienne Foucault, François-Christophe Dufriche, Desmadelèines et Roussillon, juges, qui ont signé la minute du présent jugement.

Au nom de la République, il est ordonné à tous huissiers sur ce requis, de faire mettre ledit jugement à exécution, aux commandants et officiers de la force publique de prêter main forte lorsqu'ils en seront légalement requis, et aux commissaires du pouvoir exécutif d'y tenir la main, en foi de quoi, le présent jugement a été signé par le président du tribunal et par le greffier.

Signé : J.-B.-M. MONTANÉ, *président.*
N.-J. FABRICIUS, *greffier.*

MONSIEUR LE COMTE DE PIOGER
ET LA FAMILLE DESILES.

Nous aurions dû peut-être joindre à ce recueil une notice de M. le comte de Pioger sur la conjuration bretonne, notice d'un grand intérêt et qui n'a pas été publiée en volume. Ce qui nous en a empêché, c'est qu'elle a paru en août 1847 dans le *Journal de Rennes* dont la collection existe à la bibliothèque de cette ville, accessible à tout le monde, et que de plus M. Lenôtre, dans son ouvrage sur le même sujet, y a fait des emprunts importants.

Cependant, pour que ceux de nos lecteurs qui liront cette notice, véritables « mémoires des dames Desiles » soient bien édifiés sur la valeur de ce document, nous croyons utile de livrer à la publicité la lettre si intéressante, à plus d'un titre, que M. le comte de Pioger vient d'adresser au savant historien breton M. Barthélemy Pocquet.

Nous adressons à ces Messieurs nos remerciements bien sincères pour la communication qu'ils nous ont faite de cette lettre et l'autorisation qu'ils nous ont donnée d'en faire usage.

Monsieur et Ami,

J'ignorais complètement la publication de la *Revue des Deux Mondes* et le prix que l'auteur pouvait attacher à des articles publiés il y a plus de cinquante ans. Il m'est très facile de le bien renseigner sur les sources d'informations que j'avais pu utiliser.

Puisqu'il écrit l'histoire de la Rouërie, il doit savoir que le trésorier-caissier de cette association était M. Desiles, père d'André Desiles le héros de Nancy.

En outre de ce fils dont le nom est écrit dans l'histoire, M. Desiles avait trois filles que je désigne ici :

Primo : Jeanne-Julie-Michelle Desiles, née en 1766, épouse de M. de Virel.

Secundo : Marie-Thérèse Desiles, née en 1768, mariée à M. Fournier d'Allérac.

Tertio : Angélique Desiles, née en 1769, épouse de M. de la Fonchais.

C'est cette dernière qui fut guillotinée à Paris pour la conspiration de la Rouërie.

Mais par une action providentielle Mmes de Virel et d'Allérac ont poussé une belle et courageuse carrière. Mme de Virel est décédée à la fin de janvier 1848; Mme d'Allérac est morte en décembre 1858, dans sa 91e année, ayant gardé jusqu'à son dernier jour la plénitude de ses facultés; mémoire, jugement et raison.

Ce sont quasi les mémoires de ces deux dames dont j'ai été le rédacteur en y ajoutant les dates et les faits généraux que je savais par l'histoire de la Révolution. Elle était alors en 1846 et 1847 revenue en grande faveur dans l'opinion, mise en émoi par ce mauvais livre qui pèsera éternellement sur la mémoire de M. de Lamartine : « l'Histoire des Girondins. »

L'un des auteurs alors à la mode, Fréderic Soulié, publiait un roman sous le titre singulier de *Saturnin Fichet*, et des chapitres entiers étaient consacrés à la conspiration de la Rouërie. M. Michelet également lui donnait un chapitre aussi absurde que possible et bien inférieur à *Saturnin Fichet* : roman pour roman j'aime encore mieux ceux de Frédéric Soulié que ceux de Michelet, et ils sont moins dangereux; ils ont même plus de valeur historique.

Mme de Virel et Mme d'Allérac étaient toujours surprises et quelquefois très froissées de ce bruit qui s'attachait à leur famille et des questions qui leur étaient faites.

« Mon ami, me dit un jour Mme d'Allérac, je souffre de voir combien on » connait peu l'histoire de notre famille, même parmi ceux qui lui » appartiennent. »

Marie-Thérèse de Gibon, fille de Mme de Gibon, née Amélie d'Allérac, était ma femme, et j'étais par conséquent le petit-fils par alliance de Marie-Thérèse Desiles, épouse de M. Fournier d'Allérac.

Ce fut ainsi que je fus amené, excité à écrire ces articles dont le *Journal de Rennes* voulut bien accepter l'insertion. Je crois aussi que j'autorisai un journal des Côtes-du-Nord, de Dinan ou de Saint-Brieuc, à insérer dans ses colonnes ces pages qui, je le reconnais, tiennent plus des mémoires que de l'histoire proprement dite. J'ose pouvoir dire que ce sont les mémoires de Mme Desiles. Ce sont des souvenirs plus que des documents écrits, la famille Desiles n'en possédant aucun.

La visite domiciliaire faite à la Fosse Hingant, au moment de l'arrestation des trois dames de Virel, d'Allérac et de la Fonchais, avait été suivie d'une saisie générale de tous les papiers de famille. Je raconte comment les agents de police étaient parfaitement renseignés.

Tous les papiers de famille même les plus étrangers à l'affaire de la Rouërie furent brûlés sur la place de Saint-Malo et les cendres jetées au vent.

Dans une publication qui se faisait je crois vers 1840 et après, un éditeur, M. Feuillet de Conches, annonçait les lettres authentiques du roi Louis XVI, de Marie-Antoinette et des princes de la famille royale. Il publiait à sa date la lettre du Roi à M. Desiles, après la mort de son fils André et il ajoutait cette note « copiée sur la minute. »

Or, il était de tradition dans la famille, que cette lettre à laquelle on attachait un prix infini, que cette lettre à laquelle M. Desiles avait répondu par ces belles paroles : « Sire, mon fils n'a fait que son devoir, » avait été brûlée avec un soin tout particulier.

M. de la Fonchais écrivit donc à M. Feuillet de Conches, comment il avait la minute de la lettre royale et comment il avait pu se la procurer. M. Feuillet de Conches répondit très franchement qu'il n'avait pas cette minute et qu'il ne l'avait même jamais vue ; mais qu'il avait copié la lettre du Roi d'après un journal de Saint-Malo, contemporain de ces événements et portant lui-même cette annotation « copiée sur la minute ». Comme valeur historique, cette note a sa valeur, elle n'en n'avait aucune, comme pieux souvenir.

L'impression restée aux dames Desiles sur le comte de la Rouërie lui était tout à fait favorable. Mêlées forcément aux choses politiques, même au second acte de la conspiration royaliste jusqu'en 1799 et 1800, Mme de Virel et Mme d'Allérac, qui n'étaient nullement des virago ni des femmes d'allures masculines, mais au contraire des femmes simples, modestes et même timides, se trouvaient nécessairement mêlées à cette action énergique de réaction, La Fosse-Hingant étant comme un des foyers de la conspiration et M. de la Rouërie y apparaissant sans cesse.

Il avait de M. de Puisaye la parole séduisante et facile, l'éloquence naturelle, l'accent émouvant parce qu'il était ému. Il avait de Georges de Cadoudal le courage froid et pourtant téméraire, l'habitude de payer de sa personne à tout moment, ayant le talent suprême d'entraîner, de subjuguer, de séduire les plus ardents opposants.

Ceci est le cachet des hommes supérieurs. S'il n'était pas mort en 1793 il eût très certainement joué un grand rôle dans nos guerres civiles de Bretagne (1).

Il avait essayé son ascendant de la parole aux Etats de Saint-Brieuc en 1789. Vous savez que ces Etats étaient convoqués à Saint-Brieuc pour l'élection des députés de la noblesse aux Etats généraux.

Je n'apprendrai point à l'historien si intéressant de cette époque que la noblesse refusa d'élire ses députés à la Constituante. Le marquis de la

---

(1) Voici un passage des Mémoires inédits du commandant Dufour, de Saint-Coulomb, qui « se fit inscrire en janvier 1792 au contrôle de l'armée royale de Bretagne, organisée par M. le Marquis de la Rouërie » et qui corrobore bien l'appréciation de la famille Desilles à l'égard du chef de la conjuration bretonne : « Si les provinces se fussent entendues quand elles s'insurgèrent et qu'un prince de la maison royale se fut placé en tête, jamais les armées de la révolution n'eussent dompté les départements de l'Ouest. C'est ce qu'avait vu le Marquis de la Rouërie dès le commencement de 1791. Le roi entouré d'intrigants, ne pouvait plus gouverner, il fallait donc qu'un homme, libre et de grands moyens, comme était cet officier général, fût revêtu régulièrement de pouvoirs pour organiser tous les départements susceptibles de s'armer pour la religion et la royauté. »

Telle était également, d'après les Mémoires du général Turreau, l'opinion du chef vénéré des insurgés de la Vendée, M. d'Elbée : « Il n'y avait en Bretagne, dit-il au général républicain, qu'un homme capable de grandes choses, M. de la Roarie. »

Rouërie fut le plus ardent promoteur de ce refus très impolitique, de cette ligne de conduite en contradiction avec les simples éléments du bon sens.

A ce moment-là tous les meneurs de la noblesse, tous ceux qui s'étaient le plus signalés et contre le duc d'Aiguillon et pour le Parlement et même dans les scènes de janvier 1789 et dans la rupture éclatante avec le Tiers, tous étaient d'avis que la noblesse de Bretagne devait élire ses 27 députés, trois pour chaque diocèse. Et ces meneurs sont bien connus :

C'étaient MM. Desgrées du Lou, de Vauferrier, de la Violaye, de Guer, de Trémargat, etc., etc... Vous savez tout cela mieux que moi.

M. de la Rouërie débutait aux Etats ; il n'y avait jamais paru et il prit le rôle de contradicteur de tous ces hommes écoutés et suivis jusque-là. Il entraîna une immense majorité à commettre une faute et à faire une sottise, mais laissant à tous l'impression que c'était un fameux homme et qui ferait parler de lui.

Je me suis laissé entraîner à vous écrire ce long griffonnage et je ne vous ai pas encore remercié des choses aimables que vous me dites à propos de la rareté de mes visites à Rennes. Si j'y allais souvent, vous me verriez aussi plus souvent au bureau du Journal. Mais je ne quitte plus guère mon modeste manoir, je me tiens au gîte et je dois y vivre avec le passé plus qu'avec l'avenir. Il faut avoir l'esprit de son âge et ne pas vouloir se survivre à soi-même.

Soyez assuré des sentiments de cordial attachement de votre tout dévoué et vieil ami,

Frédéric DE PIOGER (1).

Boso par Redon,
    15 Juillet 1898.

(1) Monsieur le comte de Pioger est âgé de 82 ans ; il fut député du Morbihan en 1848, et de 1871 à 1877 député à l'Assemblée nationale.

TABLE DES MATIÈRES.

RENNES. — IMPRIMERIE DE H. VATAR.